SACHUNTERRICHT –
AUF DEM WEG ZUR INKLUSION

PROBLEME UND PERSPEKTIVEN
DES SACHUNTERRICHTS
BAND 21

SACHUNTERRICHT – AUF DEM WEG ZUR INKLUSION

herausgegeben von
Hartmut Giest, Astrid Kaiser
und Claudia Schomaker

VERLAG
JULIUS KLINKHARDT
BAD HEILBRUNN • 2011

KLINKHARDT

Schriftenreihe der
Gesellschaft für Didaktik des Sachunterrichts e.V.

Die Gesellschaft für Didaktik des Sachunterrichts (GDSU) e.V. ist ein Zusammenschluss von Lehrenden aus Hochschule, Lehrerfortbildung, Lehrerweiterbildung und Schule. Ihre Aufgabe ist die Förderung der Didaktik des Sachunterrichts als wissenschaftlicher Disziplin in Forschung und Lehre sowie die Vertretung der Belange des Schulfaches Sachunterricht.

Die Deutsche Nationalbibliothek verzeichnet diese Publikation in der Deutschen Nationalbibliografie; detaillierte bibliografische Daten sind im Internet abrufbar über http://dnb.d-nb.de.

Druck und Bindung: AZ Druck und Datentechnik GmbH, Kempten.
Printed in Germany 2011.
Gedruckt auf chlorfrei gebleichtem alterungsbeständigem Papier.

ISBN 978-3-7815-1798-1

Inhaltsverzeichnis

Neue Medien und Sachunterricht

Hartmut Giest, Astrid Kaiser und Claudia Schomaker

Editorial

Die Gewährleistung von Bildung für *alle Kinder* ist eine zentrale Anforderung an die Gesellschaft und eine Herausforderung auch für den Sachunterricht und seine Didaktik. Als eine der ersten Fachgesellschaften hat die GDSU eine Jahrestagung dem thematischen Schwerpunkt Inklusion gewidmet. Der vorliegende Jahresband enthält zu großen Teilen Beiträge, die auf dieser, der 19. Jahrestagung der GDSU in Oldenburger, gehalten wurden.
Die Beiträge spiegeln den Diskurs über Inklusion als theoretisch und praktisch zu bewältigende Aufgabe der Didaktik des Sachunterrichts wider. Im Einzelnen wird dabei thematisiert, wie Bildungsangebote für *alle* Kinder im Sachunterricht gestaltet werden können, wie sich Bildungsstandards auf der Folie der Inklusion für den Sachunterricht entwickeln und etablieren lassen und wie der Bildungsanspruch aller Kinder entsprechend ihrer Fähigkeitsprofile gesichert werden kann. Dabei werden Anforderungen diskutiert, die sich für die didaktische Forschung und die Lehrerbildung ergeben, wenn der Sachunterricht mit Blick auf Kinder verschiedener Kulturen, unterschiedlichen Geschlechts, heterogener Erfahrungen, divergierender Fähigkeiten und Interessen bildungswirksam gestaltet werden soll. Die in diesem Jahresband der GDSU vorgestellten Artikel zeigen den Stand der Inklusionsdiskussion im Rahmen der Sachunterrichtsdidaktik auf und geben auch Einblick in die unabhängig von der Inklusionsfrage laufende Diskussion im Rahmen der Fachgesellschaft.
Der Band ist wie folgt gegliedert:
- Einführung in die Thematik des Bandes
- Inklusion und Sachunterricht
- Lehren und Lernen im Sachunterricht sowie
- Neue Medien im Sachunterricht.

In dem einführenden Artikel ordnet *Hartmut Giest* die Thematik in den Bezugsrahmen der Didaktik des Sachunterrichts ein. *Andreas Hinz* thematisiert in seinem Beitrag, inwiefern aus der Vision einer inklusiven Pädagogik ein konkretes Handlungsprogramm nicht nur für allgemeine pädagogische Überlegungen, sondern insbesondere für den Sachunterricht entwickelt werden kann. Mit Hilfe des Index für Inklusion zeigt er Möglichkeiten für Schulen auf, den Inklusionsgedanken in die pädagogische Praxis zu übertragen und diskutiert dessen Chancen insbesondere im Hinblick auf die Umsetzung eines inklusiven Sachunterrichts.

Bernd Wagner thematisiert gesellschaftliche Partizipationsbarrieren für Kinder mit Migrationshintergrund und zeigt am Beispiel Stadterkundung, wie Inklusion im Sachunterricht gelingen kann. *Marlies Hempel* und *Katharina Kohlscheen* diskutieren anhand der „doppelten Heterogenität" des Sachunterrichts Möglichkeiten der Förderung von Kindern mit besonderen Begabungen. Befragungen machen Erwartungen der Schülerinnen deutlich und verweisen auf Probleme der Lehrkräfte bei der unterrichtlichen Förderung vielfältiger Begabungen und Interessen. *Meike Wulfmeyer, Corina Rohen-Bullerdiek* und *Tim Mahnken* diskutieren anhand der Heterogenitätsdimensionen Alter und Begabungen Chancen und Risiken der Unterrichtsgestaltung und verweisen darauf, dass die Diskussion um den Begriff der „Heterogenität" vieldimensionaler zu führen sei, um eine vorschnelle stigmatisierende Kategorisierung zu vermeiden.

In den Fragen der Kinder spiegelt sich ihr je individuelles Weltbild wider. Daher analysieren *Susanne Miller* und *Vera Brinkmann* die jeweiligen Fragen von Schülerinnen und Schülern zu einem Thema, um Sachunterricht in einem inklusiven Verständnis fachdidaktisch weiter zu entwickeln. Es wird gezeigt, dass individuelle Lernvoraussetzungen diagnostiziert und wirksam gefördert werden können, wenn im Sachunterricht Lernaufgaben entlang von Schülerfragen entwickelt werden.

Dass derartige „gute Lernaufgaben" jedoch nicht über aktuelle Lehrwerke für den Sachunterricht zu generieren sind, zeigt eine Untersuchung von *Astrid Kaiser* und *Stine Albers*. Anhand von Kriterien wie u.a. Bildungsdimensionen, Anforderungsniveau und Differenzierungsoptionen konnte für verschiedene aktuelle Lehrwerke aufgezeigt werden, dass die Umsetzung des Inklusionsgedankens auf der (Sach-)Unterrichtsebene sowohl auf qualitativer als auch auf quantitativer Ebene nicht gefördert wird bzw. diesem diametral entgegensteht.

Beate Blaseio analysiert Ländercurricula und zeigt auf, dass zentrale Kategorien der Inklusionsdebatte wie Heterogenität nur in der Hälfte der Ländercurricula für den Sachunterricht zu finden sind. Am Beispiel der Kompetenzforderungen belegt sie, dass mit den in Richtlinien weit verbreiteten Mindeststandards in zentralen Aspekten dem Inklusionsgedanken widersprochen wird.

Anhand des Modellprojekts GribS zeigen *Harry Kullmann, Florian Ziegler, Patricia Grygier* und *Andreas Hartinger* auf, inwiefern naturwissenschaftliche Lernprozesse im Sachunterricht so gestaltet werden können, dass sie den individuellen Lernwegen von Kindern gerecht werden. In ähnlicher Weise demonstrieren *Claudia Schomaker* und *Sandra Tänzer* in Bezug auf das Problem der Thematisierung von Heterogenität in der Lehramtsbildung, dass das Anknüpfen an das subjektive Verständnis und damit eine Berücksichtigung der vielfältigen Lernvoraussetzungen auch bei Studierenden (des Sachunterrichts) bedeutsam ist, um nachhaltige Lernprozesse im Studium zu gestalten. *Xenia Dienemann* thematisiert anhand der Übergänge zwischen den Bildungsinstitutionen die besonderen Chancen, die pädagogische Forderung der Inklusion produktiv aufzugreifen. Am Beispiel des Übergangs vom Kindergarten in die Grundschule zeigt die Autorin auf, in welcher Weise unterschiedliche Akteure wie u.a. Erzieherinnen, Lehrkräfte und Eltern den Kompetenzerwerb von Kindern für eine gelungene Transition unterstützen können.

In einer Befragung von Lehramtsanwärter/innen zum Begriff „Inklusion“ und zum Umgang mit Heterogenität im Unterricht stellt *Philipp Spitta* Defizite in der universitären Lehramtsausbildung heraus. Er fordert, dass die Kompetenz zur Gestaltung „guter Lernaufgaben“ ausgehend von den Fragen der Kinder zu einem wichtigen Bestandteil der Lehrerbildung im Sachunterricht werden sollte.

Lynn Newton argumentiert zum Problem der Kreativität im naturwissenschaftlichen Unterricht und vergleicht anhand empirischer Studien Auffassungen Studierender und Lehrkräfte von Kreativität im naturwissenschaftlichen Sachunterricht und darüber, wie diese unterrichtlich gefördert werden kann.

Martin Gröger zeigt wie Lehramtsstudierende im Freilandlabor alltagsbezogene Themen zu Stoffen und deren Wandlungsprozessen sowohl theoretisch wie auch experimentell bearbeiten und unter der Zielperspektive Sachunterricht didaktisch reflektieren.

Sonja Alberts/ Hartmut Giest werfen anhand einer empirischen Studie einen kritischen Blick auf das „Selbstlernen von Kindern“ in Science Centern, und betonen die Notwendigkeit einer entsprechenden instruktionalen Stützung, um für alle Kinder einen Lerneffekt zu sichern. *Anna Windt/ Rupert Scheuer/ Insa Melle* wenden sich dem naturwissenschaftlichen Experimentieren im Elementarbereich zu und demonstrieren anhand einer Studie, dass Kinder durch Experimentieren Lerneffekte erreichen, die jedoch von der angewandten Methode abhängen, wobei eine instruktionale Stützung des Experimentierens tendenziell Vorteile zeigt.

Julia Menger zeigt in ihrem Beitrag, dass beim kindlichen Erfassen technischer Zusammenhänge der Erfahrungsbezug und das körpernahe Erleben eine zentrale Funktion spielen und leitet daraus Forderungen für technikbezogenes Lernen im Sachunterricht ab.
Christina Klätte analysiert auf der Grundlage einer empirischen Untersuchung in der vierten Jahrgangsstufe Kenntnisse von Grundschulkindern zu Nationalsozialismus und Holocaust. Die Autorin verweist auf verschiedene Einflussbedingungen des Kenntniserwerbs und untermauert ihre These von einer sinnvollen Behandlung des Themas im Sachunterricht (Klasse 4).
Jakob Dondl argumentiert zum Stellenwert des politischen Lernens im Sachunterricht und zeigt anhand einer qualitativen Studie, dass an Gruppendiskussionen beteiligte Viertklässler imstande sind, politikorientierte Problematiken aufzugreifen und ergebnisorientiert zu verhandeln. Sie entwerfen dabei selbstständig komplexe Lösungsansätze und bevorzugen gemeinschaftlich angelegte Machtmodelle.
Markus Kübler analysiert auf dem Hintergrund der Kompetenzdebatte das Problem der Erforschung des historischen Denkens bei 4 bis 10-jährigen Kindern. Dabei wird der theoretische Hintergrund herausgearbeitet und es werden methodologische Konsequenzen für die empirische Forschung gezogen.
Katharina Kalcsics, Kathleen Raths und Astrid Huber untersuchen die Belastbarkeit von kindlichen Vorstellungen zur politischen Macht am Beispiel des Problems „Wer darf regieren?“ und identifizieren nicht belastbare, teilweise belastbare und belastbare Kenntnisse bei den Kindern.
Markus Peschel berichtet über das Projekt „kidipedia“, einem von Kindern für Kinder erstellten Onlinelexikon und zeigt dabei Möglichkeiten der pädagogischen Nutzung elektronischer Medien im Sachunterricht auf. Auch *Thomas Irion* wendet sich dieser Problemstellung zu und demonstriert anhand einer Untersuchung zur Informationskompetenz, wie vielfältig die Zugangsweisen und Kompetenzen von Kindern bei der Hypermedia-Recherche sind. Er verweist darauf, dass mit Blick auf die unterrichtliche Förderung der Medienkompetenz geklärt werden muss, welchen Stellenwert diese Problemstellung im Rahmen der Didaktik des Sachunterrichts einnehmen soll.

Hartmut Giest, Astrid Kaiser und Claudia Schomaker

Hartmut Giest

Sachunterricht und Inklusion

This paper is focused on the discussion whether inclusion is a central problem of didactics of Sachunterricht (primary science and social studies) or more a subject of fashion, politics, general pedagogy or school-pedagogy. By analyzing the inclusion discourse it will be obvious that central questions discussed here are also core problems of didactics of Sachunterricht.

1. Inklusion – ein Thema der Didaktik des Sachunterrichts?

Das Lernen im Sachunterricht steht im Spannungsverhältnis zwischen kindlichen Erfahrungen und Weltdeutungen und den inhaltlichen und methodischen Angeboten der (vor allem) Bezugs-Sach-Fächer. In diesem Spannungsverhältnis spiegelt sich auch jenes zwischen Kind- und Wissenschaftsorientierung wider. Damit sind zwei Hauptaufgaben in ihrer Einheit zu erfüllen:

- Anknüpfen an die Lebenswelterfahrungen, Lernbedürfnisse und Interessen der Kinder sowie
- Anschlussfähigkeit an die Sachfächer der weiterführenden Schulen (bzw. der Grundschule – Berlin, Brandenburg) (vgl. GDSU 2002).

Hauptsächlich bezieht sich der Bildungsanspruch des Sachunterrichts, wie auch jener der gesamten Grundschule darauf, dem Kind zu helfen, „In der Welt sein" zu können (Lichtenstein-Rother/ Röbe 2005, vgl. auch Neuhaus-Siemon 2004). Das Problem der Sicherung von Anschlussfähigkeit von Bildung, nicht zuletzt durch TIMSS, IGLU, PISA u.a. aufgeworfen, ist im Rahmen der GDSU intensiv auf den Jahrestagungen 2008 und 2009 diskutiert worden und in den entsprechenden Jahresbänden dokumentiert (vgl. Lauterbach/ Giest/ Marquardt-Mau 2009, Giest/ Pech 2010). Der Fokus lag hier eher auf der Seite der Sachen, der Inhalte des Lernens und betonte den Aspekt der Wissenschaftsorientierung des Sachunterrichts. Liest man genauer nach, so entsteht mitunter der Eindruck, dass, vor allem im Zusammenhang mit der Problematik der Anschlussfähigkeit in Richtung der Sekundarstufe 1, Themenstellungen behandelt werden, bei denen nicht immer klar wird, ob sie aus der Sicht der Fachdidaktiken der Sachfächer auf den Sachunterricht oder aus Sicht der Spezifik der Didaktik des Sachunterrichts behandelt werden. Didaktik des Sachunterrichts verbindet grundschulpädagogische und fachdidaktische Fragestellungen, aber Didaktik des Sachunterrichts ist weder Grundschulpädagogik, noch Fachdidaktik für Sachfächer mit Blick auf Kinder der Klassenstufen 1-4.

Im vorliegenden Jahresband wenden wir uns einem Thema zu, das nun wieder das Kind, die Kindorientierung mehr in den Mittelpunkt rückt: Das Thema „Bildung für alle Kinder im Sachunterricht – auf dem Weg zur Inklusion" erscheint zunächst etwas abseits von der Didaktik des Sachunterrichts zu liegen. In diesem Zusammenhäng könnte gefragt werden: Zwar ist Didaktik des Sachunterrichts keine Fachdidaktik im engeren Sinne, aber ist angesichts einer Vielzahl drängender anderer Probleme Inklusion das aktuellste und drängendste Thema für die Didaktik des Sachunterrichts? Ist das Thema nur allein wegen seiner momentanen Popularität als Modethema ausgewählt worden? Ist Inklusion nicht eher eine politische Fragestellung oder ein Thema der Politik? Oder wenn schon als pädagogisches Thema, gehört es nicht eher in die Allgemeine Pädagogik, die Schulpädagogik oder die Grundschulpädagogik als erziehungswissenschaftliche Disziplin? Geht es hier nicht in erster Linie um Veränderung von Schule als Ganzes und viel weniger um didaktische Fragen des Unterrichts, des Lernens und Lehrens im Sachunterricht? Handelt es sich bei der Inklusion nicht eher um eine diffuse Vision, wie beim Thema „Öffnung des Unterrichts", also einem Thema, das eher dem Bundesgrundschulkongress gut zu Gesichte steht, weil sich hier politische Forderungen (zur Bildungsgerechtigkeit) gut behandeln lassen (Grundschulverband 2009). Die Fragen können sicher alle auch mit ja beantwortet werden, genauer gesagt mit ja, aber…

Ich werde versuchen im Folgenden auf einige dieser Fragen einzugehen und bemühe mich zu zeigen, dass dieses Thema eine Herausforderung für die Didaktik des Sachunterrichts ist, der sie sich stellen muss, um ihre originäre Aufgabe erfüllen zu können – in Schule, Lehrerbildung und Forschung.

2. – eine Frage der Mode?

Inklusion ist sicher aktuell Mode und man möchte sagen, dann eher besser die Finger weg davon. Allein in den letzten beiden Jahren könnte ich 11 große Tagungen (Berlin, Innsbruck, Hamburg, Genf, Kiel, Landau und nicht zuletzt Oldenburg) benennen, die sich mit dem Problem Integration- Inklusion (vgl. zu den Begriffen – Schumann 2009, http://www.definitiv-inklusiv.org/index.php) beschäftigt haben. Es werden aber viel mehr gewesen sein. Diese Tagungen fanden und finden nicht statt, weil ein Modethema zu behandeln ist, sondern weil Integration – im Sinne Feusers (2003) und der Anhänger der kultur-historischen Schule in Deutschland – oder Inklusion, was *in diesem Fall* identisch ist (Hinz/ Körner/ Niehoff 2008) auf der Agenda der Gesellschaft und damit der Schule steht. Die Anforderungen/ Bedingungen der modernen Gesellschaft (OECD 1997):

- zunehmende Pluralität der Lebenskulturen und -welten,
- wachsende Heterogenität der Mitglieder der Gesellschaft (und damit ist nicht nur die Schülerschaft, sondern die gesamte Gesellschaft gemeint),
- lebenslanges Lernen, die Bedeutung von Bildung für den Lebenserfolg, die Wissensgesellschaft und die damit verbundene neue Lernkultur (Giest 2010a)

verlangen nach der Ausschöpfung des Entwicklungspotenzials eines jeden Menschen in ihr.

Die internationalen Schulleistungstests haben auf das Problem der Abhängigkeit von Bildung (Bildungsaspiration, schulischer Leistung) von sozialer Schicht, vom Migrationshintergrund aber auch vom Geschlecht aufmerksam gemacht. Auch das sind Probleme mangelnder Inklusion, die nicht allein auf Kinder zu beziehen sind, die evtl. im Zusammenhang mit „sonderpädagogischem Förderbedarf" gesehen werden können. Hier sind zentrale Probleme des Unterrichts jenseits jeder Mode angesprochen.

3. – ein Thema der Politik?

Inklusion ist wie kein anderes Thema von der Politik aufgegriffen worden: Theo Frühauf schreibt im Einführungsteil des Bandes „Von der Integration zur Inklusion" (2008, S. 13):

„Niemals zuvor in der Geschichte der Hilfen für Menschen mit Behinderung in Deutschland haben Politiker und Vertreter von Kostenträgern positiv besetzte Leitbegriffe wie Selbstbestimmung, Integration, Teilhabe oder Inklusion so selbstverständlich in Wort und Schrift benutzt wie heute und niemals zuvor gleichzeitig die Standards und die Ressourcen in der Behindertenhilfe so drastisch begrenzt und in Frage gestellt, wie ebenfalls heute. Diese Form der Gleichzeitigkeit muss uns zu denken geben und unsere kritische Wachsamkeit herausfordern."

Daher kann man das Thema nicht der Politik allein überlassen. Aus Brandenburg hört man z.B. auch unter Hinweis auf die Inklusion (Beschulung aller

Kinder in der Grundschule), dass für das Lehramt an Sonderschulen nicht mehr ausgebildet wird. Bislang wurde stattdessen ein Ergänzungsstudium angeboten im Umfang von 80 bzw. 50 SWS. Nun ist geplant, Sonderpädagogik als drittes Fach mit 25-30 SWS zu belegen, die Bezahlung ist natürlich gegenüber dem alten Lehramt um zwei Gehaltsgruppen niedriger.
Gegenwärtig wird viel über Hartz IV diskutiert. Unter anderem darüber, wie man die Ansprüche der Kinder, die in Hartz IV leben, besser berücksichtigen kann. In diesem Zusammenhang geht es auch um Bildungskosten, konkret um die Frage, ob in den Regelsätzen nicht Nachhilfekosten enthalten sein sollten. Aus meiner Sicht ist es ein Skandal, dass Politik offenbar die Schule abgeschrieben hat. Denn die Förderung aller Kinder ist die Aufgabe der Schule und wenn sie diese Aufgabe unbefriedigend erfüllt, dann sollte Schule gefördert werden und nicht private Nachhilfe. Haben wir uns bereits daran gewöhnt, dass Schule ihren Auftrag nicht erfüllt? Diese Frage muss alle Pädagogen aufrütteln!

4. – ein Thema der Allgemeinen und Schulpädagogik?

Schaut man in das Handwörterbuch Erziehungswissenschaft (Andresen/ Casale/ Gabriel/ Horlacher/ Larcher Klee/ Oelkers 2009), so fallen Schlagworte wie Zivilgesellschaft/ Citizenship (Sliwka 2009) und Differenz (Mecheril/ Plößner 2009), Care, Gender, Interkulturelle Bildung, Interkulturalität auf, die starke Bezüge zum Thema aufweisen.
Selbsterkenntnis, „Sich selbst wahrnehmen“ sind wichtige Themen, die im Sachunterricht behandelt werden (Rahmenlehrplan 2004) und eng mit der Persönlichkeitsbildung zusammenhängen.
Jeder Mensch braucht Identität, er möchte wissen, wer er ist, wohin er gehört, wo er Anerkennung und Akzeptanz findet. Identität findet der Mensch jedoch nur in Bezug auf andere Menschen, da der Mensch sich selbst nur im Anderen erkennen kann (Wulf 2004). Identität bedeutet das Wiedererkennen eigener Auffassungen und Werte, Vorstellungen und Urteile beim Anderen. Wilhelm von Humboldt (zitiert in Wulf a.a.O., S. 35) argumentiert aus anthropologischer Sicht:
„Durch die Kenntnis des Ähnlichen wächst die Kenntnis von Kontingenzen und damit von Möglichkeiten von Selbsterkenntnis. Die Bemühung um das Andere führt zum Verständnis des Eigenen und seiner Möglichkeiten. Jedes Individuelle hat nur eine Ausprägung, die sich in einem kontingenten Verhältnis zum Ähnlichen und Fremden verstehen lässt. Diese Kontingenzerfahrung zwischen dem eigenen Individuellen und dem Anderen ist ein wesentliches Moment im Bildungsprozess.“

Jede künstlich erzeugte Homogenität in der Schülerschaft würde einem solchen Bildungsverständnis widersprechen.
Aber nun konkret zum Sachunterricht: Denken wir beispielsweise an das Thema Heimat/ Heimaten, Heimat machen (vgl. Giest 2010b). Anerkennung von Differenz ist eine Notwendigkeit auch im Umgang mit dem Heimatbegriff. Denn die Alternative würde bedeuten, eine „gleiche" Heimat für alle vorzusehen, wodurch mit Notwendigkeit Ungleichheit befördert wird, denn Kinder haben eben ungleiche Heimaten. Hierbei geht es um Handlungsfähigkeit und Anerkennung Einzelner. Paul Mecheril und Melanie Plößner (2009, S. 198) schreiben unter dem Schlagwort Differenz im oben genannten Handbuch:
„Handlungsfähigkeit ist in der Perspektive der Anerkennungstheorie daran gebunden, dass die spezifischen, nur im Rahmen ihrer je eigenen Geschichte und Biografie verstehbaren Fähigkeiten, Empfindsamkeiten, Dispositionen und Vermögen von Subjekten angesprochen und zur Geltung gebracht werden."
Ich (Giest 2010b) habe versucht zu zeigen, dass die Bedeutung von Heimat für Menschen (als psycho-soziale Realität) mit den basic needs zusammenhängt.
Krapp (2005) zählt hierzu
- Kompetenzerleben,
- Selbstwirksamkeit,
- Selbstbestimmung und
- soziale Eingebundenheit.

Das Bedürfnis nach Identität ist zentral für die Persönlichkeitsentwicklung. Selbstvertrauen, Persönlichkeitsstärke hängen wesentlich davon ab, wie die eigene Identität ausgeprägt ist. Ohne Identität, ohne Anerkennung anderer, ohne soziale Eingebundenheit kann sich Persönlichkeit nicht entwickeln. Wir sehen, es handelt sich bei der Problemstellung der Inklusion, einer Schule für alle Kinder, um eine eng mit vielen Fragen der Didaktik des Sachunterricht zusammenhängende Problemstellung.

5. – eine Vision oder Frage der Sonderpädagogik?

Sicher, Inklusion, genauso wie Öffnung von Unterricht (beides hängt ja zusammen), sind Visionen: Es geht darum, sich beharrlich auf den Weg zu machen. Dabei gibt es eine Reihe von Meilensteinen, die diesen Weg begleiten und die uns aus der Perspektive der Didaktik des Sachunterrichts sehr vertraut sind:

Im Index für Inklusion (vgl. Booth/ Ainscow 2003, S. 17) werden u.a. mit Blick auf den Unterricht genannt:

- *„Planung des Unterrichts auf die Vielfalt der Schüler/innen hin*
- *Stärkung der Teilhabe aller Schüler/innen*
- *Entwickelung eines positiven Verständnis von Unterschieden – als Chance*
- *Schüler/innen sind Subjekte ihres eigenen Lernens*
- *Schüler/innen lernen miteinander*
- *Bewertung erfolgt für alle Schüler/innen in leistungsförderlicher Form*
- *Disziplin und Zusammenarbeit in der Klasse basiert auf gegenseitigem Respekt*
- *Lehrer/innen planen, unterrichten und reflektieren im Team*
- *Die Hausaufgaben tragen zum Lernen aller Schüler/innen bei*
- *Lernangebote individualisieren, dabei Heterogenität beachten*
- *Muttersprache der Kinder beachten und weiterentwickeln*
- *Jahrgangsgemischtes Arbeiten*
- *Geschlechterbezogener Unterricht*
- *Grundprinzip der Lernförderung"*

Hier ist nun die Didaktik des Sachunterrichts direkt angesprochen, beispielsweise bei Grundfragen der Planung und Gestaltung von Unterricht. Dies soll anhand von zwei Problemen näher beleuchtet werden.

5.1. Problem A): Stärkung der Teilhabe aller Schüler/innen / Schüler/innen sind Subjekte ihres eigenen Lernens

Berücksichtigung der Subjektposition des Kindes: Hier wird von Booth (2008) zu Recht betont, dass Unterrichten als sekundär in Relation zum Lernen zu betrachten ist. Genau aber das fällt unseren Studierenden und vielen Lehrkräften außerordentlich schwer. Sie betrachten ihre Hauptaufgabe im Unterrichten, verstehen dabei allerdings dies weniger als Aufforderung, Kinder zum Lernen zu veranlassen, ihnen beim Lernen zu helfen, Lernprozesse zu begleiten, zu analysieren, zu befördern, sondern sehen darin die Aufgabe der Stoffpräsentation. Leider hat sich bislang auch in amtlichen Dokumenten nicht durchgesetzt, was die Lerntheorie (kultur-historische Schule – Giest/ Lompscher 2006) aber auch die kritische Psychologie, hier Klaus Holzkamp (1994) gefordert haben, nämlich die saubere Unterscheidung zwischen Lern- und Lehrzielen. Und dies ist keine Frage der Terminologie. Denn Lernziele sind Ziele der Kinder, die sie sich selbst setzen und verfolgen (müssen) und über deren Erreichen sie sich selbst Rechenschaft ablegen müssen. Wenn in amtlichen Dokumenten Lehrziele als Lernziele bezeichnet werden, dann wird dieser Sachverhalt verschleiert, was nicht nur bei Studierenden dazu führt, dass diese meinen, die didaktische Funktion Zielorientierung/ Motivierung mit dem Nennen des Stundenthemas absolvieren zu können. Es geht aber darum, dass die Kinder selbst Fragen stellen, Ziele bestimmen, dazu erforderliche Lernschritte überlegen, ausführen und reflektieren, nicht ohne die Lehrkraft, aber unterstützt durch sie – selbsttätig. Es geht darum, Kindern auf eine solche Weise beim Lernen zu helfen, dass sie selbst Lernmotive auf Lerngegenstände gerichtet ausbilden, sich Lernaufgaben stellen und das Lernhandeln im Sinne einer vollständigen Lernhandlung vollziehen. Vollständig meint, dass alle Komponenten der Handlungsregulation ausgebildet sind: Handlungsantrieb (Motivation, Zielbildung), Handlungsplanung (Aufgabenstellung und Konkretisierung auf angemessene Denk-, Arbeits- und Handlungsweisen), Handlungsausführung und Handlungskontrolle- und -bewertung. (Ich bezeichne den darauf bezogenen Lern-Lehr-Zusammenhang als didaktische Tiefenstruktur des Unterrichts – vgl. Giest 2010c, 2006, 2007…).

5.2. Problem B) Lehrer/innen planen, unterrichten und reflektieren im Team und Grundprinzip der Lernförderung

Oft wird argumentiert, dass mit einem solchen Anspruch an Unterricht und die entsprechende didaktische Analyse höhere (zu hohe?) Anforderrungen an Lehrkräfte gestellt werden. – Übrigens sind wir an dieser Stelle weit weg vom Problem der Lernbeeinträchtigungen, von sonderpädagogischen Fragestellungen. Es geht hier um das Beseitigen von Lernbarrieren für alle Kinder (die Berücksichtigung von z.B. lernbeeinträchtigten Kindern ist in diesem Zusammenhang nur eine Besonderheit eines allgemeinen didaktischen Problems). – Aber ist es denn wirklich *Mehrarbeit*, wenn Unterricht so durchgeführt wird, dass ganz unterschiedliche Kinder gut davon profitieren können? Sind Individualisierung und Differenzierung im Unterricht wirklich *Mehrarbeit* oder ist es Bestandteil pädagogischer Profession, zu analysieren, wie jedes Kind am besten lernen kann und dafür die entsprechenden Methoden auszuwählen oder zu entwickeln. Hierauf gibt es m.E. eine Antwort, die eng mit dem Problem einer neuen Lernkultur zusammen hängt.

Das Charakteristikum menschlicher Gesellschaft und ihrer Entwicklung ist die Kooperation, die Zusammenarbeit ganz unterschiedlicher Menschen mit ganz unterschiedlichen Fähigkeiten. Nur dadurch, dass Menschen unterschiedlich sind, sein können, ist Arbeitsteilung möglich geworden. Die Arbeitsteilung ist die Voraussetzung für eine hohe Produktivität, aber erfordert auch sozialen Zusammenhalt, weil eben jeder auf den anderen angewiesen ist. Gleichzeitig ist dies eine Bedingung für gegenseitige Anerkennung und Achtung (bei den sogenannten Naturvölkern gut zu studieren). Genau diese Kultur fehlt aber in der Schule, und das sowohl bei den Schüler/innen als auch bei den Lehrkräften. Die höheren, anderen Anforderungen müssen nicht Mehrarbeit bedeuten, wenn man sie gemeinsam, in der Kooperation erledigt und dabei unterschiedliche Erfahrungen, Leistungsangebote, Fähigkeiten, Sichtweisen mit Blick auf ein gemeinsames Ziel nutzt. Inklusion erschließt dieses Potenzial bei den Schüler/innen und erfordert andererseits von den Lehrkräften, dass auch sie ihre unterschiedlichen Stärken, Erfahrungen, Fähigkeiten in eine Kooperation einbringen, die allen hilft. Insofern ist auch hier die Bewältigung des allgemeinen, übergeordneten Problems des Schaffens einer neuen Lern- und Lehr-Kultur die Lösung für Fragestellungen der Inklusion, wenn man diese aus einem weiten Blickwinkel betrachtet. Und dieser rückt Fragen nach der Berücksichtigung der Individualität jedes Schülers und jeder Schülerin in den Mittelpunkt des Diskurses, der Forschung und der praktischen Arbeit im Unterricht – und dies in den Facetten von Lernbesonderheiten bedingt durch Geschlecht, sprachlichen, kulturellen, sozialen Hintergrund, Lernvoraussetzungen und besonderen Lernbedingungen, personalen Erfahrungen usf.

Literatur

Andresen, S.; Casale, R.; Gabriel, Th.; Horlacher, R.; Larcher Klee, S.; Oelkers, J. (Hrsg.) (2009): Handwörterbuch Erziehungswissenschaft. Weinheim.

Booth, T.; Ainscow, M. (2003): Index für Inklusion. Lernen und Teilhabe in der Schule der Vielfalt entwickeln. Übersetzt, für deutschsprachige Verhältnisse bearbeitet und herausgegeben von Boban, I.; Hinz, A.: Martin-Luther-Universität Halle-Wittenberg.

Booth, T. (2008): Ein internationaler Blick auf inklusive Bildung: Werte für alle? In: Hinz, A.; Körner, I.; Niehhoff, U. (Hrsg.): Von der Integration zur Inklusion. Grundlagen – Perspektiven – Praxis. Marburg, S. 53-73.

Feuser, G. (Hrsg.) (2003): Integration heute – Perspektiven ihrer Weiterentwicklung in Theorie und Praxis. Frankfurt/M.

Frühauf, Th. (2008): Von der Integration zur Inklusion – ein Überblick. In: Hinz, A.; Körner, I.; Niehoff, U. (Hrsg.): Von der Integration zur Inklusion. Marburg, S. 11-32.

Gesellschaft für Didaktik des Sachunterrichts (GDSU) (2002): Perspektivrahmen Sachunterricht. Bad Heilbrunn.

Giest, H. (2006): Didaktische Analyse und Theorie der Lerntätigkeit. In: Giest, H. (Hrsg.): Erinnerung für die Zukunft. Pädagogische Psychologie in der DDR. Berlin, S. 103-128. (ICHS - International Cultural-historical Human Sciences, Bd. 17.)

Giest, H.; Lompscher, J. (2006): Lerntätigkeit – Lernen aus kulturhistorischer Perspektive. Ein Beitrag zur Entwicklung einer neuen Lernkultur im Unterricht. Berlin. (ICHS – International Cultural-historical Human Sciences, Bd. 15.)

Giest, H. (2007): Didaktische Analyse als Mittel zur Kompetenzförderung im Unterricht. In: Lauterbach, R.; Hartinger, A.; Feige, B.; Cech, D. (Hrsg.): Kompetenzerwerb im Sachunterricht fördern und erfassen. Bad Heilbrunn, S. 13-22. (Probleme und Perspektiven des Sachunterrichts, Band 17.)

Giest, H. (2010a): Was bedeutet neue Lernkultur für den Unterricht? In: Giest, H.; Rückriem, G. (Hrsg.): Tätigkeitstheorie und (Wissens-)Gesellschaft. Fragen und Antworten tätigkeitstheoretischer Forschung und Praxis. Berlin, S. 103-126.

Giest, H. (2010b): Der Heimatbegriff im Sachunterricht. In: Grundschulunterricht/ Sachunterricht, 2, S. 4-8.

Giest, H. (2010c): Sachunterrichtsplanung als Planung des Lernprozesses der Schülerinnen und Schüler. In: Tänzer, S.; Lauterbach, R. (Hrsg.): Sachunterricht begründet planen. Bad Heilbrunn, S. 179-202.

Giest, H.; Pech, D. (Hrsg.)(2010): Anschlussfähige Bildung im Sachunterricht. Bad Heilbrunn. (Probleme und Perspektiven des Sachunterrichts, Bd. 20.)

Grundschulverband e.V. (2009): Allen Kindern gerecht werden. Acht Forderungen zur Bildungsgerechtigkeit. Frankfurt.

Hinz, A,; Körner, I.; Niehoff, U. (Hrsg.)(2008): Von der Integration zur Inklusion. Marburg.

Holzkamp, K. (1994): Lernen, subjektwissenschaftliche Grundlegung. Einführung in die Hauptanliegen des Buches. In: Lehr-Lern-Forschung, Berichte Nr.8, S. 34-62.

Krapp, A. (2005): Das Konzept der grundlegenden psychologischen Bedürfnisse. In: Zeitschrift für Pädagogik, 51, 5, S. 626–641.

Lauterbach, R.; Giest, H.; Marquardt-Mau, B. (Hrsg.) (2009): Lernen und kindliche Entwicklung. Bad Heilbrunn. (Probleme und Perspektiven des Sachunterrichts, Band 19.)

Lichtenstein-Rother, I.; Röbe, E. (2005): Grundschule: Der pädagogische Raum für Grundlegung der Bildung. Weinheim.

Mecheril, P.; Plößner, M. (2009): Differenz. In: Andresen, S.; Casale, R.; Gabriel, Th.; Horlacher, R.; Larcher Klee, S.; Oelkers, J. (Hrsg.): Handwörterbuch Erziehungswissenschaft. Weinheim, S.194-208.

Neuhaus-Siemon, E. (2004): Ilse Lichtenstein-Rother (1917-1991) – Ihr Verständnis des Sachunterrichts. In: Kaiser, A.; Pech. D. (Hrsg.): Basiswissen Sachunterricht, Band 1. Bad Heilbrunn, S. 161-165.

OECD (ed.) (1997): Implementing Inclusive Education. (=OECD-Proceedings, Centre for Educational Research and Innovation). Paris (Organisation for Economic Co-Operation and Development).

Ministerium für Bildung, Jugend und Sport des Landes Brandenburg, Senatsverwaltung für Bildung, Jugend und Sport Berlin, Ministerium für Bildung, Wissenschaft und Kultur des Landes Mecklenburg-Vorpommern (Hrsg.)(2004): Rahmenlehrplan Grundschule Sachunterricht. Berlin.

Schumann, B. (2009): Inklusion statt Integration – eine Verpflichtung zum Systemwechsel. In: Sonderdruck Pädagogik, Heft 2, S. 51-54.

Sliwka, A. (2009): Citizenship. In: Andresen, S.; Casale, R.; Gabriel, Th.; Horlacher, R.; Larcher Klee, S.; Oelkers, J.: Handwörterbuch Erziehungswissenschaft. Weinheim, S. 119-133.

URL: http://www.definitiv-inklusiv.org/index.php [25.02.10]

Wulf, Ch. (2004): Anthropologie, pädagogische. In: Benner, D.; Oelkers, J. (Hrsg.): Historisches Wörterbuch der Pädagogik. Weinheim, S. 33-57.

Andreas Hinz

Inklusive Pädagogik – Vision und konkretes Handlungsprogramm für den Sachunterricht?

Inclusion can be a vision and an orientation for educational work, like a 'north star'. Making clear that inclusive education does not mean to develop a completely new form of education, it can be seen that there are lots of concepts and approaches to education which fully fit in. In this context, elementary science and social studies have a key role for inclusive education.

1. Inklusive Pädagogik – Antwort auf Heterogenität

Die Heterogenität von Lerngruppen ist eine Tatsache – schon Herbart verwies auf die „Verschiedenheit der Köpfe". Dennoch wird im deutschen Bildungswesen seit den Zeiten des Bildungsbürgertums und seines Bildungsprivilegs hartnäckig an der Idee festgehalten, es sei zielführend, in einem hoch differenzierten – oder mit anderem Unterton: selektiven – Schulsystem möglichst homogene Lerngruppen zu bilden und diese mit vielfältigen segregativen Organisationsmaßnahmen auch aufrechtzuerhalten. So wird Heterogenität in ihrer ganzen Breite zum beseitigungswürdigen Problem gemacht und organisatorisch-selektiv zu lösen versucht. Spätestens seit PISA ist bekannt, dass diese Strategie vergleichsweise wenig erfolgreich ist: Weder produziert sie eine größere Leistungsspitze noch ein insgesamt hohes Leistungsniveau.

Doch auch im Alltagsleben sind wir – mit guten Gründen – sehr schnell bestrebt, Zuordnungen und Einordnungen zu treffen; sie erleichtern die Orientierung. Betrachten wir etwa Personen zum ersten Mal, produzieren wir sofort viele Assoziationen. So gehört es zur selbstverständlichen Wahrnehmung, eine Person als Frau oder als Mann wahrzunehmen, und es führt zu Irritationen, wenn dies nicht eindeutig erkennbar ist. Insofern verunsichern Menschen, die alle Anlagen und Möglichkeiten für die Herausbildung einer männlichen und einer weiblichen Geschlechterrolle in sich haben und – als

Swyer-Syndrom beschrieben – nicht eindeutig der gewohnten Dualität der beiden Geschlechter zuzuordnen sind (vgl. hierzu die Fotos von Valérie Belin, vgl. http://www.valeriebelin.com). Diese Gruppe stellt eine kleine Minderheit von einem Prozent aller Menschen dar, meist werden sehr schnell nach der Geburt eine Entscheidung und operative Folgen realisiert. Anderenfalls kann die Wahrnehmung solcher Konstellationen die gewohnte Reduzierung der Komplexität von Menschen auf zwei Gruppen – Frauen und Männer – in Frage stellen. Dass dieses Beispiel der Auseinandersetzung mit Heterogenität und Homogenität am Anfang steht, ist kein Zufall, denn Inklusion wird im deutschen wie im internationalen Kontext von vielen Autor/innen vorschnell mit Beeinträchtigung und Behinderung in Zusammenhang gebracht – und daher hier andere Aspekte von Heterogenität betont (vgl. Boban/ Hinz 2008, 2009a).

Pädagogisch betrachtet bedeutet Inklusion zunächst einmal, Vielfalt willkommen zu heißen – was sehr einfach klingt und sehr schwer zu machen ist. Gleichzeitig bedeutet es in der Folge, Konstruktionen von zwei klar abgrenzbaren Gruppierungen kritisch in den Blick zu nehmen – seien sie „männlich" und „weiblich", „deutsch" und „ausländisch", „behindert" und „nichtbehindert", „weiß" und „schwarz", „reich" und „arm", „schwul" und „hetero", „dick" und „dünn" oder was auch immer. Wichtig sind dabei weniger die Eigenschaften, sondern die damit verbundenen gesellschaftlichen Zuschreibungen, mit denen häufig eine der beiden Gruppen abgewertet wird und durch die die Zugehörigkeit zu ihr Diskriminierung und gesellschaftliche Marginalisierung zur Folge hat. Während die soziologische Betrachtung von Gruppenzuschreibungen sehr sinnvoll und eine zentrale Aufgabe der Reflexion ist, wird sie im (hier im Vordergrund stehenden) pädagogischen Zusammenhang hoch problematisch, weil sie dem Individuum in seiner Komplexität nie entspricht und es durch die Typisierung in seinen Chancen und Möglichkeiten typisierend zu behindern droht (vgl. Booth 2008). Inklusion favorisiert statt solcher dichotomen Konstruktionen die Idee eines ununterteilbaren Spektrums Gleicher, die auf dieser Basis ihre individuellen Unterschiede aufweisen. Sie geht also auf das aus der Integrationspädagogik bekannte Theorem der „egalitären Differenz" (vgl. Prengel 2001) zurück, das Differenz und Gleichheit nicht als Gegensatz, sondern als dialektische Ergänzung versteht.

2. Inklusive Pädagogik als Vision und Orientierung

Die über 30jährige englischsprachige Literatur zur Frage von „inclusion“ und „inclusive education“ zeigt folgende Eckpfeiler des Verständnisses von Inklusion (vgl. Hinz 2004, S. 46f., Hinz 2008):

- Inklusion wendet sich der Heterogenität von Gruppierungen und der Vielfalt von Personen positiv zu – sei es den aktuell vorhandenen oder den überhaupt maximal denkbaren.
- Inklusion bemüht sich, alle Dimensionen von Heterogenität in den Blick zu bekommen und ihr gemeinsam zu entsprechen. Dabei kann es um unterschiedliche Fähigkeiten, Geschlechterrollen, ethnische Herkünfte, Nationalitäten, Erstsprachen, Rassen, soziale Milieus, Religionen und weltanschauliche Orientierungen, körperliche Bedingungen oder anderes gehen. Entscheidend ist dabei nicht die ‚natürliche' Eigenschaft, sondern die mit ihr verbundene gesellschaftliche Zuschreibung.
- Inklusion orientiert sich an der Bürgerrechtsbewegung und wendet sich gegen jede gesellschaftliche Marginalisierung – ein hoch politischer und konfliktreicher Ansatz. Dabei finden sich in der inklusiven Pädagogik unterschiedliche Konzepte und Strömungen: „Diversity“ nimmt vor allem „class“, „race“ und „gender“ in den Blick, „teaching for social justice“ wendet sich vor allem gegen soziale Benachteiligung und „citizenship education“ nimmt eine bürgerrechtsorientierte Haltung ein.
- Inklusion vertritt die Perspektive des Abbaus von Diskriminierung und damit die Vision einer inklusiven Gesellschaft; damit verfolgt sie Zielsetzungen, die kaum jemals völlig erreicht, zu denen jedoch auch „ungehorsame“ Schleichwege gegangen werden können (vgl. Stähling/ Wenders 2009).

Eine weitere Ausdifferenzierung kann das Verständnis von Inklusion vertiefen. Der englische Pädagoge Tony Booth (2008) unterscheidet drei Ebenen, die Inklusion erst in ihrer Ergänzung vollständig deutlich werden lassen:

- Eine erste Ebene bezeichnet die „Teilhabe von Personen“. Dies ist die gewohnte Ebene des Agierens: Alle Menschen sollen die Chance haben, an allen gesellschaftlichen Aktivitäten und Bereichen teilzuhaben, unabhängig von ihren Voraussetzungen und Bedarfen. Dies war jahrzehntelang die Art und Weise, wie die Integrationsbewegung für gemeinsame Erziehung im Elementarbereich und gemeinsamen Unterricht in der Schule argumentiert hat. Gleichzeitig zeigen sich hier jedoch auch Beschränkungen: Es ist der spezifische Unterstützungsbedarf, auf dem das Ganze basiert, auf den die Person, um die es geht, auch reduziert zu werden droht. Und das Problem liegt bei der Person, weniger bei der Institution, die diese Herausforderung annimmt oder auch nicht (vgl. Boban/ Hinz 2009a).

- Eine zweite Ebene ergänzt die erste durch den Blick auf „Barrieren in Systemen". Erst durch diese Ebene ist das System – Kindertageseinrichtung, Schule, Stadtteil, Kirche, Verein, Gemeinde, … – in seiner Qualität insgesamt herausgefordert: Es ist sein Problem, wie es mit Heterogenität umgeht und nach welchen Kriterien es Menschen zur Partizipation zulässt bzw. ausschließt. Hier erst kommt die ganze Komplexität von Heterogenität in den Blick.
- Die dritte Ebene schließlich reflektiert die „Umsetzung von inklusiven Werten". Hier spielen Aspekte wie Gleichheit, Rechte, Partizipation, Lernen, Gemeinschaft, Anerkennung von Vielfalt, Vertrauen und Nachhaltigkeit, aber auch zwischenmenschliche Qualitäten wie Mitgefühl, Ehrlichkeit, Mut und Freude eine zentrale Rolle. Mit ihnen erreicht die Reflexion innerhalb des Systems eine andere Tiefe, wenn es für die Werte, auf denen es basiert, Einigungsprozesse ansteuert – und das tut jedes System, die Frage ist nur, wie weit dies bewusst geschieht.

Eine Ebene allein bleibt notwendigerweise beschränkt, erst ihre Ergänzung insgesamt ermöglicht eine inklusive Perspektive.

3. Inklusive Pädagogik als Verpflichtung

Mit ihrer Verabschiedung in New York im Dezember 2006 und ihrer Ratifikation durch Bundestag und Bundesrat im Dezember 2008 ist die UN-Konvention über die Rechte von Menschen mit Behinderungen seit März 2009 in Deutschland geltendes Recht (vgl. UN 2008). In ihrem Artikel 24 wird festgelegt, dass die Unterzeichnerstaaten ein „inclusive educational system" vorzuhalten haben. Auch wenn die Kultusministerkonferenz bei der Übersetzung offenbar gewisse Probleme hatte und beispielsweise „inclusive" mit integrativ übersetzen ließ, sind juristisch die sechs offiziellen Sprachen der Konvention bindend. Aus der Konvention leiten sich, so die bisher vorliegenden juristischen Gutachten und Stellungnahmen, zwei Rechte ab: zum einen ein subjektives, individuelles Recht auf vorbehaltlosen Zugang zur allgemeinen Schule, das ggf. per Klage durchsetzbar ist – nicht allerdings ein Elternwahlrecht zwischen allgemeiner und Förderschule (deren Weiterbestehen damit gesichert wäre) und auch nicht die Verpflichtung zur unmittelbaren Auflösung aller Förderschulen. Zum anderen wird der Staat verpflichtet, unverzüglich geeignete Maßnahmen zur Entwicklung eines inklusiven Schulsystems einzuleiten, was nicht weniger als einen perspektivisch einzulösenden kollektiven Rechtsanspruch bedeutet (vgl. hierzu Poscher/ Langer/ Rux

2008, Aichele 2010, Riedel 2010). Dies sieht allerdings bislang die Kultusministerkonferenz anders, indem sie darauf verweist, dass erst die Ländergesetze verändert sein müssten, bevor es überhaupt ein individuelles Klagerecht geben könne; ein kollektiver Rechtsanspruch wird ganz verneint.
Wie auch immer die Lage sich juristisch letztlich darstellt – die allgemeine Schule in Deutschland insgesamt ist herausgefordert, diesem menschenrechtlichen Ansatz entsprechend Kinder und Jugendliche mit sonderpädagogischem Förderbedarf ohne Kosten- und andere Vorbehalte willkommen zu heißen. Die Diskussion hat sich damit von der Frage des Ob zur Frage des Wie verändert. Gleichwohl ist der bildungspolitische Wille zur Umsetzung dieser UN-Konvention nach Untersuchungen des Sozialverbandes Deutschland (2009) erst in wenigen Bundesländern zu erkennen: Während sich seit August 2009 Bremen und Schleswig-Holstein auf dem Weg zur Umsetzung befinden, sind in Berlin, Hamburg und Rheinland-Pfalz erste Schritte erkennbar. Dagegen findet sich in Hessen, Mecklenburg-Vorpommern, Niedersachsen und dem Saarland ein schleppender Beginn der Debatte und in allen weiteren Bundesländern ist gar kein politischer Wille zur Umsetzung der Konvention erkennbar. Inzwischen mag sich einiges getan haben – etwa in Hamburg deutliche Schritte zur Umsetzung und in Schleswig-Holstein eher eine zurückweichende Tendenz, insgesamt wird jedoch eine zögerliche Haltung der Bildungspolitik deutlich. Bereits im März 2011 steht der erste Bericht an die UN mit dem Nachweis von Schritten zur Umsetzung der Konvention an, danach alle vier Jahre.
Die Bedeutung der UN-Konvention kann für die Verbreitung und die öffentliche Wirkung der Inklusionsdebatte nicht hoch genug eingeschätzt werden – gleichzeitig enthält sie jedoch auch eine problematische Seite: Inklusion droht durch sie zu einer Frage von Beeinträchtigung zu werden, für die in erster Linie die Sonderpädagogik zuständig ist. Hiermit ginge ein großer Teil des Innovationspotenzials von Inklusion verloren – es geht im langjährigen Diskurs um nicht weniger als den Umgang mit Differenz insgesamt, und da sind die Schulpädagogik und die allgemeine Schule gefragt (vgl. Boban/Hinz 2009a).

4. Inklusive Pädagogik als konkretes Handlungsprogramm

Würde Inklusion nur als Vision, als Orientierung gebender Nordstern verstanden, stünde sie stark in der Gefahr, zum illusionären Wolkenkuckucksheim zu degenerieren. Daher ist es hilfreich, dass mit dem Index für Inklusion ein Material zur Inspiration und Selbstevaluation von Schulen vorliegt (vgl. Booth/ Ainscow 2002), die alle Menschen willkommen heißen wollen. In diesem Material

- findet sich eine inklusionsbezogene Beschreibung der Qualität von Schule;
- werden alle Dimensionen von Heterogenität in die gemeinsame Betrachtung einbezogen und
- erfolgt der Prozess in Richtung Inklusion auch selbst inklusiv, also unter Einbeziehung aller beteiligten Personen und Personengruppen.

Der Index liegt mittlerweile in diversen Versionen vor: auf Arabisch, Baskisch, Bosnisch/ Kroatisch/ Serbisch, Bulgarisch, Chinesisch (in Hongkong), Dänisch, Finnisch, Französisch (in Quebec), Hindi (in Indien), Holländisch, Italienisch, Japanisch, Maltesisch, Norwegisch, Portugiesisch, Rumänisch, Schwedisch, Spanisch (in Spanien und in Lateinamerika), Ungarisch, Urdu (in Pakistan), Vietnamesisch und Walisisch. Inzwischen wurde auch eine englische Fassung für den vorschulischen Bereich herausgebracht (vgl. Booth/ Ainscow/ Kingston 2004). In deutscher Sprache liegt sowohl der Index in der adaptierten Version für die Schule (vgl. Boban/ Hinz 2003) als auch in einer Übersetzung für den vorschulischen Bereich vor (vgl. Booth/ Ainscow/ Kingston 2006); zudem gibt es Überlegungen und Anregungen für einen kommunalen Index für Inklusion (vgl. Boban/ Hinz 2009b, Montag Stiftung 2010).

Wichtig ist den Autoren der englischen Ursprungsversionen, dass dieser Index einen weiten Rahmen für gemeinsame Überlegungen einer Schulgemeinschaft bietet, der flexibel und der konkreten Situation entsprechend genutzt werden soll. Es handelt sich nicht um ein Standardprogramm, das einem bestimmten Schema folgt, sondern quasi um ein Buffet, das den eigenen Bedürfnissen entsprechend genutzt wird – und es empfiehlt sich, nicht zu viel oder womöglich alles essen zu wollen. Die Basis des Index bilden drei Schlüsselkonzepte:

- „Barrieren für das Lernen und die Teilhabe" finden sich in allen Bereichen einer Schule und bilden Herausforderungen für alle Beteiligten. Dieses bildet einen starken Kontrast zum „sonderpädagogischen Förderbedarf", denn dort werden wiederum zwei Gruppen konstruiert, von denen eine in der Gefahr steht, mit abgesenkten Erwartungen konfrontiert und damit ebenso diskriminiert zu werden wie andere Personengruppen durch sexistische und rassistische Sprache (vgl. z.B. Mittler 2000, S. 10).
- Unterstützung von Vielfalt ist ein zweites Schlüsselkonzept. Vielfalt wird als etwas Produktives verstanden, das ein hohes Anregungspotenzial bildet – und auch aufregende Prozesse mit viel Reibung als Lernchance enthält.
- Als Drittes schließlich ist die Auseinandersetzung mit Phänomenen institutioneller Diskriminierung wichtig, denn Schule als Institution agiert in der Regel bestimmten Gruppen gegenüber diskriminierend – so ist die hohe

Überrepräsentanz von männlichen Jugendlichen mit türkischem Migrationshintergrund in Schulen für Lernbehinderte westdeutscher Großstädte zumindest zum Teil das Ergebnis des monolingualen Habitus des deutschen Schulwesens (vgl. Gomolla/ Radtke 2002).

Im Zusammenhang mit dem Index für Inklusion liegen inzwischen vielfältige Erfahrungen vor (vgl. Hinz/ Körner/ Niehoff 2008, 2010): Oft beginnen gerade Schulen, die jahrzehntelange Erfahrungen mit „Integration“ (im Feld Interkulturalität und/ oder im Feld Behinderung) haben, mit dem „Umbau“ (vgl. Stähling 2006) zu einer inklusiveren Qualität. Eine oft als inkonsequent erlebte Praxis bewegt auch „große Schulen“ wie die IGS Köln-Holweide zu Initiativen in Richtung Inklusion (vgl. Schwager 2005). Eine private Stiftung bietet Schulen und Kindergärten externe Unterstützung durch Moderation an (vgl. Platte/ Brokamp 2010). Schulämter starten Initiativen zur Unterstützung allgemeiner Schulen in Kooperation mit ihren Schulträgern, Förderzentren und weiteren Partnern (vgl. Hinz/ Jesumann 2010). Sogar ganze Gemeinden, wie z.B. Wiener Neudorf (vgl. Braunsteiner/ Germany 2009), beginnen damit, ein vernetztes System willkommen heißender, miteinander kooperierender Institutionen zu schaffen. Auch in den Hochschulbereich hinein gibt es zwischenzeitlich Projekte, die auf den Index aufbauen: Die Pädagogische Hochschule der Zentralschweiz in Luzern entwickelt einen Weiterbildungs-Masterstudiengang „Individuelle Förderung“, der auf der Basis des Index Lehrer/innen der allgemein bildenden Schule vertiefte Kompetenzen im Bereich des Umgangs mit Heterogenität vermittelt (vgl. Achermann 2007, Achermann/ Grossrieder 2010).

Der Index macht zwei Vorschläge: einen zum Vorgehen und einen zur inhaltlichen Systematik, was nämlich Inklusion bedeuten und woran man dies konkret merken kann.

Prozessbezogen umfasst der Index ein Phasenmodell mit Inspiration und Selbstevaluation für Schulen (vgl. Abb. 1).

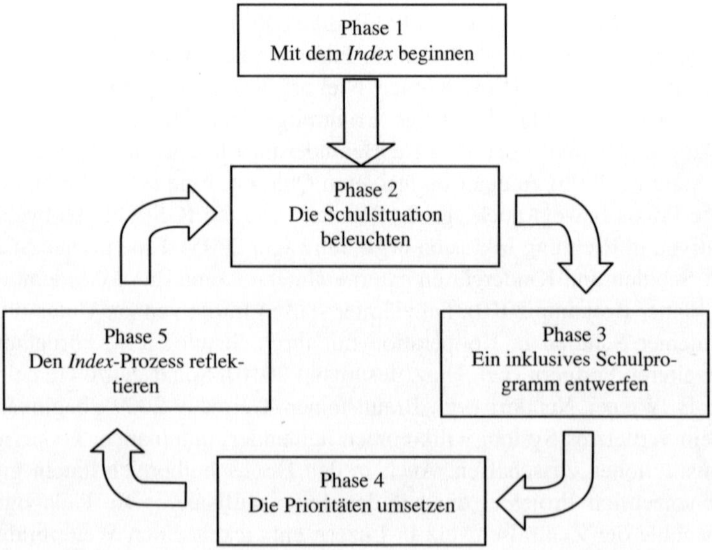

Abb. 1: Der Index-Prozess und der Planungskreislauf der Schulentwicklung (Boban/ Hinz 2003, S. 19)

Zunächst empfiehlt sich die Einrichtung einer Koordinationsgruppe, in der Kolleg/innen, Schüler/innen, Eltern und weitere Beteiligte in möglichst repräsentativer Heterogenität zusammenarbeiten. Alle Aspekte der Schule werden von ihnen gemeinsam untersucht, Hindernisse für das Lernen und die Partizipation benannt, Prioritäten für die Entwicklung gesetzt und der Prozess reflektiert. Unterstützt wird die Selbstevaluation durch eine detaillierte Sammlung von Indikatoren und Fragen, die es den Schulen ermöglicht, in eine tiefe und herausfordernde Auseinandersetzung um ihre derzeitige Position in Sachen Integration und um Möglichkeiten einer weiterreichenden inklusiven Entwicklung einzusteigen (zu Details vgl. Boban/ Hinz 2003).
Inhaltlich bezieht sich der Prozess inklusiver Schulentwicklung auf drei Dimensionen: auf inklusive Kulturen, Strukturen und Praktiken; sie werden analytisch getrennt, aber sie hängen und wirken eng zusammen (vgl. Tab. 1).
Inklusive Kulturen bilden die Basis für das Selbstverständnis einer Schule, hier geht es um Fragen wie den Stellenwert von Gemeinschaft in ihr und um die tragenden Werte. Inklusive Strukturen betreffen die innere Organisation

einer Schule mit den beiden maßgeblichen Fragen, wie weit sie auf dem Weg zur Schule für alle ist und wie sie die Unterstützung aller Beteiligten organisiert. Bei inklusiven Praktiken geht es um das pädagogische Alltagshandeln – um das Arrangieren von Lernsituationen und das Mobilisieren von weiteren Kompetenzen und Beiträgen. Diese drei Dimensionen werden in immer größerer Konkretion als ein großes Menü inhaltlicher Impulse angeboten, das in 44 Indikatoren aufgegliedert und schließlich in 560 Fragen ausgebreitet auf etwa 50 Seiten sowohl zur momentanen Praxis als auch zu möglichen nächsten Schritten Anregungen bieten soll.

Tabelle 1: Dimensionen und Bereiche des Index (Boban/ Hinz 2003, S. 15f.)

Dimension A:	**Inklusive KULTUREN schaffen**
	Bereich A.1: Gemeinschaft bilden
	Bereich A.2: Inklusive Werte verankern
Dimension B:	**Inklusive STRUKTUREN etablieren**
	Bereich B.1: Eine Schule für alle entwickeln
	Bereich B.2: Unterstützung für Vielfalt organisieren
Dimension C:	**Inklusive PRAKTIKEN entwickeln**
	Bereich C.1: Lernarrangements organisieren
	Bereich C.2: Ressourcen mobilisieren

Zur Fragestellung individuellen und gemeinsamen Lernens in heterogenen Gruppen bietet es sich an, einen genaueren Blick auf den „Bereich C.1: Lernarrangements organisieren“ zu werfen (vgl. Tab. 2):

Tabelle 2: Bereich C.1: Lernarrangements organisieren (Boban/ Hinz 2003, S. 52)

Bereich C.1: Lernarrangements organisieren	
1.	Der Unterricht wird auf die Vielfalt der Schüler/innen hin geplant.
2.	Der Unterricht stärkt die Teilhabe aller Schüler/innen.
3.	Der Unterricht entwickelt ein positives Verständnis von Unterschieden.
4.	Die Schüler/innen sind Subjekte ihres eigenen Lernens.
5.	Die Schüler/innen lernen miteinander.
6.	Bewertung erfolgt für alle Schüler/innen in leistungsförderlicher Form.
7.	Die Disziplin in der Klasse basiert auf gegenseitigem Respekt.
8.	Die Lehrer/innen planen, unterrichten und reflektieren im Team.
9.	Die Erzieher/innen unterstützen das Lernen und die Teilhabe aller Schüler/innen.
10.	Die Hausaufgaben tragen zum Lernen aller Schüler/innen bei.
11.	Alle Schüler/innen beteiligen sich an Aktivitäten außerhalb der Klasse.

Diese Ebene könnte in Schulen schon konkretere Gesprächsanlässe bieten, sich darüber auszutauschen, wie der aktuelle Stand ist, wo die „dringendsten Baustellen" liegen und welche sinnvollen nächsten Schritte unternommen werden könnten. Dies gilt umso mehr auf der Ebene der Fragen. Ein Beispiel kann dies in Ausschnitten demonstrieren (vgl. Tab. 3).

Tabelle 3: Beispiele aus Indikator C.1.1: Der Unterricht wird auf die Vielfalt der Schüler/innen hin geplant (Boban/ Hinz 2003, S. 81)

Indikator C.1.1: Der Unterricht wird auf die Vielfalt der Schüler/innen hin geplant.
Zum Beispiel … - Geht der Unterricht von einer gemeinsamen Erfahrung aus, die in unterschiedlicher Weise entfaltet werden kann? - Entspricht der Unterricht dem Spektrum von Interessen bei Jungen und Mädchen? - Legt der Unterricht eine Vorstellung des Lernens als kontinuierlichen Prozess nahe statt als Erledigung bestimmter Aufgaben? - Prüfen die Lehrer/innen Möglichkeiten, den Bedarf an individueller Unterstützung bei Schüler/innen zu reduzieren? - Gibt es eine Vielzahl unterschiedlicher Aktivitäten, z.B. mündliche Vorträge und Diskussionen, Zuhören, Schreiben, Zeichnen, Problemlösen, Nutzung der Bibliothek, audiovisuelle Materialien, praktische Aufgaben und Arbeit mit dem Computer? - Berücksichtigt die Unterrichtsplanung, dass bestimmte Schüler/innen wegen ihrer religiösen Vorstellungen z.B. in Kunst und Musik Schwierigkeiten haben, sich an bestimmten Inhalten zu beteiligen? - Wird der Unterricht ggf. so angepasst, dass Schüler/innen mit körperlichen oder Sinnesbeeinträchtigungen auch im Sportunterricht, Arbeitslehre, Hauswirtschaft sowie in Physik (bei Optik und Akustik) Wissen und Fertigkeiten erwerben können?

Hier wird auch konkret sichtbar, wie unterschiedliche Aspekte von Heterogenität in einen Zusammenhang gebracht werden.

Die Erfahrung zeigt, dass der Index für Inklusion in sehr unterschiedlicher Weise Gespräche anregt. Sei es, dass bei Pädagogischen Konferenzen ein inhaltlich passender Indikator als Gesprächsanlass genutzt wird, dass bei einer Kinderkonferenz in der Schule über einzelne Fragen gesprochen wird oder tatsächlich das ganze Menü bei einem Schulentwicklungstag oder in den verschiedenen Gremien und Klassen der Schule zum Sondieren möglicher „Baustellen" der Schule genutzt wird (vgl. Hinz et al. 2010, Boban/ Hinz in Vorbereitung).

5. Schlüsselkonzepte für inklusive Pädagogik

Nun könnte ein Bedenken gegenüber inklusiver Pädagogik sein, dass mit dieser Orientierung quasi eine neue Pädagogik entwickelt werden müsste. Immerhin stellt der Index 560 Fragen und gibt keine einzige Antwort. Dies geschieht mit der Hypothese der englischen Autoren, dass keine Schule die vorhandenen Kompetenzen der Beteiligten tatsächlich vollständig nutzt. Umso mehr macht es Sinn, Konzepte und Ansätze einzubeziehen, die mit inklusiver Pädagogik kompatibel sind. Hierbei kommen für die sechs Bereiche des Index unterschiedlichste Anregungen zustande (vgl. Hinz 2010; weitere Literatur dort).

Wenn eine Schule sich verstärkt der Gemeinschaftsbildung (Bereich A.1) zuwenden möchte, kann das Konzept der lebensbereichernden Pädagogik mit ihrer gewaltfreien Kommunikation hilfreich sein. Bei ihm geht es darum, eine anerkennende Form von Kommunikation zu entwickeln, die mit den eigenen Gefühlen verbunden ist und andere stärken will, sowie darauf gerichtet ist, einen Kommunikationsstil zu verringern, der andere be-, ver- und ggf. aburteilt. Mit diesen unterschiedlichen Kommunikationsstilen gehen dann auch unterschiedliche Verständnisse der Lehrerrolle einher. Will sich eine Schule verstärkt mit ihren Basiswerten (Bereich A.2) auseinandersetzen, kann das Konzept der Gleichwürdigkeit, eine Wortschöpfung aus Gleichheit und Ebenbürtigkeit, hilfreich sein. Es nimmt die tragenden Werte als Basis für einen anerkennenden Umgang miteinander in den Blick.

Hat eine Schule vor, sich stärker mit der internen Struktur von Unterstützung für Vielfalt (Bereich B.1) zu beschäftigen, können die Unterstützungsstrukturen des nach Auskunft der UNESCO weltweit inklusivsten Schulsystems in New Brunswick (Kanada) anregend wirken. Dort gibt es nur noch eine altersbezogene Gliederung des Schulwesens, aber keine hierarchisch gegliederten Schulformen, geschweige denn Sonderschulen oder -klassen. Um ein solches System zu realisieren, sind schulinterne und ergänzend auch externe Unterstützungsstrukturen nötig, namentlich ein wöchentlich tagendes Unterstützungsteam und Lehrer/innen zur Unterstützung ihrer Kolleg/innen. Will sich eine Schule unter strukturellen Aspekten als Schule für alle weiterentwickeln (Bereich B.2), kann die Auseinandersetzung mit „democratic education“ ertragreich sein. In Abhängigkeit von den Kriterien gibt es weltweit zwischen 70 und 199 Schulen mit recht unterschiedlichen Konzepten, die alle nach dem Prinzip „ein Mensch – eine Stimme“ arbeiten und so Partizipation als grundlegendes Prinzip der Schule in höchstem Maße vertreten, vor allem die von Schülerinnen und Schülern.

Wenn Schulen an ihrer inklusiven didaktischen Qualität, also an der Organisation von Lernarrangements (Bereich C.1) arbeiten wollen, ist es sinnvoll, sich mit kooperativem Lernen in heterogenen Kleingruppen auseinanderzusetzen, denn hier wird das Lernen miteinander und voneinander strukturell am klarsten zum Mittelpunkt von Lernprozessen gemacht. So führt das kooperative Lernen über bisherige Ansätze gleichschrittigen Frontalunterrichts, aber auch über Formen des offenen Unterrichts hinaus. Sehen Schulen schließlich im Organisieren von zusätzlichen Ressourcen (im Sinne weiterer Kenntnisse, Kompetenzen und Beiträgen von außen; Bereich C.2) ihren Arbeitsschwerpunkt, kann das Konzept der Zukunftsplanungen mit Unterstützerkreisen hilfreich sein. Basierend auf Prinzipien der Organisationsentwicklung, gibt es Einzelnen, Gruppen oder Institutionen im Rahmen heterogener „runder Tische" Unterstützung in der Entwicklung von Visionen und nächsten Schritten zu ihrer Realisierung.
Diese Beispiele zeigen, dass es keineswegs darum geht, eine komplett neue Pädagogik zu entwickeln. Sie machen auch deutlich, dass keine Schule am Punkt null anfängt, sondern dass jede Schule bereits etwas Inklusives zu bieten hat – so unterschiedlich die Startpunkte für inklusive Schulentwicklung auch sein mögen.

6. Inklusive Pädagogik und Sachunterricht

Der Sachunterricht als allgemein bildendes Fach trägt – wenn wir diese Ansprüche ernst nehmen – per se eine Grundorientierung in Richtung auf Inklusion in sich. Er ist Bildung für alle an allem. Dieser generelle Anspruch verlangt in der Praxis, dass differenziert wird und vielfältige Perspektiven auf einen komplexen Gegenstand eröffnet werden (vgl. GDSU 2002). Vielperspektivischer Sachunterricht geht davon aus, dass jedem Kind eine eigene Sichtweise und eigene Zugangsweisen auf den Lerninhalt zugestanden und dass diese gemeinsam im Unterrichtsgespräch ausgetauscht werden. „Nicht nur die einzelne Anregung, die einzelne unterrichtliche Interaktion ist von Bedeutung, sondern der Kontext, die Situation in der Klasse, das Schulleben und das gesellschaftliche Leben in Familie, Ort und Gesamtgesellschaft. Für den Sachunterricht heißt dies, dass wir nicht simple lineare Lösungen anbieten dürfen wie in der Arbeitsblattdidaktik gang und gäbe sind, sondern mehrere Zugangsweisen und Mehrperspektivität bei allen Inhalten brauchen, um die breiten Fähigkeiten aller Menschen in der globalisierten Welt produktiv aufzugreifen" (Kaiser/ Pech 2008, S. 11). Inklusiver Sachunterricht orientiert sich also an der komplexen Realität und wird nicht in scheinbar leicht gemachte Arbeitsblatthäppchen segmentiert.

Ein weiterer grundlegender Anspruch an inklusiven Sachunterricht liegt in der seit einigen Jahren verstärkt in der Sachunterrichtsdidaktik betonten Perspektive der ästhetischen Zugangsweisen. Diese haben schon die Verschiedenheiten in sich, beziehen sich aber im inhaltlichen Fokus auf eine Sache. Diese subjektiven ästhetischen Zugänge sind auch aus globaler Perspektive angesichts kulturellen Vereinheitlichungsdrucks erforderlich, denn sie geben den einzelnen Menschen subjektive Ausdrucksmöglichkeiten. Schomaker (2007) zeigt empirisch, wie gerade die ästhetischen Zugangsweisen im Sachunterricht Kindern mit besonderen Unterstützungsbedarfen Hilfen geben, auch kognitiv differenzierte Lerninhalte zu verstehen.
Auch in struktureller Hinsicht scheint der Sachunterricht aus mehreren Gründen für eine inklusive Perspektive prädestiniert zu sein.

- Als fächerübergreifender Lernbereich weist er schon automatisch eine geringe(-re) „Atomisierung" der Inhalte auf und enthält so größere Chancen zu einer Auseinandersetzung mit Lerngegenständen in größeren Kontexten auf der Basis vielfältiger Zugänge und Aspekte – und überdies im Vergleich mit anderen Lernbereichen größere Chancen zu einer sinnvollen Balance zwischen wissenschaftlicher Systematik und kindlichen Zugängen.
- Er hat in hohem Maße das Potenzial, an vielfältige Fragen und Interessen der Kinder anzuknüpfen, ihre Heterogenität mit den innewohnenden Lebensweltbezügen als Orientierung einzubringen und hohe Anteile von Eigenaktivität als Ansatzpunkte für das Lernen und die Anerkennung zu nutzen – und das für alle Kinder.
- Dabei ist die Möglichkeit, sich mit konkreten Fragestellungen und Inhalten auf unterschiedlichsten Niveaus auseinanderzusetzen, ein wichtiger Aspekt – und dies kann ohne vorschnelle Festlegung im Spektrum von „schwerstbegabt" bis „hochbehindert" geschehen.
- Schließlich bieten sich im Sachunterricht vielfältige Möglichkeiten zur (Projekt-) Arbeit in heterogenen Kleingruppen an, die anschließend präsentiert werden – ebenfalls ein Potenzial zur Anerkennung individueller Leistungen und Beiträge.

Literatur

Achermann, B. (2007): „Schulen für alle" in der Zentralschweiz, Luzern: Demokratische Schulentwicklung und Weiterbildung von Lehrer/innen für Integrative Förderung. In: Demmer-Dieckmann, I.; Textor, A. (Hrsg.): Inklusionsforschung und Bildungspolitik. Bad Heilbrunn, S. 163-172.

Achermann, B.; Grossrieder, I. (2010): Stärkung der Inklusionskraft der allgemeinen Schule. In: Hinz, A.; Körner, I.; Niehoff, U. (Hrsg.): Auf dem Weg zur Schule für alle. Barrieren überwinden – inklusive Pädagogik entwickeln. Marburg, S. 297-310.

Aichele, V. (2010): Das Recht auf inklusive Bildung gemäß Artikel 24 der UN-Behindertenrechtskonvention: Inhalt und Wirkung. In: Hinz, A.; Körner, I.; Niehoff, U. (Hrsg.): Auf dem Weg zur Schule für alle. Barrieren überwinden – inklusive Pädagogik entwickeln. Marburg, S. 11-25.

Boban, I.; Hinz, A. (Hrsg.) (2003): Index für Inklusion. Lernen und Teilhabe in der Schule der Vielfalt entwickeln. Halle (Saale). URL: http://www.eenet.org.uk/index_inclusion/ Index%20German.pdf [15.11.2010].

Boban, I.; Hinz, A. (2008): Inclusive Education – Annäherungen an Praxisentwicklung und Diskurs in verschiedenen Kontexten. In: Biewer, G.; Luciak, M.; Schwinge, M. (Hrsg.): Begegnung und Differenz: Menschen – Länder – Kulturen. Beiträge zur Heil- und Sonderpädagogik. Bad Heilbrunn, S 314-329.

Boban, I.; Hinz, A. (2009a): Inklusive Pädagogik zwischen allgemeinpädagogischer Verortung und sonderpädagogischer Vereinnahmung – Anmerkungen zur internationalen und zur deutschen Debatte. In: Börner, S. et al. (Hrsg.): Integration im vierten Jahrzehnt. Bilanz und Perspektiven. Bad Heilbrunn, S. 220-228.

Boban, I.; Hinz, A. (2009b): Inklusive Werte in allen Lebensbereichen realisieren. Gemeinsam leben 17, S. 92-99.

Boban, I.; Hinz, A. (in Vorbereitung): „Index für Inklusion“ – ein breites Feld von Möglichkeiten zur Umsetzung der UN-Konvention. In: Flieger, P.; Schönwiese, V. (Hrsg.): Inklusionsforschung im Lichte der UN-Konvention über die Rechte behinderter Menschen. Bad Heilbrunn.

Booth, T. (2008): Ein internationaler Blick auf inklusive Bildung: Werte für alle? In: Hinz, A.; Körner, I.; Niehoff, U. (Hrsg.): Von der Integration zur Inklusion. Grundlagen – Perspektiven – Praxis. Marburg, S. 53-73.

Booth, T.; Ainscow, M. (Hrsg.) (2002): Index for Inclusion. Developing Learning and Participation in Schools. Bristol. URL: http://www.eenet.org.uk/resources/docs/Index%20 English.pdf [15.11.2010].

Booth, T.; Ainscow, M.; Kingston, D. (2004): Index for Inclusion. Developing Play, Learning and Participation in Early Years and Childcare. Bristol.

Booth, T.; Ainscow, M.; Kingston, D. (Hrsg.) (2006): Index für Inklusion (Tageseinrichtungen für Kinder). Lernen, Partizipation und Spiel in der inklusiven Kindertageseinrichtung entwickeln, Frankfurt am Main. URL: http://www.eenet.org.uk/resources/docs/Index%20EY%20 German2.pdf [16.11.2010].

Braunsteiner, M.-L.; Germany, S. (2009): Wiener Neudorf – Baden und zurück? Einblicke in ein Schulentwicklungs- und Vernetzungsprojekt. In: Jerg, J. et al. (Hrsg.): Perspektiven auf Entgrenzung – Erfahrungen und Entwicklungsprozesse im Kontext von Inklusion und Integration. Bad Heilbrunn, S. 149-156.

GDSU (Gesellschaft für Didaktik des Sachunterrichts) (Hrsg.) (2002): Perspektivrahmen Sachunterricht. Bad Heilbrunn.

Gomolla, M.; Radtke, F.-O. (2002): Institutionelle Diskriminierung. Die Herstellung ethnischer Differenz in der Schule. Opladen.

Hinz, A. (2004): Vom sonderpädagogischen Verständnis der Integration zum integrationspädagogischen Verständnis der Inklusion!? In: Schnell, I.; Sander, A. (Hrsg.): Inklusive Pädagogik. Bad Heilbrunn, S. 41-74.

Hinz, A. (2008): Inklusion – historische Entwicklungslinien und internationale Kontexte. In: Hinz, A.; Körner, I.; Niehoff, U. (Hrsg.): Von der Integration zur Inklusion. Grundlagen – Perspektiven – Praxis. Marburg, S. 33-52.

Hinz, A. (2010): Schlüsselelemente einer inklusiven Pädagogik und einer Schule für alle. In: Hinz, A.; Körner, I.; Niehoff, U. (Hrsg.): Auf dem Weg zur Schule für alle. Barrieren überwinden – inklusive Pädagogik entwickeln. Marburg, S. 63-75.

Hinz, A.; Boban, I.; Gille, N.; Kirzeder, A.; Laufer, K.; Trescher, E. (2010): Entwicklung zur/der Ganztagsschule auf der Basis des Index für Inklusion. Abschlussbericht des Teilprojektes I zur Umsetzung des Investitionsprogramms Zukunft Bildung und Betreuung im Land Sachsen-Anhalt. Halle.

Hinz, A.; Jesumann, C. (2010): Eine Region macht sich verstärkt auf den inklusiven Weg – der Kreis Schleswig-Flensburg und die Stadt Flensburg. In: Hinz, A.; Körner, I.; Niehoff, U. (Hrsg.): Auf dem Weg zur Schule für alle. Barrieren überwinden – inklusive Pädagogik entwickeln. Marburg, S. 228-238.

Hinz, A.; Körner, I.; Niehoff, U. (Hrsg.) (2008): Von der Integration zur Inklusion. Grundlagen – Perspektiven – Praxis. Marburg.

Hinz, A.; Körner, I.; Niehoff, U. (Hrsg.) (2010): Auf dem Weg zur Schule für alle. Barrieren überwinden – inklusive Pädagogik entwickeln. Marburg.

Kaiser, A.; Pech, D. (2008): Auf dem Weg zur Integration durch neue Zugangsweisen? In: Kaiser, A.; Pech, D. (Hrsg.): Integrative Zugangsweisen für den Sachunterricht. Baltmannsweiler, S. 3-28.

Mittler, P. (2000): Towards Inclusive Education. London.

Montag Stiftung Jugend und Gesellschaft (Hrsg.) (2010): Kommunaler Index für Inklusion. Arbeitsbuch. Bonn. URL: www.kommunen-und-inklusion.de [15.11.2010].

Platte, A.; Brokamp, B. (2010): Unterstützung inklusiver Schulentwicklung in Nordrhein-Westfalen: Moderation, Qualifikation und Vernetzung. In: Hinz, A.; Körner, I.; Niehoff, U. (Hrsg.): Auf dem Weg zur Schule für alle. Barrieren überwinden – inklusive Pädagogik entwickeln. Marburg, S. 213-227.

Poscher, R.; Langer, T.; Rux, J. (2008): Gutachten zu den völkerrechtlichen und innerstaatlichen Verpflichtungen aus dem Recht auf Bildung nach Art. 24 des UN-Abkommens über die Rechte von Menschen mit Behinderungen und zur Vereinbarkeit des deutschen Schulrechts mit den Vorgaben des Übereinkommens. URL: http://www.gew.de/Binaries/Binary48790/080919_BRK_Gutachten_finalKorr.pdf [15.11.2010].

Prengel, A. (2001): Egalitäre Differenz in der Bildung. In: Lutz, H.; Wenning, N. (Hrsg.): Unterschiedlich verschieden. Differenz in der Erziehungswissenschaft. Opladen, S. 93-107.

Riedel, E. (2010): Gutachten zur Wirkung der internationalen Konvention über die Rechte von Menschen mit Behinderung und ihres Fakultativprotokolls auf das deutsche Schulsystem. Zusammenfassung der wichtigsten Ergebnisse. URL: http://www.gemeinsam-leben-nrw.de/sites/default/files/Gutachten_Zusammenfassung_0.pdf [15.11.2010].

Schomaker, C. (2007): Der Faszination begegnen. Didaktische Relevanz ästhetischer Zugangsweisen im Sachunterricht für alle Kinder. Oldenburg.

Schwager, M. (2005): Eine Schule auf dem Weg zur Inklusion? Entwicklungen des Gemeinsamen Unterrichts an der Gesamtschule Köln-Holweide. In: Zeitschrift für Heilpädagogik, 56, S. 261-268.

Sozialverband Deutschland (2009): Das SoVD-Bildungsbarometer Inklusion. Fortschritte auf dem Weg zur inklusiven Bildung in den Bundesländern. URL: http://www.sovd.de/fileadmin/downloads/pdf/positionspapiere/SoVD-Bildungsbarometer_Inklusion.pdf [15.11.2010].

Stähling, R. (2006): „Du gehörst zu uns“. Inklusive Grundschule. Ein Praxisbuch für den Umbau der Schule. Baltmannsweiler.

Stähling, R.; Wenders, B. (Hrsg.) (2009): Ungehorsam im Schuldienst. Von heutigen Schulreformern lernen. Baltmannsweiler.

UN (2008): Gesetz zu dem Übereinkommen der Vereinten Nationen vom 13. Dezember 2006 über die Rechte von Menschen mit Behinderungen sowie zu dem Fakultativprotokoll vom 13. Dezember 2006 zum Übereinkommen der Vereinten Nationen über die Rechte von Menschen mit Behinderungen vom 21. Dezember 2008. Bundesgesetzblatt Jahrgang 2008 Teil II Nr. 35, 1419-1457. URL: http://www.bgbl.de/Xaver/start.xav?startbk=Bundesanzeiger_BGBl&start=//*[@attr_id='bgbl208s1419.pdf'] [16.11.2010].

Bernd Wagner

Interkulturelle Bildung und strukturelle Exklusion – Perspektiven und Grenzen im Sachunterricht

Structural discrimination for children with migration backgrounds is a fact that is imposed by the immigration laws. Teachers acknowledge these legal boundaries if they get to know the residence permit status and react against exclusionary practices.

1. Anerkennung – ein Grundprinzip interkultureller Bildung

Interkulturelle Bildung wird eng mit dem Begriff *Anerkennung*[1] verbunden. Anerkennung ist mehr als ein tolerantes Umgehen mit *Fremden*. Axel Honneth (1992) hat in den Zusammenhang zwischen der Selbstwahrnehmung eines Menschen und der Achtung durch Andere eingeführt. Menschen sind nach Honneth an wechselseitige Anerkennungsakte gebunden, die durch einzelne oder soziale Gruppen erfahrbar gemacht werden können. Honneth versteht unter Anerkennung Qualitäten der emotionalen Zuwendung, kognitiven Achtung und sozialen Wertschätzung. Diese Qualitäten beinhalten das Aufzeigen von Zukunftsperspektiven und die Möglichkeit, einen gesellschaftlich anerkannten Status einzunehmen. Zuwandernde müssen sich oft langfristig in prekären Lebenssituationen einrichten. Das betrifft nicht nur junge Erwachsene sondern auch viele Familien mit Kindern, die oft jahrelang in Deutschland mit ungeklärtem Aufenthaltsstatus leben müssen. Im wissenschaftlichen Diskurs sind die strukturellen Benachteiligungen von Zuwandernden vielfach diskutiert worden (Elias/ Scotson 1990, Gundara 2000). Insbesondere die rechtliche Exklusion von wichtigen Bürgerrechten und den damit verbundenen sozialen Privilegien ist bearbeitet worden (Treibel 1990, Räthzel 1997). Der Zugang zur deutschen Staatsbürgerschaft gilt als ein nur

---

[1] Georg Auernheimer (2004) setzt z.B. das *Prinzip Anerkennung* als wichtigsten Grundsatz der Interkulturellen Pädagogik.

langfristig erreichbares Ziel, das für nicht EU-Bürger mit dem Verlust der Herkunftsnationalität verbunden ist. Zuwandernde erleben zudem einen strukturell bedingten Statusverlust, der sich z.B. in der Abwertung ihrer im Herkunftsland erworbenen Qualifikationen ausdrückt (Englmann/ Müller 2007). Ihnen werden administrativ, grundlegende Formen der Anerkennung verweigert. Bleibt Personen die Anerkennung als vollwertige Mitglieder der Gemeinschaft versagt, erleben sie – so Axel Honneth – eine strukturelle Form der Erniedrigung, die sie in ihrer Selbstachtung verletzt. Die so entstandenen Verletzungen führen zu einem *Kampf um Anerkennung* und können soziale Konflikte verschärfen.

„Das besondere an solchen Formen der Missachtung, wie sie in der Entrechtung oder dem sozialen Ausschluss vorliegen, stellt daher nicht die gewaltsame Einschränkung der persönlichen Autonomie allein dar, sondern deren Verknüpfung mit dem Gefühl, nicht den Status eines vollwertigen und moralisch gleichberechtigten Interaktionspartners zu besitzen" (Honneth 1992, S. 216).

Aus Missachtungserfahrungen resultieren Anerkennungsforderungen. Dies ist die zentrale These von Honneths Konzeption. Gerade die Formulierung von berechtigten, individuellen Anliegen führt zu wichtigen Bildungsprozessen. Interkulturelle Bildungskonzepte, die an einseitiger Assimilation oder der Aufrechterhaltung von kulturellen Identitäten orientiert sind, haben wenig Aussicht auf Erfolg. Themen von Bildungsprozessen für Kinder und Jugendliche mit Migrationshintergrund können Übersetzungsleistungen zwischen ihren biographisch verwurzelten Selbst- und Wirklichkeitsbildern einerseits und der Lebenswelt andererseits sein. Fragen von Anerkennung spielen bei diesen Übersetzungsleistungen eine zentrale Rolle, sie legen Grundlagen für individuelle Autonomie und soziale Partizipationsmöglichkeiten (Stojanov 2006). Der Umgang mit berechtigten Anerkennungsforderungen ist eine Kernkompetenz (Hafeneger/ Henkenborg/ Scherr 2002), die insbesondere in der Schulsozialarbeit Berücksichtigung finden kann.

2. Gesellschaftliche Partizipation – für Zuwandererfamilien erschwert

Honneths Überlegungen weisen auf tiefe Kränkungen hin, denen Zuwandernde durch strukturelle Diskriminierungen ausgesetzt sind. Diese Belastungen sind in pädagogischen Alltagssituationen nicht einfach bearbeitbar. Betroffene benötigen eine adäquate Unterstützung. Zunächst möchte ich familiäre Problematiken, die durch ungeklärten Aufenthaltsstatus entstehen, konkretisieren und einige Überlegungen vorstellen, wie diese Fragen im Schulalltag berücksichtigt werden können. Versagte, langfristige Aufenthaltsgenehmigungen bzw. nicht vorhandene Bleibeperspektiven erschweren eine Statuspassage von zuwandernden Familien. Diese leben häufig mit einem unrealistischen Rückkehrwunsch und sehen ihren Aufenthalt in Deutschland als kurzzeitiges Zwischenstadium an. Die u.a. im Ausländerrecht begründeten Kränkungen, das ständige Gefühl, nicht willkommen zu sein, führen zu Aggressionen gegen deutsche Institutionen. Dies betrifft nicht eine Minderheit der Zuwandernden, denn selbst legal zugewanderte Eltern verfügen in Deutschland häufig nur über befristete Aufenthaltserlaubnisse. Die fehlende langfristige Bleibeperspektive führt zu ablehnenden Einstellungen gegenüber dem Zuwanderungsland (Wagner 2007). Der unsichere Aufenthalt hat Auswirkungen auf die Kinder und ist einer der wesentlichen Faktoren für den Bildungsmisserfolg[2] von Kindern mit Migrationshintergrund im deutschen Schulsystem. In der Regel ist der Aufenthaltsstatus von Kindern und Jugendlichen abhängig von den Eltern;[3] in einer Familie können aber auch unterschiedliche Aufenthaltsfristen und -erlaubnisse vorliegen. So ist es in Deutschland nicht ungewöhnlich, wenn einzelne Familienmitglieder eingebürgert worden sind und andere nicht. Auch nach vielen Jahren Daueraufenthalt in Deutschland bleiben Zuwandernde ohne elementare staatsbürgerliche Rechte und behalten ihre Herkunftsnationalität bei. Die Aufenthaltssicherheit ist für viele Zugewanderte prekär. Eine langfristige Aufenthaltsplanung ist für die Mehrzahl aufgrund der fehlenden, unbefristeten Aufenthaltserlaubnis nicht möglich. Neben der fehlenden doppelten Staatsbürgerschaft ist die sogenannte *Ermessenseinbürgerung* ein Instrument, das nach einer 8- bis 12jährigen Wartezeit angewendet wird. In der Regel sind Zuwandernde, wenn sie am Punkt der Einbürgerung angelangt sind, emotional ablehnend zur deutschen Staatsbürgerschaft eingestellt. Dies drückt sich unter anderem in dem paradoxen Verhalten von vielen Jugendlichen aus, für die, obwohl sie längst die deutsche Staatsbürgerschaft besitzen, weiterhin die Herkunftsnationalität maßgeblich ist (Schiffauer 2002). Eine umfassende Neuregelung, die Aufenthaltssicherheit, schnelle Partizipation an staatsbürgerlichen Rechten und ein *vereinfachtes Angebot der Einbürgerung* (Puspekeppeleit/ Thränhardt 1990) erlaubt, ist bisher ausgeblieben.

Zuwandernde werden aufgrund der Rechtslage in Gruppen klassifiziert, hierarchisiert und mit verschiedenen Zugangsrechten bezüglich Aufenthaltstitel

---

2 Die PISA-Studien geben einen Einblick in die geringen Erfolgsaussichten von Schüler/innen mit Migrationshintergrund im deutschen Schulsystem (PISA 2006).

3 Kindern mit Migrationshintergrund sollte eine langfristige, eigenständige Perspektive im Aufnahmeland aufgezeigt werden, die vom Aufenthaltsstatus ihrer Eltern abgekoppelt ist. Wichtige Voraussetzung dafür ist, dass das Ius Soli (Geburtsrecht) uneingeschränkt im deutschen Staatsangehörigkeitsrecht umgesetzt wird.

und Arbeitsmarktzugang ausgestattet. Die beschriebenen Hierarchisierungen, die unreflektiert von einer Hegemonie des westlichen Lebensstils ausgehen, reihen sich in vielfältige weitere Exklusionsstrategien ein. Sie führen zu *neofeudalen Abgrenzungen* (Hoffmann-Nowotny 2002), die Zuwanderern langfristig im Gesellschaftsgefüge untergeordnete Stellungen zuweisen. Dieser Mechanismus wurde als Unterschichtungsthese u.a. von Anette Treibel (1990) aufgegriffen. Auernheimer (2004) hat die Unterschichtungsthese für die Theorieentwicklung zur *Interkulturellen Kommunikation* genutzt und in der Kategorie der *Machtasymmetrie* berücksichtigt. Auernheimers Überlegungen zur Machtasymmetrie betonen ein Ungleichgewicht in interkulturellen Begegnungssituationen, in denen die Beteiligten einen differenzierten Zugang zu Repräsentation und Deutungsmacht haben. Schulen stehen im Mittelpunkt der Auseinandersetzungen, asymmetrischen Beziehungen und Abgrenzungstendenzen.

In Schulen finden gruppenbezogene Abgrenzungstendenzen statt, die sich vordergründig über Ethnizität[4] definieren. Auch interkulturelle Trainingsprogramme unterstützen bisweilen die an den Schulen etablierten Unterscheidungen zwischen Uns und den Anderen. Kinder lernen die Anderen besser kennen und verstehen, ohne einen gleichberechtigten Umgang einzuüben. Viele Programme stärken zwar einerseits Kenntnisse über Heterogenität. Andererseits führen sie jedoch Abgrenzungstendenzen und Differenzwahrnehmungen mit, die Grundlagen für Ausgrenzung und Diskriminierungen bilden können. Lehrer/innen sollten neben den Sensibilisierungen für Diversität und Demokratie die Realität der strukturellen Erschwernisse für Kinder mit ungeklärten Aufenthaltsstatus berücksichtigen.

---

[4] Strukturen einer imaginierten Herkunftskultur sind eine Ressource, auf die zurückgegriffen wird, wenn die Aufnahmegesellschaft elementare soziale Orientierungen vorenthält und Folgen sozialer Ausschließungsprozesse virulent werden. Abgrenzungstendenzen als Reaktionen auf fehlgeschlagene Aufnahmeprozesse treten nicht selten erst in der dritten und vierten Zuwanderergeneration bei Personen auf, die nicht in der Herkunftskultur sozialisiert worden sind und sich diese mehr oder weniger selbst konstruieren müssen. Die gescheiterte Einbindung und nicht abgeschlossene Aufnahme von Zuwandernden in die Mehrheitsgesellschaft unterstützt nicht nur ethnische Markierungen in individuellen Zuwandererbiographien und einen als immunisierend empfundenen Rückzug auf Ethnizität, sondern führt auch zu tief greifenden emotionalen Verunsicherungen. Giddens (1991) bezeichnet diese verunsichernden Aspekte moderner Gesellschaften als disembedding.

3. Aufenthaltsproblematiken und ihre Auswirkungen in der Grundschule

Familien mit Migrationshintergrund betrachten deutsche Schulen und Kindergärten häufig als Institutionen, die mit den Ausländerbehörden kooperieren bzw. Teil der deutschen Verwaltungsstruktur sind. Rein formal müssten illegal Zugewanderte und Familien mit abgelaufener Aufenthaltserlaubnis oder reinem Touristenvisum auch von Schulen gemeldet werden. Diese Regelung wird in den Bundesländern unterschiedlich gehandhabt. Um den Konflikt zu vermeiden, werden diese heiklen Themen in Schulen kaum thematisiert. Viele Eltern verfügen nur über Duldungen oder befristete Aufenthaltserlaubnisse. Auch mit dem in den Medien viel diskutierten Bleiberecht ist keine Lösung für die schwierige Problematik herbeigeführt worden. Aufenthaltsrechte werden künftig verstärkt nach dem Kriterium der Erwerbstätigkeit verliehen. Das heißt, auch wenn ein Arbeitsmarktzugang erteilt wird und die Familie formal bleiben darf, behalten sich die deutschen Behörden eine Prüfung nach zwei oder mehr Jahren vor. Wesentlicher Bestandteil der Prüfung ist, ob die zugewanderten Familien langfristig unabhängig von Sozialleistungen sind. Diese Änderung setzt Familien, die bisher völlig andere Strategien zum Hierbleiben (Abwarten, Herkunft aus Krisenregionen angeben usw.) entwickelt haben, unter Druck. Auch Kinder und Jugendlichen erleben diese Schwierigkeiten und reagieren darauf. Erfahrungsgemäß vermeiden Familien mit Migrationshintergrund jedoch Aufenthaltsproblematiken im Alltag anzusprechen.

Der unsichere Aufenthalt und die damit verbundene unklare Bleibeperspektive haben Auswirkungen auf die Entwicklung der betroffenen Kinder. Aufmerksamkeitsstörungen oder Verhaltensauffälligkeiten, die die von Abschiebung bedrohten Kinder zeigen, können von Lehrer/innen häufig nicht erkannt bzw. zugeordnet werden. Entsprechende unangemessene Reaktionen führen zu weiteren Abgrenzungstendenzen. Wichtig ist es daher, dass pädagogische Mitarbeiter/innen in die Thematik eingeführt werden und Schulen in ihren Abläufen – wie z. B. Gemeinwesen- und Elternarbeit – die Problematik berücksichtigen. Sinnvoll ist es, auch in Schulprogrammen Verfahrensweisen aufzunehmen, die die Problematik des ungeklärten Aufenthaltes von Schüler/innen berücksichtigen. Eltern mit Migrationshintergrund sollten frühzeitig signalisiert bekommen, dass Schulen zum einen den Erwerb von Sprachkenntnissen unterstützen und zum anderen bei guten schulischen Leistungen zu langfristigen Aufenthaltserlaubnissen beitragen können.

Pädagogische Mitarbeiter/innen sind gefragt, Aufenthaltsproblematiken nicht durch Missverständnisse zu verstärken, sondern gezielte Hilfestellungen zu geben. Sie können die sensible Thematik vorsichtig ansprechen, Verständnis zeigen und auf Beratungsinstitutionen in Wohnortnähe verweisen (z. B. bei Pro Asyl). Eine langfristige Kooperation der Grundschule mit den regionalen Härtefallkommissionen, die Petitionen bearbeiten, wenn rechtliche Möglichkeiten erschöpft sind, kann angestrebt werden. Gerade akute Abschiebungsproblematiken können durch diese Kooperation erkannt werden. Pädagog/innen sollten nicht selbst versuchen, eine Rechtsberatung durchzuführen. Grundsätzlich gilt, dass alle ausländerrechtlichen Fragen juristische Einzelfallentscheidungen sind, die eine qualifizierte, anwaltliche Rechtsberatung benötigen. Eine Vielzahl von Faktoren führt zu einer Verlängerung bzw. Beendigung des Aufenthaltstitels. Positive Leistungen in der Schule, Deutschkenntnisse und gesellschaftliches Engagement sind z. B. Aspekte, die unter Umständen aufenthaltsverlängernd wirken können. Grundschulen können helfen, Pluspunkte für eine Aufenthaltsverlängerung zu sammeln, indem sie sich für den Verbleib von betreuten Kindern in Deutschland stark machen, wenn dies von den betroffenen Familien gewünscht wird.

4. Interkulturelle Bildung und strukturelle Ausgrenzungen

Oft wird Interkulturelle Bildung verstanden als eine reine Sensibilisierung für andere Kulturen und Lebensweisen. Interkulturelle Bildung soll es Kindern ermöglichen, einen gleichberechtigten Umgang miteinander zu pflegen. Diese teils verklärte Sichtweise verkennt die unterschiedlichen Partizipationsmöglichkeiten und Teilhaberechte, die durch das Zuwanderungs- und Aufenthaltsrecht vorgegeben werden. Lehrer/innen befinden sich im Spannungsfeld idealer Ansprüche, wie Toleranz und Chancengleichheit, die mit realen Abgrenzungen auch von Seiten der zugewanderten Familien kollidieren. Prengel zeigt die Problematiken von struktureller Ungleichheit und der Sensibilisierung für Gleichberechtigung sowie Demokratie in pädagogischen Alltagssituationen auf.
„Das Resümee der historischen Analyse lässt erkennen, dass die demokratischen Traditionen überwiegend mit dem Leitbild der Gleichheit verbunden waren. Sie tradierten damit freiwillig oder unfreiwillig oder auch gewollt die Einschränkung demokratischer Rechte gegenüber den in der gesellschaftlichen Hierarchie weit unten angesiedelten Gruppen“ (Prengel 1995, S. 46, 47).
Die einseitige Betonung von Vielfalt und Diversität kann zu unrealistischen Verklärungen Interkultureller Bildung führen. Auch Lehrer/innen stellen in Bezug auf die allgemeinen, idealen Ziele immer wieder unrealistische Anforderungen an sich und ihre Rolle im staatlichen Schulsystem. Strukturelle

Exklusion kann in den Grundschulen angesprochen aber nicht langfristig gelöst werden. Zunächst ist es daher angeraten niederschwellige, sensibilisierende Ziele im Bereich der Interkulturellen Bildung zu setzen. Überforderungen führen bei Lehrer/innen oft zur Resignation, gerade wenn Familien mit Migrationshintergrund nur unzureichend angesprochen werden können bzw. keine Eigeninitiative zeigen. Erzieherinnen und Lehrer/innen sind zudem mit heftigen Aggressionen konfrontiert, die aus der Auseinandersetzung mit den Ausländerbehörden und der fehlenden, sozialen Anerkennung von Zuwandernden resultieren. Die insbesondere von Ingrid Gogolin (1988) und Marianne Krüger-Potratz (1999) im deutschen Diskurs hervorgehobenen Aspekte der strukturellen Benachteiligungen für Zuwandernde können nicht einfach übergangen werden. Diese strukturellen Einschränkungen sollten in Kindergarten und Schule thematisiert werden. Auf unterschiedliche Bildungschancen kann aufmerksam gemacht werden. Kindergärten und Schulen können sich im Rahmen ihrer Gemeinwesenarbeit aktiv für längere Bleibemöglichkeiten betroffener Familien einsetzen. Dies erleichtert die Kontaktaufnahme zu Familien mit Migrationshintergrund[5]. Die sprachlichen und rechtlichen Einschränkungen erfordern eine besondere Förderung, die bei den politisch Verantwortlichen zunächst auf kommunaler Ebene angemahnt werden sollte.

5. Perspektiven schulischer Inklusion

Im Rahmen größerer, globaler Interdependenzen werden Zuwanderungsregelungen künftig flexibler angepasst und verändert werden müssen. Ein kluger Umgang mit Diversität (Schiffauer 2002) wird eine zentrale Kompetenz in international agierenden, dienstleistungsorientierten Gesellschaften. In diesem Kontext erhält Heterogenität in der Lehrerausbildung einen zentralen Stellenwert. Kinder setzen sich mit vielfältigen, kulturellen Elementen auseinander und integrieren diese kreativ – es entstehen Patchworkidentitäten, hybride Konstruktionen (Hall 2001). Diese hybriden, kulturellen Inszenierungen können im Schulalltag berücksichtigt werden. Ein Rückzug auf den monolingualen Habitus (Gogolin 1994) und entsprechende Darstellungen homogener, essentialisierender Kulturvorstellungen sind nicht zielführend. Mit einseitigen Inszenierungen von Überlegenheit sollte sensibel umgegangen und ein eurozentrischer Bias mitbedacht werden.

---

[5] „Da interkulturelle Kontakte sehr häufig, wenn nicht überwiegend durch Machtasymmetrie gekennzeichnet sind, ergibt sich schon von daher eine schwierige Konstellation, die durch die Differenz der Codes und beiderseitigen Stereotypen nur noch erschwert wird“ (Auernheimer 2004, S. 108).

Als Beispiel möchte ich ein Foto aus meiner Unterrichtspraxis einfügen, auf dem Schüler/innen im Rahmen des in Berlin an einigen Projektschulen angebotenen Wahlpflichtfaches Stadterkundung Materialien erstellen (vgl. Abbildung 1).

Abb. 1: Jugendliche nicht deutscher Herkunft beim Erstellen von Repräsentationsformen ihrer Lebenswelt

Das Projekt des FiPP e.V., finanziert von der Deutschen Kinder- und Jugendstiftung, unterstützt die schulische Berufsorientierung. Schülern, die kurz vor dem Übergang ins Berufsleben stehen, wird eine Orientierung im Stadttourismusbereich angeboten. Sie können sich als Stadtführer für gleichaltrige Jugendliche erproben, die auf Klassenreisen Berlin-Kreuzberg kennenlernen möchten. Die Jugendlichen thematisieren ihre Lebensentwürfe. Sie setzen sich mit gleichaltrigen Berlin-Besuchern auseinander und erfahren Schwierigkeiten, dem folkloristisch orientierten, touristischen Wunsch nachzukommen, ihre Herkunftskultur zu inszenieren. Die Berlin-Besucher sehen sich mit Jugendlichen konfrontiert, die ähnliche Interessen haben und nicht in stereotype Klassifikationen passen. Die Begegnungen im Rahmen des Schüleraus-

tausches wirken irritierend – vielleicht im Sinne von Homi Bhabhas (2000) Überlegungen zum 3. Raum, der Differenzen ohne strenge Hierarchisierung ermöglicht und Raum für hybride Identitätskonstruktionen bietet.
Auf Toleranz für andere Kulturen hinzuweisen kann nicht die ausschließliche Aufgabe von Interkultureller Bildung sein. Vielmehr zeigen die Überlegungen dieses Artikels, dass nicht kulturelle Gründe, sondern politische, ökonomische und pädagogische Ungleichbehandlungen die primären Probleme der Einwanderungsgesellschaft sind. Mehrheitsgesellschaft und Zuwandernde haben viele Gemeinsamkeiten, z.B. konsumorientierte Einstellungen und erwerbszentrierte Lebensentwürfe. Fremdheit wird oft unnötig konstruiert (Kristeva 1990). Dennoch entstehen gruppenbezogene Abgrenzungsprozesse, die von strukturellen Ungleichheiten begünstigt werden. Das aktive Eintreten für zuwanderungsfreundlichere Strukturen und Inklusion in Deutschland kann dem entgegenwirken. Die Resilienzforschung weist empirisch nach, dass Bildungserfolge bei widrigen Ausgangsbedingungen mit anerkennender Wertschätzung verknüpft sind. Die Institution Schule trägt zur Inklusion bei, indem individuelle Wertschätzung und formulierte Anerkennungsforderungen mehr Berücksichtigung finden.

Literatur

Auernheimer, G. (2004): Einführung in die interkulturelle Pädagogik. Darmstadt.

Bhabha, H. (2000): Die Verortung der Kultur. Tübingen.

Elias, N.; Scotson, J.-L. (1990): Etablierte und Außenseiter. Frankfurt a.M.

Englmann, B.; Müller, M. (2007): Brain Waste – Die Anerkennung von ausländischen Qualifikationen in Deutschland. Augsburg.

Giddens, A. (1991): Modernity and Self-Identity. Self and Society in the Late Modern Age. Cambridge.

Gogolin, I. (1988): Erziehungsziel Zweisprachigkeit. Konturen eines sprachpädagogischen Konzeptes für die multi-kulturelle Schule. Hamburg.

Gogolin, I. (1994): Der monolinguale Habitus der multilingualen Schule. Münster.

Gundara, J. (Hrsg.) (2000): Inclusion and Exclusion in Europe. London.

Hafeneger, B.; Henkenborg, P.; Scherr, A. (Hrsg.) (2002): Pädagogik der Anerkennung. Grundlagen – Konzepte – Handlungsfelder. Schwalbach/Taunus.

Hall, S. (2001): Representation: Cultural Representations and Signifying Practices. London.

Hoffmann Nowotny, H.-J. (2002): Internationale Ungleichheit und Weltmigration. In: Treichler, A. (Hrsg.): Wohlfahrtsstaat, Einwanderung und ethnische Minderheiten. Wiesbaden. S. 27-36

Honneth, A. (1992): Kampf um Anerkennung. Frankfurt a.M.

Kristeva, J. (1990): Fremde sind wir uns selbst. Frankfurt a.M.

Krüger-Potratz, M. (1999): „Stichwort: Erziehungswissenschaft und kulturelle Differenz.“ Zeitschrift für Erziehungswissenschaft H.2, S.149-165.

PISA 2006 in Deutschland: Die Kompetenzen der Jugendlichen im dritten Ländervergleich – Zusammenfassung 18.11.2008. URL: http://www.ipn.uni-kiel.de/aktuell/publikationen.html [01.10.2010]

Prengel, A. (1995): Pädagogik der Vielfalt. Opladen.

Puskeppeleit, J.; Thränhardt, D. (1990): Vom betreuten Ausländer zum gleichberechtigten Bürger. Freiburg/ Breisgau.

Räthzel, N. (1997): Deutsche Nation und Bilder von Anderen. Frankfurt a. M.

Schiffauer, W. (2002): Migration und kulturelle Differenz. Berlin.

Stojanov, K. (2006): Bildung und Anerkennung. Soziale Voraussetzungen von Selbst-Entwicklung und Welt-Erschließung. Wiesbaden.

Treibel, A. (1990): Migration in modernen Gesellschaften. Weinheim.

Wagner, B. (2007): Die Erstförderung von Neuzuwanderern in der Bundesrepublik Deutschland – Perspektiven von Fremdsein und Statuspassage. Frankfurt/Main.

Marlies Hempel und Katharina Kohlscheen

Interesse, (Hoch-)Begabung und Inklusion

The results of two studies which investigate talents and interests of children in primary school should inform about the teachers´ knowledge about children's talents and interests and how to create the subject of general studies in an inclusive way. Insufficient knowledge can cause problems because teachers often use informal methods to identify gifted children. Often, misinterpretations are the consequences. Further, it raises the question whether there is a connection between talents and interests, particularly in the relation of sex. Regarding the results of the research the claim of the general studies should emphasize that education for all children means to convey the most talented and interested children adequate working and learning strategies, and to open perspectives that ensure the connectivity of the beginning educational processes.

1. Einleitung

Seit über 90 Jahren ist die Grundschule bestrebt, das Gleichheitsversprechen der Demokratie in der Schulpolitik einzulösen, das mit dem 1919 in der Weimarer Verfassung verabschiedeten Artikel 146 gegeben wurde. Gemeinsamkeit, Gleichheit und Gerechtigkeit als Auftrag der Grundschule sind bis heute nicht in vollem Umfang realisiert. So wurden hilfsschulbedürftige Kinder von der gemeinsamen Grundbildung ausgeschlossen und der sogenannte „Schulkompromiss“[1] ermöglichte es, private und konfessionelle Schulen einzurichten. Dieser „Geburtsfehler“ der Grundschule hat Auswirkungen bis in die Gegenwart. Obwohl die Weimarer Grundschule Kindern aus Ober- und Mittelschichten Aufstiegschancen ermöglichte, fand die Beseitigung der sozialen Auslese nie statt. Der Grundschule ist somit das „spannungs- und konfliktgeladene Verhältnis von Gleichheit und Differenz, von Fördern und

[1] Vgl. „Gesetz betreffend der Grundschulen und die Aufhebung der Vorschulen“ vom 28.4.1920.

Auslesen" (Götz/ Sandfuchs 2001, S. 18) in die Wiege gelegt. Diskussionen um bildungspolitische Rahmenbedingungen, die allen Kindern gleiche Chancen ermöglichen, haben seither nicht aufgehört. Bestimmend in der Diskussion um Chancenungleichheit sind der von Flitner (1985) geprägte Begriff der „unterscheidenden Gerechtigkeit" und die von Prengel (1993) in der „Pädagogik der Vielfalt" geforderte „egalitäre Differenz". Dieses Konzept fußt auf der Differenz menschlicher Individuen und erkennt das demokratietheoretische Postulat prinzipieller Gleichheit auf der Basis von Verschiedenheit an. Eine solche Pädagogik der Vielfalt respektiert sowohl den Gleichheitsgrundsatz entsprechend des Grundgesetzes, löst aber auch mit der Anerkennung von Differenz und Heterogenität das Pluralitätsprinzip ein. Die Pädagogik der Vielfalt und damit einhergehend die Anerkennung der Bedeutung von Heterogenität für die Bildung und Erziehung ist in den gegenwärtigen Diskursen zum Thema zentral. Auf die aktuelle Bedeutung des Problems verweisen nicht zuletzt die Ergebnisse der PISA- und IGLU- Studien. Im Hinblick auf die Chancengleichheit aller Kinder wird hier auf eine „zweite deutsche Bildungskatastrophe" (Büchner 2003) aufmerksam gemacht.

2. Theoretische Ausgangspositionen

Die Grundschulpädagogik und -didaktik hat sich in der Forschung in letzter Zeit intensiv Fragen der Individualisierung, Differenzierung und Heterogenität zugewandt und Konzepte (z.B. die Flexibilisierung der Schuleingangsphase) diskutiert und entwickelt. Auch die Sachunterrichtsdidaktik hat die fachdidaktischen Herausforderungen, die mit dem Anspruch an Chancengleichheit verbunden sind, zunehmend in den Blick genommen (vgl. Hempel 2004). Von der Separation über die Integration hin zu Inklusion sind immer wieder Konzepte der Bildung für alle Kinder diskutiert worden, um das Recht aller Kinder auf Verschiedenheit umsetzbar zu machen. In ihrem Perspektivrahmen hat die GDSU bezogen auf den Sachunterricht formuliert:
„Zum einen soll er allen Kindern gleiche Bildungschancen geben; zum anderen muss er offen genug sein, damit die Lehrerinnen und Lehrer den spezifischen Lernvoraussetzungen in ihrer Lerngruppe ausreichend Rechnung tragen können" (GDSU 2002, S. 5).
Besser wäre die Formulierung allerdings, wenn die Kausalität deutlicher würde: ***Um** allen Kindern **gleiche** Bildungschancen zu geben, muss er offen genug sein und **erfordert**, dass die Lehrerinnen und Lehrer den spezifischen Lernvoraussetzungen in ihrer Lerngruppe ausreichend Rechnung tragen.*
Praxisbeobachtungen und Theoriediskussionen lassen allerdings vermuten, dass es kein geringes Problem ist, der Heterogenität mit der „richtigen" Of-

fenheit zu begegnen und dabei den Blick nicht nur auf Kinder mit Beeinträchtigungen, sondern auf alle Kinder zu richten. Im Fokus der inklusionspädagogischen Debatten stehen aber nach wie vor mit großer Selbstverständlichkeit vor allem die Kinder mit Lernschwierigkeiten, wie z.B. Simone Seitz zeigt (vgl. 2008, S. 123). Besonders begabte oder auch hochbegabte Kinder werden kaum in den Blick genommen.[2] Gerade im Sachunterricht muss es darum gehen, besondere Begabungen zu erkennen und zu fördern – das setzt das Erkennen und Berücksichtigen der heterogenen Lernvoraussetzungen dieser Kinder wie auch von Kindern mit Lern- oder sozial-emotionalen Schwierigkeiten voraus. Es geht letztlich darum, dass Lehrende den Prozess des selbsttätigen Wissenserwerbs von Kindern unterschiedlichster Fähigkeitsprofile professionell begleiten und unterstützen. Fähigkeitsprofile machen Aussagen zu fachlichen, personalen, sozialen und körperlichen Fähigkeiten und zu den Interessen von Kindern. Hier bietet der Sachunterricht aufgrund seines didaktischen Profils hervorragende individuelle Ansatzpunkte für Inhalte und Zugangsweisen. Die doppelte Heterogenität (vgl. Hempel 2007, S. 23 und Hempel/ Lüpkes 2009, S. 32ff.) als fachdidaktische Besonderheit des Sachunterrichts wird allerdings noch nicht hinreichend ausgeschöpft, weder im Hinblick auf die Kinder noch auf die Sache. Ob sich die Sachunterrichtsdidaktik in ihrem Selbstverständnis tatsächlich als „Regelschuldidaktik" (vgl. Seitz 2008, S. 123) versteht, müsste vor diesem Hintergrund diskutiert werden, denn hier geht es vor allem um (fehlende) professionelle Kompetenz, sich der Heterogenität zu stellen.

„Hochbegabte Schülerinnen und Schüler sind im Wesentlichen gekennzeichnet durch ein hohes kognitives Potenzial. Sie haben oft vielfältige Talente, ungewöhnliche Vorstellungen und Ideen sowie den ausgeprägten Wunsch, ihre speziellen Fähigkeiten und Vorstellungen in der Schule weiterentwickeln zu wollen" (Ministerium für Bildung, Wissenschaft, Jugend und Kultur Rheinland-Pfalz 2007, S.4). Die Begriffe „Begabung", „besondere Begabung" und „Hochbegabung" werden häufig synonym verwendet und lassen eine Bandbreite unterschiedlichster Definitionen zu. Eine einheitliche Bedeutung dieses Begriffs kann daher, so Trautmann (2005, S. 3), nicht zugrunde gelegt werden. Dem Begriff der „Hochbegabung" stehen die Lehrenden aber deutlich distanzierter gegenüber, wie unsere Befragung zeigte (s.u.). Besonders zu berücksichtigen sind Forschungsergebnisse, die belegen, dass unter den begabten Kindern die Mädchen häufig übersehen werden. Als Ursache werden meist unzureichende Kenntnisse zum Bereich der „Hochbegabung"

[2] Heinzel und Prengel hatten sich z.B. vergeblich um einen Tagungsbeitrag zum Themenkomplex Hochbegabung für das Jahrbuch Grundschulforschung zum Thema Heterogenität, Integration und Differenzierung bemüht (vgl. Heinzel/ Prengel 2002, S. 16).

bei Lehrenden genannt (vgl. Rost 1993, S. 239). Besonders begabte Jungen fallen in Kindergarten und Schule häufiger durch störendes Verhalten auf (76%, von den Mädchen nur 24%) und erhalten aus diesem Grunde eher eine psychologische Beratung. Bei Mädchen zeigt sich die Unterforderung in Kindergarten und Schule eher durch Lustlosigkeit, depressive Verstimmung und psychosomatische Beschwerden, weniger in „Disziplinlosigkeit" (vgl. Trautmann 2005, S. 37). Von allen hochbegabten Kindern, die zu einer entsprechenden fachpsychologischen Beratung gebracht werden, sind nur 25% Mädchen (vgl. Stapf/ Stapf 1996). Wie sieht die Situation im Sachunterricht aus? Exemplarisch soll im Folgenden auf zwei Studien eingegangen werden, die den Blick auf die Lehrenden und die Gestaltung des Sachunterrichts in dieser Frage richten.

3. Studien zu Interesse, (Hoch-)Begabung und Inklusion

Wie gehen Sachunterrichtslehrende mit (hoch-)begabten Kindern um?

Im Forschungsseminar des Sachunterrichtsstudiengangs Master of Education an der Universität Vechta wurden im Sommersemester 2009 15 Lehrkräfte des Sachunterrichts leitfadengestützt von 30 Studierenden interviewt. Diese Explorationsstudie sollte erste Informationen darüber liefern, wie Lehrkräfte gegenwärtig den inklusiven Sachunterricht gestalten und welches Wissen sie darüber haben, Bildungsangebote so zu gestalten, dass sie dem Anspruch an einen inklusiven Sachunterricht gerecht werden. Wesentlich war in der Befragung auch die Bewertung der Handlungskompetenz der Lehrenden hinsichtlich der Förderung von Mädchen und Jungen mit besonderen Begabungen und Interessen. Ausgangspunkt der Studierenden des Seminars war die Überlegung, dass unzureichende Kenntnisse über das Thema „Hochbegabung" als problematisch gelten müssen, weil neben den formellen Verfahren (z.B. Intelligenz- und Leistungs-, Kreativitätstests) die Lehrernomination eine häufig eingesetzte informelle Methode zur Identifizierung von Schülerinnen und Schülern mit besonderen Interessen und Begabungen ist. Folglich sind subjektive Urteile, Einschätzungen sowie Erwartungen der Lehrer und Lehrerinnen ausschlaggebend für das Erkennen begabter Kinder, womit ein erhöhtes Risiko subjektiver Fehlinterpretationen einhergeht. Insgesamt zeigte sich, dass die Definitionen der Lehrkräfte, was unter Hochbegabung zu verstehen sei, sehr breit streuten. So stellen einige Lehrkräfte des Sachunterrichts insbesondere das ausgeprägte Wissen oder den Wissensdurst dieser Kinder in den Vordergrund, andere betonten vielmehr die Verhaltensauffälligkeiten und den damit einhergehenden „Störfaktor" bis hin zur Leistungsverweigerung dieser

Kinder. Alle Interviewten waren sich aber darin einig, dass der Sachunterricht besonders gute Möglichkeiten bietet, eine Begabung zu erkennen. Zur Förderung besonderer Interessen und Begabungen sehen die Lehrkräfte vor allem Möglichkeiten:

a) der Erweiterung des Wissens und der Fähigkeiten der Kinder *[„Ein Musiker könnte mehrere Instrumente lernen, im Deutschunterricht könnte man Zusatzaufgaben verteilen und im Mathematikunterricht könnte man den Schwierigkeitsgrad steigern."]*,
b) besonders begabte Kinder eine Klasse überspringen zu lassen *[„Hat der Schüler nur auf einem bestimmten Bereich eine Begabung, ist es auch möglich ihn nur in diesem Fach in einer höheren Klasse zu unterrichten"]*,
c) Interessensgruppen, Clubs oder Arbeitsgemeinschaften zu bilden *[„Man kann Computerkurse für besonders Begabte und Interessierte gründen."]*.

Fähigkeitsprofile (hoch-)begabter Kinder wurden von den Lehrenden als vielfältig bezeichnet und es wurde als Mangel wahrgenommen, diese nicht hinreichend diagnostizieren zu können. So verwiesen viele Lehrende in den Interviews auf Kinder, die ein hohes Detailwissen in einzelnen Bereichen, einen ungewöhnlichen Wortschatz oder eine ausdrucksvolle, flüssige Sprache haben. Sie verwiesen auf die Fähigkeiten, sich außergewöhnliche Fakten präzise merken zu können oder Ursache-Wirkungs-Beziehungen zu durchschauen. Gleichzeitig wurde von fast alle Interviewten betont, dass gerade der Sachunterricht aufgrund seiner didaktischen Struktur besonders geeignet ist, den (hoch-)begabten Kindern etwas zu „bieten" und selbständige Wissensaneignung zu ermöglichen. Die Lehrenden betonten, dass es nicht ihre Aufgabe sei zu entscheiden, ob ein Kind tatsächlich hoch-begabt ist oder nicht. Aber sie denken darüber nach, wie diese Kinder ihrem Fähigkeitsprofil entsprechend in die Unterrichtsgestaltung eingebunden werden könnten. Unsicherheiten zeigten sich besonders beim Umgang mit den Geschlechtern und bestätigten die o.g. Untersuchungsergebnisse im Hinblick auf das Verhalten dieser Mädchen und Jungen. Es wurde auch deutlich, dass methodische Instrumente zu fehlen scheinen, um der Unterschiedlichkeit der Kinder bereits im Planungsprozess hinreichend gerecht zu werden. Zusatzaufgaben wurden genannt aber zugleich als unzureichend empfunden. Insgesamt scheint in der Ausbildung der Lehrenden für das Fach Sachunterricht eine noch stärkere Sensibilisierung im Hinblick auf die Kategorien Hochbegabung und Gender notwendig zu sein. Die Konstruktion unterschiedlicher Aufgabenformate, u.a. für unterschiedlichste Fähigkeitsprofile, könnte ein Weg sein, die Unterrichtspraxis systematisch inklusiver zu gestalten.

Wie urteilen begabte Mädchen über einen Sachunterricht, der ihre Begabungen, Interessen und ihr Selbstbewusstsein gefördert hat?

Aus dem von der Max-Traeger-Stiftung geförderten Forschungsprojekt „Naturwissenschaftlich-technische Interessen und Kompetenzen von Mädchen beim Übergang von der Grundschule in die Sekundarstufe" konnten unter Betrachtung der o.g. Fragestellung Einsichten herausgelöst werden, die den Zusammenhang von Qualität des Sachunterrichts und Interesse, Begabung, Selbstbewusstsein der Mädchen erhellen. Die Teilergebnisse zeigen, dass der Sachunterricht in hohem Maße dem Anspruch folgt, dass Bildung für alle Kinder heißen muss, auch den besonders begabten und interessierten Kindern angemessene Arbeits- und Lernstrategien zu vermitteln und Perspektiven zu eröffnen, die die Anschlussfähigkeit der hier begonnenen Bildungsprozesse sichert. Das Forschungsprojekt ist als eine qualitative Langzeitstudie angelegt, die im Frühjahr 2009 begonnen wurde. Die 54 Probandinnen aus verschiedenen Schulen Niedersachsens und Brandenburgs werden seit der 4. Klassenstufe auf ihrem Weg von der Grundschule in die weiterführenden Schulen begleitet. Zur Datenerhebung wurden leitfadengestützte Interviews mit den Mädchen durchgeführt, ein fakultativer Online-Fragebogen sowie Lerntagebücher eingesetzt. Die Auswertung der erhobenen Daten zeigte, dass diese Mädchen sich im Sachunterricht i.d.R. nie unterfordert fühlten und benannten als besonders positive Aspekte ihres Sachunterrichts, dass

1. Aufgaben und Inhalte durch einen hohen Anspruch und Schwierigkeitsgrad gekennzeichnet waren,
2. gerade in diesem Fach eine hohe Methodenvielfalt erlebt und Selbstständigkeit ermöglicht wurde,
3. die Lehrenden den Unterricht anspruchsvoll, spannend und lustig zu gestalten wussten.

Zu 1: Wichtig war den meisten Mädchen das deutliche Gefühl der Erkenntniserweiterung, also zu spüren, im Unterricht „viel gelernt zu haben". So gaben sie auch als Begründungen für ihre Lieblingsfächer in der vierten Klasse an (überwiegend Mathematik, Sachunterricht „Wirtschaft, Arbeit, Technik" [Grundschulfach in Brandenburg]), dass diese insbesondere durch neue, unbekannte Inhalte geprägt sind und stets Aspekte forschenden Lernens aufwiesen. Sie bevorzugten genau die Inhalte, die sie als besonders schwierig empfanden und die z.T. von den Lehrenden bewusst für diese Mädchen ausgewählt wurden.

Zu 2: Die Mädchen würdigten, dass gerade im Sachunterricht eine hohe Methodenvielfalt ermöglicht wurde und sie sich in ihrer Selbstständigkeit herausgefordert fühlten. Insbesondere die aktiven Teilhabemöglichkeiten durch Experimentieren, Vorträge halten oder „nach draußen gehen", um zu be-

obachten, wurden angeführt. Das war offensichtlich für diese besonders begabten Mädchen ausschlaggebend, um ein Interesse an diesen Inhalten aufzubauen. Als „besonders interessant“ gaben diese Mädchen vor allem technische und naturwissenschaftliche Inhaltsbereiche an.
Zu 3: Die Qualitäten der Lehrenden, den Unterricht anspruchsvoll, spannend und lustig zu gestalten, wurden besonders hervorgehoben. Immer wieder wurde deutlich, dass die Lehrkräfte durch ihr Engagement überzeugt hatten.

4. Schlussfolgerungen für einen inklusiven Sachunterricht

„Da jedoch die Ausgangsbedingungen, die schon mitgebrachten Interessen und Fähigkeiten – etwa die Wahrnehmungsdifferenzierung, die Sprachfähigkeit, die Spielfähigkeit, die Bewegungsfähigkeit, die soziale Konfliktfähigkeit – bei verschiedenen Kindern unterschiedlich sind oder doch sein können und da die positive Fähigkeitsentwicklung daran gebunden ist, dass jedes Kind freudige Könnenserfahrungen und Erfahrungen des individuellen Fortschritts machen kann, muss ein Unterricht, der jenes Ziel optimaler Fähigkeitsentwicklung für alle Kinder anstrebt, häufig individuelle oder gruppenspezifische Differenzierungsmöglichkeiten innerhalb der Klasse oder innerhalb jahrgangsübergreifender Lerngruppen bieten“ (Klafki 2000, S. 20).
Ein inklusiver Sachunterricht sollte die Lehrkräfte veranlassen, allen Kindern gleichermaßen (unabhängig ihres Geschlechts, ihrer sozialen, ethnischen und kulturellen Herkunft) ein breit gefächertes Spektrum an Bildungsangeboten zu bieten, die deren Interessen, Fähigkeiten und individuellen Voraussetzungen und Besonderheiten entsprechen. Mehr „Mut zur Offenheit“ ist nötig. Das meint, die Lernumgebungen so anzulegen, dass sich jedes Kind aktiv und selbstbestimmt auf der Basis konkreter Aufgabenstellungen und *angemessener* Instruktionen mit den Lerngegenständen auseinandersetzen kann. Darüber hinaus sollte allen Kindern Zeit gegeben werden, Probleme lösen, die ihnen selbst wichtig sind, um die Motivation und das Interesse eben jener Lerngegenstände langfristig zu sichern. Die vielperspektivische Erschließung der Unterrichtsthemen unterstützt diese Partizipation und das individuelle Lernen, wenn durch die Konstruktion unterschiedlicher Aufgabenformate den Fähigkeitsprofilen der Kinder weitgehend entsprochen wird. Die Heterogenität der Kinder und die Heterogenität der „Sache“ ist eine Chance im Sachunterricht, um die Unterrichtspraxis inklusiver zu gestalten und so gleiche Bildungschancen für alle Kinder zu sichern.

Literatur

Büchner, P. (2003): Stichwort: Bildung und soziale Ungleichheit. In: Zeitschrift für Erziehungswissenschaft, H. 1, S. 5-24.

Flitner, A. (1985): Gerechtigkeit als Problem der Schule und als Thema der Bildungsreform. In: Zeitschrift für Pädagogik, H 1, S. 1-26.

GDSU (2002): Perspektivrahmen Sachunterricht. Bad Heilbrunn.

Götz, M.; Sandfuchs, U. (2001): Geschichte der Grundschule. In: Einsiedler, W.; Götz, M.; Hacker, H.; Kahlert, J.; Keck, R.W.; Sandfuchs, U. (Hrsg.): Handbuch Grundschulpädagogik. Bad Heilbrunn, S. 13-29.

Heinzel, F.; Prengel, A. (2002): Heterogenität, Integration und Differenzierung in der Primarstufe. Jahrbuch Grundschulforschung, Bd. 6. Opladen, S. 9-19.

Hempel, M. (2004): Die Perspektiven der Kinder im Sachunterricht – ein fachdidaktischer Blick auf Chancengleichheit. In: Hempel, M. (Hrsg.): Sich bilden im Sachunterricht. Bad Heilbrunn, S. 49-60.

Hempel, M. (2007): Diagnostik der kindlichen Lebenswelt als Voraussetzung zur Förderung des Kompetenzerwerbs der Lernenden. In: Lauterbach, R.; Hartinger, A.; Feige, B.; Cech, D. (Hrsg.): Kompetenzerwerb im Sachunterricht fördern und erfassen. Bad Heilbrunn, S. 23-36.

Hempel, M.; Lüpkes, J. (2009): Lernen im Sachunterricht. Lernplanung – Lernaufgaben – Lernwege. Baltmannsweiler.

Klafki, W. (2000): Sechsjährige Grundschule. Eingangsstufe zur Demokratie. In: Erziehung und Wissenschaft, H. 7-8, S. 19-22.

Ministerium für Bildung, Wissenschaft, Jugend und Kultur Rheinland-Pfalz (2007): Begabtenförderung. Mainz.

Prengel, A. (1993): Pädagogik der Vielfalt. Verschiedenheit und Gleichberechtigung in Interkultureller, Feministischer und Integrativer Pädagogik. Opladen.

Rost, D. (1993): Lebensweltanalyse hochbegabter Kinder. Das Marburger Hochbegabtenprojekt. Göttingen.

Seitz, S. (2008): Forschung für den Sachunterricht in der Grundschule mit allen Kindern – eine Bestandsaufnahme. In: Cech, D.; Giest, H. (Hrsg.): Sachunterricht in Praxis und Forschung. Bad Heilbrunn, S. 123-129.

Stapf, A.; Stapf, K.-H. (1996): Hochbegabte Mädchen. Persönlichkeitsentwicklung und spezielle Probleme. In: Labyrinth, 19, Heft 48. S. 3-8.

Trautmann, T. (2005): Einführung in die Hochbegabtenpädagogik. Baltmannsweiler.

Meike Wulfmeyer, Corina Rohen-Bullerdiek und Tim Mahnken

Heterogenität im Kontext des Sachunterrichts

Heterogeneity has become a popular word often used in discussions about educational standards and competence-development. Heterogeneity refers to difference and diversity describing phenomena without building up hierarchies.
After a short introduction of the educational discussion this article concentrates on two dimensions of heterogeneity: age and ability. It describes in which concern those two dimensions – amongst others – are relevant in educational situations in general as well as particularly in the field of Interdisciplinary Science Education and it reinforces this statement with examples and expert opinions.

1. Einleitung

Heterogenität ist – so scheint es – ein neuer Modebegriff, der häufig in Zusammenhang mit der Diskussion um Kompetenzen und Standards verwendet wird. Heterogenität heißt zunächst einmal Differenz, Ungleichheit und beschreibt Phänomene, die von einander verschieden sind, ohne einander untergeordnet zu sein.
Nach einer kurzen Einführung in das Konstrukt Heterogenität werden in diesem Artikel zwei der Dimensionen bzw. Perspektiven von Heterogenität exemplarisch herausgegriffen: Alter und Begabung. Nach grundsätzlichen Klärungen zu Bedeutsamkeit und Relevanz dieser Dimensionen in Bildungszusammenhängen, auch und besonders für die Sachbildung, den Sachunterricht, werden Beispiele aus der Praxis gegeben, die zu weiterer Auseinandersetzung anregen.

2. Heterogenität – ein schillerndes Konstrukt

Seit langem ist man sich in Erziehungs- und Bildungswissenschaften sowie in Bildungsinstitutionen darüber bewusst, dass heterogene Lerngruppen zum Kindergarten-, Schul- und Universitätsalltag gehören. Zwar mündet dieses Wissen nicht immer in didaktisch-methodische Konsequenzen, doch wirklich neu ist diese Erkenntnis nicht. Neu ist jedoch die Debatte, neu sind die bildungspolitischen Aufforderungen, Heterogenität als Ebene in alle Planungs- und Gestaltungsvorgänge einzubeziehen. Es geht nicht nur um die Anerkennung einer generellen Heterogenität, sondern um die Diagnose von Heterogenitätsdimensionen, Heterogenitätsperspektiven, also um ein Gesellschaftsbild, das Vielfalt sowohl als Bereicherung als auch als Handlungsaufforderung versteht, denn es geht auch um konkrete Handlungsstrategien.

Verschiedene Modelle geben Aufschluss über Ansätze. So unterteilt Zielinski (1995) Verursachungsbedingungen in interne, externe und moderierende Bedingungen. Interne Bedingungen beschreiben die Fähigkeit des Kindes, Instruktion zu verstehen, die Vorkenntnisse der Schülerinnen und Schüler sowie die Lernmotivation des Kindes. Externe Bedingungen beschreiben die Qualität des Unterrichts, die Lernzeit, die dem Kind von der Lehrperson zugestanden wird. Moderierende Bedingungen bezeichnen neben dem Unterrichtsklima beispielsweise die Bedingungen im Elternhaus, den Einfluss von Medien und Peer-Group-Beziehungen. Bei Zielinski werden Lernvoraussetzungen, die die Lernzeit und auch die Erreichung eines Lernziels oder auch Lernschwierigkeiten bestimmen, in den Vordergrund gestellt, was dem Konzept einen starken Bezug zu Vorstellungen von Leistung verleiht.

Graumann (2002) unterscheidet zwischen endogenen und exogenen Ursachen von Heterogenität. Endogene Ursachen sind beispielsweise körperliche, physische oder geistige Behinderungen – auch chromosomal bedingte Störungen – Entwicklungsstörungen oder auch Reifungsabweichungen wie z.B. Entwicklungsverzögerung (Retardierung) oder Entwicklungsbeschleunigung (Akzeleration). Exogene Ursachen werden von der Autorin hauptsächlich in der Familienkonstellation gesehen, wie sozio-ökonomische Verhältnisse oder der Erziehungsstil, hier spielen auch Migrationserfahrungen eine Rolle. Ein zentraler Verursachungsfaktor liegt nach Graumann auch in der Schulsituation selbst. Der Leistungsdruck, eine hohe Klassenfrequenz aber auch die Unterrichtsstile der Lehrpersonen spielen hier eine Rolle.

Urban hat im Rahmen seiner Forschungen zu Begabung bereits 1990 ein Modell entwickelt, das verschiedene Dimensionen abbildet. Er identifiziert Umweltfaktoren, persönliche Voraussetzungen und individuelle Fähigkeiten als Heterogenität bestimmend (vgl. 1990, S. 39ff.). Preuss-Lausitz nennt

Bereiche bzw. Voraussetzungen und Kompetenzen, die Heterogenität bestimmen (vgl. 2001, 2002) und Wenning (2007) zeigt für die von ihm identifizierten Heterogenitätskategorien typische Umgangsweisen in Bildungsinstitutionen auf. Er fragt, wodurch Heterogenität grundsätzlich bedingt wird (vgl. Wenning 2007).
Was aber ist nun die grundlegende Erkenntnis? Alle Autoren benennen Bereiche, Faktoren oder Dimensionen, Hintergründe, Entstehungsvermutungen und Ausprägungen von Heterogenität. Prengel entwickelte 1993 die Denkfigur der egalitären Differenz. Danach sollen alle Kinder gleiche Entwicklungschancen haben und an Bildung teilhaben können. Es geht darum, Heterogenität anzuerkennen, Kinder nicht auszuschließen oder in irgendeiner Form zu diskriminieren. Prengel sieht hier drei zentrale Bedeutsamkeiten resp. drei Merkmale: Verschiedenheit, Veränderlichkeit und Unsicherheit (vgl. 1993, 2001).
Die Frage bleibt: Wie gehen Lehrpersonen damit um? Wie schätzen sie ihre eigene Kompetenz, mit Heterogenität umzugehen, ein?
Nach Höhmann (2009) findet mit der Diskussion um Homogenität und Heterogenität ein Paradigmenwechsel in der Selbstattribuierung von Lehrpersonen statt. Das heißt also, umdenken, reflektieren. Wie Heterogenität und soziale Ungleichheit zu einem *erkenntnisleitenden Interesse* wird, wird in den folgenden beiden Beispielen verdeutlicht.
Zwei der Dimensionen von Heterogenität, zu denen an der Universität Bremen geforscht wird, sollen hier kurz vorgestellt werden.

3. Perspektive Altersheterogenität

Altersbezogene Heterogenität ist sicherlich das Phänomen, das allen am Bildungssystem Beteiligten vertraut ist. Die Organisation in Jahrgangsklassen war immer auch ein Versuch, über den Faktor Altershomogenität (die freilich auch in Jahrgangsklassen nicht grundsätzlich gegeben ist), so etwas wie Leistungshomogenität herzustellen. Dass dieses Anliegen aus unterschiedlichen Gründen erfolglos bleibt, ist hinlänglich bekannt. Es gibt in der Entwicklung von Kindern keine Stunde Null, keine Tabula rasa. Denn die Kinder bringen sehr unterschiedliche Erfahrungen mit und bewegen sich inter- und intraindividuell auf unterschiedlichen Entwicklungsniveaus.
Deutlich wird das auch anhand einer Studie von Berton und Schäfer bezogen auf die politische Sozialisation von sechs-, sieben und achtjährigen Kindern. Die Autorinnen haben mittels Tiefeninterviews festgestellt, dass sich die Unterschiede im Hinblick auf politische Orientierungen, Vorstellungen und politisches Verständnis nicht auf Altersunterschiede zurückführen lassen,

sondern darauf, ob Kinder „gezielte kognitive Erfahrungen im Rahmen des ersten Schuljahres gesammelt [haben]“ (Berton/ Schäfer 2005, S. 19).
Das Alter von Kindern als eine Dimension von Heterogenität hat zumindest in diesem Beispiel keine große Aussagekraft und muss in den meisten Fällen in Verbindung mit vielen weiteren Kategorien betrachtet werden, auch wenn die Kategorie Alter eine wichtige Rolle einnimmt, wenn es darum geht, Risikoverläufe, etwa Entwicklungsverzögerungen, zu identifizieren.
Über den Faktor Alter kann zudem der Versuch erfolgen, Heterogenität produktiv zu nutzen. Seit Mitte der neunziger Jahre gehen einige Bundesländer den Weg der flexiblen Schuleingangsphase bzw. sie haben diesen erprobt. Hier wird bewusst Altersheterogenität hergestellt, indem die Klassen eins und zwei inhaltlich und strukturell zusammengelegt werden (vgl. Berthold 2008).
Anhand eines Beispiels einer Bremer Grundschule soll gezeigt werden, welche Perspektiven sich daraus für den Sachunterricht ergeben können. Dafür wurde Unterricht an der Schule beobachtet und es wurden Lehrerinnen und Lehrer befragt, etwa danach, welche Vorteile sich in der beschriebenen Struktur durch und für den Sachunterricht ergeben.
Bei den Interviews wurde deutlich, dass der Sachunterricht von den Lehrkräften der Schule als Klammer begriffen wird, die hilft, die Lerngruppen, in denen jede und jeder auf seinem Niveau arbeiten kann und soll, zusammenzuhalten:
„In Deutsch und Mathe arbeiten die Kinder sehr individuell und jeder auf seinem Lernstand und wir versuchen, die Kinder im Sachunterricht in Projekten wieder zusammen zu bringen. Das soll ja eine Klasse sein und kein Einzelkämpfertum. Das klappt im Sachunterricht gut. Zum Thema Igel zum Beispiel machen wir Stationenarbeit oder ein Lernbuffet und die Kinder gucken, ‚was können wir' und suchen sich aus, was sie wollen. Da machen dann auch Zweitklässler ‚mal Angebote für die Erstklässler“ (Lehrerin, 38 Jahre).
Gefragt wurde auch, ob sich durch die Altersheterogenität Chancen für einen Sachunterricht von Anfang an ergeben. Die wenigen Studien, die sich mit dem Sachunterricht im Anfangsunterricht befassen, kommen zum Teil zu dem Ergebnis, dass der Sachunterricht im Anfangsunterricht oft eine untergeordnete Rolle spielt (vgl. Reinhoffer 2000). Die bewusste Herstellung von Altersheterogenität könnte ein Schritt in Richtung einer Forderung von Astrid Kaiser sein, das Primat der Kulturtechniken zu relativieren und mit den Dingen anzufangen (vgl. Kaiser 1992). Die Schulrealität zeigt auch in der beschriebenen Untersuchung ein Primat der Kulturtechniken, für das der Sachunterricht als eine Art Medium genutzt wird, wie folgende Aussage belegt:
„Im Sachunterricht kommt es darauf an, dass man die Partnervorteile ausnutzt. Die großen Zweitklässler können schon ein bisschen was lesen, können

schon ein bisschen was schreiben. Bei den Erstklässlern ist das häufig weniger, die Lese- und Schreibkompetenz. Und so können sie im Sachunterricht einfach schon zusammen arbeiten, indem die Großen Aufgaben oder Informationstexte vorlesen und auch Wörter vorschreiben und den Kleinen so helfen, auf einem höheren Niveau zu arbeiten, als sie es eigentlich könnten. Das heißt, man kann früher einsteigen mit Sachunterricht" (Lehrer, 28 Jahre).

Bereits diese Beispiele zeigen, dass innovative Strukturen allein nicht ausreichend sind und dass der Weg, den Sachunterricht in den Schulen so zu verankern, wie er an den Universitäten auch in aller Vielfalt und mit allen thematischen Innovationen verstanden wird, noch ein weiter Weg ist. Sachunterricht als Fach ist komplex und anspruchsvoll und sollte – anders als es in den Interviewausschnitten anklang – nicht die Lesekompetenz als Voraussetzung haben. Die Forderung Kaisers, mit den Sachen zu beginnen, böte eine echte Chance, auf Heterogenität einzugehen und sie zu nutzen, was wiederum die Entwicklung entsprechender Angebote fordert.

4. Perspektive Begabung

Begabungsvielfalt stellt eine weitere Dimension von Heterogenität dar. Heller definiert Begabung als Gesamtheit „personaler (kognitiver, motivationaler) Lern- und Leistungsvoraussetzungen" (Heller 2001, S. 23), die das Ergebnis der „Interaktion (person-) interner Anlagefaktoren und externer Sozialisationsfaktoren" (ebd.) ist. Entwicklungspsychologisch manifestiert sich damit Begabung als ein Zustand, der zu einem bestimmten Zeitpunkt der Ontogenese der Entwicklung individueller Fähigkeits- und Interessenentwicklung entspricht und als Merkmalskonfiguration „aus einer Wechselwirkung von Lernbedingungen aufseiten der Person (des Individuums) sowie der (sozialen) Umwelt resultiert" (ebd.). Begabung ist somit Ergebnis einer Wechselwirkung zwischen genetischer Disposition (Anlage) und Umwelt. Intellektuelle Begabung, d.h. der Bereich kognitiver Fähigkeiten, wird meist mit Intelligenz gleichgesetzt, wobei der Begriff Intelligenz allgemein als „kognitive Leistungsfähigkeit und kognitive Ausdifferenzierung von Lebewesen" (vgl. Rost 2009, S. 1) beschrieben wird.

Eine besondere Ausprägung intellektueller Begabung ist die Hochbegabung. Dabei handelt es sich um eine Disposition für herausragende intellektuelle Leistungen in einem oder mehreren Bereichen ohne Garantie für permanente Hoch- und Höchstleistungen im intellektuellen Bereich (vgl. Trautmann 2005). Hochbegabung geht daher nicht notwendigerweise mit Hochleistung einher. Dies ist insofern beachtenswert, als ein hochbegabtes Kind einem weit verbreiteten Vorurteil nach entsprechend auch überdurchschnittliche Leistungen zeigt und somit eine zusätzliche (schulische) Förderung nicht notwendig sei oder wie Trautmann (2005, S. 10) es überspitzt formuliert, „bedürfen solche Hochbegabten gar keiner Förderung, denn ihnen fällt über kurz oder lang alles zu."

In einer Studie von Rost/ Hanses (1997) sind die Autoren der Frage nachgegangen, ob Lehrkräfte auch dann hochbegabte Grundschulkinder der dritten Klassenstufe als hochbegabt identifizieren, wenn diese Kinder höchstens durchschnittliche Schulleistungen zeigen. In der Stichprobe, bestehend aus 6776 Grundschulkindern der dritten Klasse, wurden 141 Kinder als hochbegabt identifiziert. Von diesen Kindern waren 17 hochbegabte sog. *Underachiever* (etwa 12%), d.h. Kinder, die trotz einer über einen Intelligenztest ermittelten Hochbegabung unter ihren erwarteten Schulleistungen blieben. Die Auswertung zeigte, dass die Lehrkräfte aufgrund fehlender überdurchschnittlicher Leistungen der Kinder, Underachiever weit weniger in die Gruppe der Intelligentesten einordneten als die so genannten hochbegabten Achiever, also diejenigen, die entsprechende Leistungen zeigten. Heller et al. (2005, S. 15) stellen fest, dass „in der Forschungsliteratur (...) die Kompetenz von Lehrkräften zum Erkennen und Fördern hoch begabter Schüler/innen kontrovers diskutiert (wird). So wird bemängelt, dass (Grundschul-) Lehrkräfte nur hoch leistende, nicht aber hoch begabte minderleistende Schüler/innen (sog. hoch begabte Underachiever) erkennen und damit auch gezielt zu fördern imstande sind."

Die Fördermaßnahmen für hochbegabte Kinder sind vielfältig. Neben zahlreichen außerschulischen Angeboten existieren im schulischen Kontext unterschiedliche hochbegabungsspezifische Ansätze, vor allem *Akzerelation und Enrichment*. Durch Akzerelation wird hochbegabten Kindern die Möglichkeit gegeben, die Schullaufbahn z.B. durch frühe Einschulung oder Überspringen von Klassen zu verkürzen. Unter dem Begriff Enrichment werden dagegen Programme zusammengefasst, die das Unterrichtsangebot durch zusätzlich Lernanreize ergänzen. Diese können in Form von Pluskursen, Schülerwettbewerben, Arbeitsgemeinschaften etc. stattfinden (vgl. Holling/ Kanning 1999, S. 69-73). Eine spezielle Form des Enrichments stellen auch sog. Pull-out-Programme dar. Dabei werden hochbegabte und/ oder hochleistende Schülerinnen und Schüler tage- oder stundenweise aus dem normalen Unterricht genommen, um an besonderen Angeboten teilzunehmen (Henze et al. 2006).

Ein Beispiel hierfür stellt *das Förderprojekt für Kinder mit besonderen Begabungen* mit dem Projektleiter Olav van Gerven in Bremen dar. Grundschulkinder der zweiten bis vierten Klasse, die eine besondere Voraussetzung erfüllen, wie z.B. eine durch ein psychologisches Gutachten bestätigte Hoch-

begabung oder einem weit überdurchschnittlichem Entwicklungsvorsprung, werden für mehrere Wochen im Schuljahr einen Tag pro Woche aus dem Unterricht genommen, um an verschiedenen außerschulischen Lernorten wie Museen, Science Centern oder der Universität selbstständig und eigenverantwortlich an überwiegend sachunterrichtlichen Themen arbeiten zu können. Neben diesen hochbegabtenspezifischen Fördermaßnahmen stellt die innere Differenzierung eine Möglichkeit dar, Kinder unterschiedlicher Begabungen durch geeignete Maßnahmen zu fördern. Graumann (2002) stellt fest, dass sowohl Kinder mit Lernschwierigkeiten als auch hochbegabte Schülerinnen und Schüler in heterogenen Lerngruppen erfolgreich lernen können.
Hochbegabtenförderung geriet und gerät immer noch zum Politikum. „Zum einen die Sorge um hochqualifizierten Nachwuchs und zum anderen die Warnung vor einer neuen Begabungsideologie und der Vergötzung von Hochleistung" (Graumann 2002, S. 69) bilden die Punkte einer kontroversen Diskussion. Dazu „kommt verstärkend die Problematik der verhinderten Hochbegabten (Underachiever)" (ebd.). Inzwischen scheint aber weniger Zweifel daran zu bestehen, dass hochbegabte Kinder im schulischen Kontext gefördert werden sollten. Letztendlich stellt sich die Frage, ob dies mit hochbegabtenspezifischen Maßnahmen oder durch innere Differenzierung durchgeführt werden kann bzw. sollte. Einer Untersuchung von Sparfeldt et al. (2004) zufolge ist die Akzeptanz potenziell Betroffener wie Eltern, Lehrer und hochbegabte Jugendliche zu außerschulischen Förderangeboten und innerer Differenzierung im Unterricht höher als zu segregierenden Maßnahmen. Andererseits erfahren Kinder z.B. in einem *Pull-out-Projekt*, dass sie mit ihren Besonderheiten in der Denkweise und schulischen Erfahrungen nicht allein sind.

5. Ausblick

Welche Folgen hat die Thematik bzw. die Anerkennung von Heterogenität für die Schulpraxis?
Jahrgangsübergreifendes Lernen ist in vielen Bundesländern zumindest in Grundschulen bereits etabliert, die Gestaltung von Übergängen spielt eine große Rolle, die UN-Forderung nach Inklusion wird kontrovers diskutiert und Inter- oder Transkulturalität wird als bildungspolitischer Auftrag verstanden. Der Umgang mit Heterogenität, mit den verschiedenen Perspektiven von Heterogenität ist eine gesellschaftliche Aufgabe und somit auch, aber eben nicht nur, eine bildungspolitische Herausforderung.
Im Zuge dessen wird die Notwendigkeit deutlich, sich noch einmal und verstärkt der Kompetenzdebatte zu stellen. Stehen Regelstandards, steht die

Vereinheitlichung nicht der Dynamik heterogener Lerngruppen entgegen? Schule als System zu sehen, ist die Voraussetzung, um Rahmenbedingungen zu schaffen. Institutionelle Rahmenbedingungen, in denen ein Unterricht entwickelt wird, der Vielfalt als Bereicherung anerkennt und nicht als störende Last. Inklusive Bildung ist dabei eine Richtung, doch Heterogenität und soziale Ungleichheit verlangen umfassenderes Denken.

Die Anerkennung und der Umgang mit Heterogenität sollten grundsätzliche Leitmotive in Bildungssituationen und damit auch in der Lehrerinnen- und Lehrerausbildung sein, die sowohl in den Erziehungswissenschaften als auch in Fachdidaktik und Fachwissenschaft eine grundlegende Rolle spielen. Ziel ist es, ein Heterogenitätsbewusstsein zu entwickeln, das den Blick schärft und die Handlungsfähigkeit unterstützt. Es kommt darauf an, heterogene Zustände als Chance zu begreifen und als starkes Instrument für die individuelle Lernentwicklung. Die unterschiedlichen Voraussetzungen und Begabungen werden diagnostiziert und zwar nicht ausschließlich im Hinblick auf Fachliches und Kognitives. Hier schließt wieder die Kompetenzdebatte an: Im Vordergrund stehen fächerübergreifende und überfachliche Kompetenzen, soziale und personale Eigenständigkeit und Selbstorganisation und zwar bei Schülerinnen und Schülern genauso wie bei Lehrpersonen. Lehrende fühlen sich stellenweise überfordert, alle Kinder und Jugendliche durch individualisiertes Lernen angemessen zu fördern und überhaupt: Wo sollen sie anfangen? Individualisiert, integrativ, inklusiv – diesen Lernkonzepten positiv-kritisch gegenüber stehen zu können und Unterrichtsstrategien zu entwickeln, um so Lernprozesse zu ermöglichen und zu fördern, muss in allen drei Phasen der Lehrer/innenbildung thematisiert werden.

Den Mensch als Ganzes sehen und jede einzelne Persönlichkeit in ihren Stärken und Schwächen anzunehmen und zu fördern, das wäre ein Ziel im Umgang mit heterogenen Lerngruppen.

Eine Frage der Einstellung also? Sollten Kategorien von Heterogenität diagnostiziert werden, wie z.B. ein Migrationshintergrund, eine Hochbegabung oder eine Lernschwäche?

Grundsätzlich müsste hinterfragt werden, ob nicht der Begriff Heterogenität mehrdeutiger ist als seine bislang in der neueren bildungswissenschaftlichen Diskussion verwendeten Dimensionen. Das Verhindern schneller Zuschreibungen und damit evtl. entstehender Stigmatisierungen könnte auch für den Sachunterricht die Chance entwickeln, Heterogenität und Vielfalt als generelles und grundsätzlich Veränderungen unterworfenes, dynamisches Konstrukt anzusehen.

Literatur

Berthold, B. (2008): Unterricht entwickeln in der Schuleingangsphase. Grundlagen – Ziele – Anregungen. Baltmannsweiler.

Berton, M; Schäfer, J. (2005): Politische Orientierungen von Grundschulkindern. Ergebnisse von Tiefeninterviews und Pre-Tests mit 6- bis 7-jährigen Kindern. Arbeitspapiere – Mannheimer Zentrum für Europäische Sozialforschung, Nr. 86. URL: http//www.mzes.uni-mannheim.de/publications/wp/wp-86.pdf [7.11.2010].

Graumann, O. (2002): Gemeinsamer Unterricht in heterogenen Lerngruppen. Von lernbehindert bis hochbegabt. Bad Heilbrunn.

Heller, K.A. (2001): Projektziele, Untersuchungsergebnisse und praktische Konsequenzen. In: Heller, K.A. (Hrsg.): Hochbegabung im Kindes- und Jugendalter. (2. Aufl.) Göttingen, S. 23.

Heller, K.A.; Reimann, R.; Senfter, A. (2005): Hochbegabung im Grundschulalter. Erkennen und fördern. Münster, S. 15.

Henze, G.; Sandfuchs, U.; Zumhasch, C. (2006): Integration hochbegabter Grundschüler. Längsschnittuntersuchung zu einem Schulversuch. Bad Heilbrunn, S. 21.

Höhmann, K. (2009): Heterogenität: Eine begriffliche Klärung. In: Höhmann, K.; Kopp, R.; Schäfers, H.; Demmer, M. (Hrsg.): Lernen über Grenzen. Auf dem Weg zu einer Lernkultur, die vom Individuum ausgeht. Opladen, S. 27-36.

Holling, H.; Kanning, U.P. (1999): Hochbegabung. Forschungsergebnisse und Fördermöglichkeiten. Göttingen, S. 69-73.

Kaiser, A. (1992): Mit den Sachen beginnen. Ein Plädoyer für handlungsorientierten Anfangsunterricht. In: Die Deutsche Schule, 2. Beiheft, S. 62-70.

Prengel, A. (1993): Pädagogik der Vielfalt. Opladen.

Prengel, A. (2001): Egalitäre Differenz in der Bildung. In: Lutz, H.; Wenning, N. (Hrsg.): Unterschiede verstehen. Differenz in der Erziehungswissenschaft. Opladen, S. 93-107.

Preuss-Lausitz, U. (2001): Chance oder Belastung? Heterogenität aus Sicht von Grundschullehrerinnen und -lehrern. In: Die Grundschulzeitschrift, 149, S. 30-33.

Preuss-Lausitz, U. (2002): Integrationsforschung. Ansätze, Ergebnisse und Perspektiven. In: Eberwein, H.; Knauer, S. (Hrsg.): Integrationspädagogik. (6. Aufl.) Weinheim und Basel, S. 458-470.

Reinhoffer, B. (2000): Heimatkunde und Sachunterricht im Anfangsunterricht. Entwicklungen, Stellenwert, Tendenzen. Bad Heilbrunn.

Rost, D.H. (2009): Intelligenz. Fakten und Mythen. Weinheim.

Rost, D.H.; Hanses, P. (1997): Wer nichts leistet ist nicht begabt? Zur Identifikation hochbegabter Underachiever durch Lehrkräfte. In: Zeitschrift für Entwicklungspsychologie und Pädagogische Psychologie, 29, S. 167-177.

Sparfeldt, J.R.; Schilling, S.R.; Rost, D.H. (2004): Segregation oder Integration? Einstellungen potenziell Betroffener zu Fördermaßnahmen für hochbegabte Jugendliche. In: Report Psychologie, 29, S. 170-176.

Trautmann, T. (2005): Einführung in die Hochbegabtenpädagogik. Hohengehren, S. 9-10.

Urban, K.K. (1990): Besonders begabte Kinder im Vorschulalter. Grundlagen und Ergebnisse pädagogisch-psychologischer Arbeit. Heidelberg.

Wenning, N. (2007): Heterogenität als Dilemma für Bildungseinrichtungen. In: Boller, S.; Rosowski, E.; Stroot, T. (Hrsg.): Heterogenität in Schule und Unterricht. Weinheim, S. 21-31.

Zielinski, W. (1995): Lernschwierigkeiten. Verursachungsbedingungen, Diagnose, Behandlungsansätze. Stuttgart.

Susanne Miller und Vera Brinkmann

Von Schülerfragen ausgehen und mit heterogenen Lernvoraussetzungen umgehen in einem Sachunterricht für alle Kinder

The heterogeneity of pupils' topical understanding in a class is distinctly mirrored by the diversity and variability of their ways to ask and formulate questions. First results of a qualitative phenomenographic study are presented which go into the relationship between the development of topical understanding and the ways of putting questions. The qualitative pre-post-test-design study was performed in a third grade primary class.

1. Problemstellung

„Wieso fällt die Sonne nicht runter? Dreht sich die Sonne oder die Erde? Wie sah der Urknall aus?" – So sehr sich die Schüler/innen hinsichtlich ihres sprachlichen, sozialen und kulturellen Hintergrundes unterscheiden, so unterschiedlich sind auch ihre Perspektiven auf die Welt. Dieses jeweilige Weltverständnis spiegelt sich in den Fragen, die die Schüler/innen an den Lerngegenstand stellen. Im Hinblick auf die Diskussion über eine eigene didaktische Theoriebildung für einen inklusiven Sachunterricht stellt sich daher die Frage, inwiefern eine subjektorientierte Unterrichtskonzeption, die von den Fragen der Schüler/innen ausgeht, geeignet ist, einer breiten Heterogenität von Lernvoraussetzungen und Schülerleistungen gerecht zu werden. Und zwar sowohl im Sinne einer subjektiven Bedeutsamkeit der Lernwege als auch im Sinne eines Zuwachses fachlich fundierten Gegenstandsverständnisses. Dabei sollen bewusst nicht die Lernwege von „behinderten" und „nicht-behinderten" Kindern nachgezeichnet werden, weil dieses dichotome Verständnis den Blick auf die Individualität nur verstellen würde (vgl. Seitz 2004, S. 176). Vielmehr soll die Lernentwicklung von einzelnen Schüler/innen genauer in den Blick genommen werden, die sich deutlich hinsichtlich ihrer Vorerfahrungen unterscheiden. Besonderes Augenmerk liegt dabei auf den Kin-

dern, die unter den gegenwärtigen gesellschaftlichen Entwicklungen in besonderer Weise von Benachteiligungen und Aussonderung betroffen sind. Aus vielen empirischen Studien wissen wir, dass dies Kinder aus sozial benachteiligten Familien, aus Armutsfamilien, aus Familien mit niedrigem Bildungshintergrund und mit Migrationshintergrund sind. Diese Kinder haben ein erhöhtes Risiko des Schulmisserfolgs und werden häufiger mit dem Förderschwerpunkt Lernen etikettiert (vgl. Wocken 2007). Insgesamt hat ein Anteil von knapp 6% der Schülerpopulation einen festgestellten sonderpädagogischen Förderbedarf, davon sind rund die Hälfte dem Förderschwerpunkt Lernen zugeordnet (Autorengruppe Bildungsberichterstattung 2010). Dieser schulstrukturelle Hintergrund hat durchaus auch Konsequenzen für die Didaktik. Wie werden Kinder mit dem Förderschwerpunkt Lernen unterrichtet? Es gibt nur wenige Ansätze, die sich in gehaltvoller Weise der didaktischen Theoriebildung annehmen. Werning (1996, S. 463) fasst entsprechend das klassische lernbehindertenpädagogische Konzept prägnant zusammen: „Weniger als normal, konkreter als normal, kleinschrittiger als normal, langsamer als normal und intensiver als normal."
Aus sachunterrichtsdidaktischer Perspektive müssen wir die berechtigte Sorge haben, dass durch den Reduktionismus der Bildungsanspruch und der verstehende Zugang zu den naturwissenschaftlichen und sozialwissenschaftlichen Phänomenen beschnitten wird. Auch im gemeinsamen Unterricht ist diese Gefahr nicht gebannt, wenn der Umgang mit Heterogenität zu einer einseitigen Individualisierung führt, ohne dass die Schüler/innen durch ihre unterschiedlichen Perspektiven auf den Lerngegenstand mit- und voneinander lernen.
In unterrichtsmethodischer Hinsicht liegen seitens der Sachunterrichtsdidaktik bereits einige empirische Ergebnisse vor, wie Lernumgebungen insbesondere auch für lernschwächere Schüler gestaltet werden sollen, um einen guten Lernzuwachs zu ermöglichen. So betonen die Studien aus Münster (Blumberg/ Möller/ Hardy 2004) sowie von Treinies und Einsiedler (1996) die Bedeutung der Schüler-Lehrer-Interaktion. Es kommt insgesamt auf das sorgfältige Anknüpfen an das Vorverständnis und auf den systematischen Aufbau von Wissen und Verstehen an. In einem Sachunterricht entlang der Schülerfragen wird nun eine Chance gesehen, das Spannungsfeld von individuellem und gemeinsamem Lernen in eine Balance zu bringen. Im Weiteren steht daher die Auseinandersetzung mit der folgenden Fragestellung im Mittelpunkt:
Inwieweit stellt das Ausgehen von Schülerfragen im Unterricht eine Möglichkeit dar, unterschiedliche Vorerfahrungen und Schülervorstellungen zu diagnostizieren und individuelle Lernprozesse auf subjektiv bedeutsame Weise zu

fördern, sodass sich unter Berücksichtigung der heterogenen Lernvoraussetzungen ein Zuwachs an Gegenstandsverständnis bei allen Kindern einstellt?

2. Pädagogische Grundlagen

Gegenwärtig gibt es in der schulpädagogischen und fachdidaktischen Literatur bzw. in Bildungs- und Lehrplänen zahlreiche Hinweise darauf, im Sachunterricht von den Fragen der Schüler/innen und Schüler auszugehen (vgl. Duncker 2005, Kaiser 2006).

Sucht man hinsichtlich der Bedeutung des Fragenstellens im Lernprozess nach theoretischen Anknüpfungspunkten, stößt man auf die Erfahrungstheorie John Deweys. Hier zeigt Dewey (vgl. 1993) den engen Zusammenhang zwischen den Begriffen Erfahrung, Fragen und Lernen auf. Dem Fragenstellen wird hinsichtlich des Lernerfolgs eine Schlüsselfunktion zugeschrieben. Nach Dewey gelangt der Mensch durch die „handelnde Auseinandersetzung mit der Welt“ zu Erfahrung. Als Folge von Lernprozessen gelingt dabei die Deutung dieser gesammelten Erfahrungen immer besser. Konstitutiv für eine Erfahrung ist, dass sie „als Folge des eigenen Handelns“ verstanden wird. Den Auslöser bildet dabei zunächst ein Gefühl der Irritation, dass sich etwas anders darstellt, als zuvor angenommen. Erst wenn der Erfahrende die Unvereinbarkeit seiner Vorerfahrungen mit dem gegenwärtig Erlebten wahrnimmt und sich diesem Problem bewusst stellt, tritt er in den Prozess der Erfahrungsbildung und Erfahrungsverarbeitung ein. Mithilfe einer geäußerten Frage sucht der Fragende nach der Ursache der empfundenen Irritation. Er vollzieht den Schritt von einer präreflexiven Ebene hin zum Lernen. Daran anknüpfend entwickelt sich ein „hypothesenprüfender Forschungsprozess“, der über die Stufen der „bedeutsamen Umschlagstelle des Fragens“, dem Bilden von Hypothesen, dem Prüfen von Annahmen schließlich zur Entwicklung von Schlussfolgerungen und Handlungsmöglichkeiten führt (vgl. Combe/ Gebhard 2007).

Weitere Anknüpfungspunkte finden sich auch in dem Konzept des „Erfahrungslernens“ von Combe und Gebhard. Hier wird ebenfalls ein enger Zusammenhang zwischen Erfahrung, Lernen und Fragen hergestellt. Dabei wird aber ein größerer Schwerpunkt auf die Entwicklung des Gegenstandsverständnisses gelegt, die als subjektiv bedeutsam erfahren werden soll. Zudem liegt in der Entstehung und Förderung von Schülerfragen nach Combe und Gebhard die „Chance des Unterrichts“ (vgl. ebd., S. 104).

3. Forschungsergebnisse zum Zusammenhang von Schülerfragen und Heterogenität

Internationale Forschungsüberblicke, etwa von Niegemann (2004) zeigen, dass Schülerfragen im Unterricht eher seltene Ereignisse sind. Diese Erkenntnisse leiten sich allerdings nur aus wenigen Studien im Sekundarbereich ab.

Eine der sehr wenigen qualitativen Untersuchungen führten Chin/ Brown/ Bruce (2002) als Fallstudie in einer achten Klasse in den USA durch. Die Zielsetzung bestand darin, im naturwissenschaftlichen Unterricht entstandene Fragetypen zu identifizieren und den Einfluss der Schülerfragen auf den Aufbau von Wissensstrukturen zu klären. Sie gelangten zu zwei Hauptkategorien, den so genannten „wonderment questions", die auf die Erfassung von Zusammenhängen zielen, und den „basic information questions", zu denen etwa Faktenfragen zählen. Zudem kamen sie ebenso wie Gut-Sembill/ Sembill (vgl. 2004, S. 327) zu dem Ergebnis, dass die Schüler/innen und Schüler innerhalb eines offenen Settings mit einem Anteil von 30 Prozent aller Fragen die meisten „wonderment questions" generierten. Hervorzuheben ist des Weiteren die Bedeutung von Fragen Anderer im Unterricht. Die Forschergruppe stellte fest, dass „wonderment questions", die nicht selbst formuliert, sondern von einem Mitschüler eingebracht werden, ebenso zu tiefer gehenden Verstehensprozessen führen (vgl. a.a.O., S. 532 ff.).

Zusammenfassend kann also festgehalten werden, dass die im Sekundarbereich durchgeführten Studien positive Effekte des Fragenstellens auf den Verstehensprozess sowie positive Auswirkungen der heterogenen Perspektiven auf den Lernerfolg aufgezeigt haben. Diese Ergebnisse können aber nicht ohne Weiteres auf die Grundschule übertragen werden. Zudem liegen nach Chin, Brown und Bruce kaum Untersuchungen vor, die in einer möglichst natürlichen Klassenraumsituation durchgeführt wurden.

4. Forschungsfragen und Untersuchungsdesign

Im Hinblick auf diese Forschungslücke, werden im Rahmen des Promotionsvorhabens von Vera Brinkmann insgesamt drei Forschungsfragen bearbeitet, wovon im Folgenden nur die erste im Mittelpunkt des Interesses steht:

Wie entwickelt sich das Gegenstandsverständnis der Schüler/innen und Schüler, wenn man im Sachunterricht konsequent den Schülerfragen nachgeht? Inwieweit ermöglicht das Ausgehen von den eigenen Fragen einen individuellen Erkenntnisgewinn beim einzelnen Kind?

Um Zusammenhänge zwischen den Vorerfahrungen, dem Gegenstandsverständnis und den Schülerfragen aufdecken zu können, ist der einzelne Fall genauer in den Blick zu nehmen. Zudem ist es erforderlich zu analysieren, welche Merkmale qualitativ unterschiedliche Frageniveaus auszeichnen. Erst auf dieser Basis kann gefragt werden, inwieweit sich in den sog. „zweiten Fragen" der Lernenden eine Entwicklung ihres Gegenstandsverständnisses widerspiegelt. Zweite Fragen sind nach Karin Ernst solche, die sich während einer Unterrichtseinheit in der Auseinandersetzung mit dem Lerngegenstand ergeben (vgl. Ernst 1996, S. 8 f.).
Die Untersuchung basiert auf einem Vor-Nachtest Design und wurde in einer dritten Klasse mit insgesamt 20 Kindern, 11 Jungen und 9 Mädchen, durchgeführt, die bezüglich des sozioökonomischen Hintergrundes durch eine große Heterogenität geprägt ist. Außerdem ist der Anteil der Schüler/innen und Schüler mit einem Migrationshintergrund sehr groß. Im Mittelpunkt der Untersuchung stand eine Unterrichtseinheit zum Thema „Erde, Mond und Sonne im Weltall", die entlang der Schülerfragen nach einem fragen- und subjektorientierten Unterrichtskonzept entwickelt wurde. Im Folgenden werden anhand von zwei exemplarisch ausgewählten Fällen erste Ergebnisse vorgestellt, da hier besonders deutlich konstitutive Unterschiede in den Verständnissen hinsichtlich der analysierten Phänomenaspekte sowie hinsichtlich der formulierten Fragen offenbar werden. Diese Erkenntnisse beziehen sich auf:

- die Variation, die sich bereits im Rahmen der Vorerhebung in den Lernvoraussetzungen zeigt sowie Zusammenhänge zu den eingebrachten Fragen
- eine Entwicklung des Gegenstandsverständnisses bei den ausgewählten Fällen

Zunächst wird jedoch ein kurzer Überblick über die gewählten Erhebungsinstrumente im Rahmen des Designs gegeben. Um Aufschluss über die Entwicklung des Gegenstandsverständnisses zu erhalten, wurde ein Test entwickelt, der das Gegenstandsverständnis vor und nach dem Unterricht erhebt. Im inhaltlichen Bereich konnte bei der Entwicklung der Erhebungsinstrumente an Untersuchungen aus dem englischsprachigen Raum, etwa von Barnett/Morran (2002) sowie von Lauterbach (1999) angeknüpft werden. In der ersten Aufgabenstellung des Vorerhebungsbogens hatten die Schüler/innen und Schüler zunächst die Aufgabe zu zeichnen, wie sie sich Erde, Mond und Sonne aus Astronautensicht vorstellen. Um eine Analyse der ersten Fragen zu ermöglichen, notierten sie anschließend ihre „ersten Fragen". Danach wurde mit den Schüler/innen und Schülern in Kleingruppen die Bearbeitung der weiteren Aufgaben des Vorerhebungsbogens durchgeführt. Ergänzt wurde die Vorerhebung durch eine Methodentriangulation in Form von Leitfadeninterviews nach Heinzel (1997). Die Interviews wurden von einer gecoachten

Interviewerin jeweils mit zwei Kindern gemeinsam durchgeführt. Innerhalb der Interviews erläuterten sie ihr Verständnis des Erde-Sonne-Mond-Systems u.a. mithilfe von Knetmodellen, die sie von den Himmelkörpern anfertigten. Im Weiteren erfolgte eine phänomenografische Auswertung (vgl. Marton/ Booth 1997). Es werden auf der Grundlage des Vorerhebungsbogens und der Interviews einmal phänomenografische Kategorien entwickelt, mit denen das jeweilige Verständnis der Schüler/innen u.a. zu den Phänomenaspekten „Tag und Nacht" und „Mondphasen" vor Beginn der Unterrichtseinheit erfasst wird. Diese phänomenografischen Kategorien werden außerdem auf der Grundlage des Nacherhebungsbogens und der Nacherhebungsinterviews zu denselben Phänomenaspekten noch einmal entwickelt. Indem diese Kategorien miteinander in Bezug gesetzt werden, können mögliche Entwicklungen des Verständnisses der Lernenden näher in den Blick genommen werden. Zudem erfolgt eine Analyse der „ersten und zweiten Fragen" mithilfe eines selbst entwickelten Modells zur qualitativen Unterscheidung von Schülerfragen, das in diesem Rahmen jedoch nicht näher vorgestellt werden kann.

5. Analysebeispiele aus der Vorerhebung

Einen ersten Schritt im Hinblick auf die phänomenografische Kategorienbildung stellt eine genaue Analyse der Zeichnungen aus dem Vorerhebungsbogen dar. Bereits hier werden die heterogenen Lernausgangslagen offenbar. Die Entstehung der Zeichnungen innerhalb eines situativen Handlungsaktes geht nach Reiß (2000, S. 231) aus der „Summe der Erfahrungen" hervor, auf die das zeichnende Kind zurückgreifen kann. So wächst Niklas bei seiner allein erziehenden Mutter mit hohem Bildungshintergrund auf. Niklas betont bei der Zeichnung des jeweiligen Himmelskörpers die Besonderheit, die für ihn wesentlich ist: den großen Rotanteil für die Hitze der Sonne, die kleinen Kreise für die Krater auf der Mondoberfläche und die verschiedenen Landstriche (Wüsten, Wälder, Meere) auf der Erde. Betrachtet man die Zeichnung genau, so fällt auf, dass die Erdkugel den Mond ein kleines Stückchen überlappt. Im Inneren des Mondes ist mit dem Bleistift ein kleinerer Kreis zu erkennen. Die Unsicherheit über die genauen Größenverhältnisse der Himmelskörper drückt sich auch in der folgenden Forscherfrage aus: „Wie groß ist die Sonne?" Zusammenfassend lässt sich festhalten, dass das Besondere an der Zeichnung von Niklas ist, dass er das System Sonne-Erde-Mond als Ganzes abbildet.
Dass Niklas über ein komplexes Konstellationenverständnis im astronomischen Sinn verfügt, bestätigt sich auch in der Analyse des Phänomenaspekts „Tag und Nacht" im anschließenden Vorerhebungsinterview:

„Die Sonne ist ein Leuchtkörper. Guck (dreht geknetete Erdkugel weiter um sich selbst), und es dreht sich auch so (bewegt Erdkugel und Mond gleichzeitig um die Sonne) und der Mond dreht sich jetzt so (bewegt Mond ein kleines Stückchen weiter um die Erdkugel). Und jetzt sind wir (zeigt auf Klebepunkte auf der Erdkugel, die jetzt der Sonne zugewandt sind) bei der Sonne auf einmal, und deswegen ist es dann hell bei uns."

So gelingt ihm ein Bezug zwischen modellhafter Astronautenperspektive und lebensweltlicher, standortperspektivischer Sichtweise. Im Verständnis von Niklas wird das Tag-Nacht-Phänomen verursacht durch die Sonne als primäre Lichtquelle, durch die Bewegung der Erde (die Erde dreht sich um sich selbst und gleichzeitig um die Sonne) und der entsprechenden Konstellation der Himmelskörper zueinander.

Anh stammt aus einer sozial benachteiligten Familie mit niedrigem Bildungs- sowie einem Migrationshintergrund. Der Aufgabenstellung entsprechend hat sie alle drei Himmelskörper eingezeichnet und etwa gleich groß dargestellt. Die Himmelskörper werden von Anh nicht in ihrer Beziehung zueinander eingefangen, sondern es handelt sich um eine Einzelbetrachtung der Himmelskörper. Am meisten ausdifferenziert hat sie die Oberfläche der Erde. Ins Auge springt die besondere braune Farbgebung der Erde, aus der die Erfahrung spricht, dass sich unter der Oberfläche braune Erde befindet. Betrachtet man nun die Fragen von Anh „Wie groß ist die Erde?" und „Wie viel Jahre alt ist der Mond?" so verweisen diese auf den Wunsch, die Dinge der Welt in einem bestimmten Ordnungssystem zu erfassen. Anders als bei Niklas zielt die Frage von Anh „Wie groß ist die Erde?" aber nicht auf die Größenverhältnisse der Himmelskörper zueinander. Sie bleibt vielmehr konsequent bei der Einzelbetrachtung der Himmelskörper und möchte mit der Frage herausfinden, wie groß die Erde im Durchmesser in Kilometern ist.

Bezüglich des Tag-Nacht-Phänomens äußert sich Anh im Interview folgendermaßen:

„Also, wenn es – wenn es jetzt den ganzen Tag dunkel wär, ehm, dann, äh, würde der Hahn auch nicht Kikeriki sagen. Dann müsste zum Beispiel – dann müssen wir zum Beispiel den ganzen Tag lang schlafen. Und nix machen. Das wär langweilig!"

Hier zeigt sich, dass sie die Frage nicht als eine räumlich bezogene versteht, für die sie über die Vorstellung der Himmelskörper innerhalb eines Raumes verfügen müsste. Vielmehr findet eine Übersetzung von Raum in Zeit statt. Tag und Nacht ist für Anh fest mit dem Zeiterleben ihres natürlichen Tageslaufs verknüpft. Die Sonne ist vielmehr eine figürliche Erscheinung, die zum Tag gehört und auf unsere Erde „guckt". Ein kausal-physikalischer Zusammenhang steht noch nicht in ihrem Aufmerksamkeitsfokus.

6. Ein Unterricht entlang der Schülerfragen

Anschließend erfolgte die Auseinandersetzung mit dem Thema „Erde, Mond und Sonne im Weltall“ auf Basis der Unterrichtskonzeption „Fragen stellen an die Welt“ in Form eines erfahrungsorientierten Lernens systematisch entlang der Schülerfragen. Der Unterricht wurde durch zwei Kameras videografiert. Dabei erwiesen sich die folgenden Elemente bei der Fragenfindung als förderlich: Ein Gespräch über das Vorwissen, indem die Kinder ermutigt werden, erste Fragen zu verbalisieren, sowie die Dokumentation des Vorwissens auf Plakaten. Für Schüler/innen mit weniger Vorerfahrungen werden dadurch erste Anstöße und Anregungen für das Weiterdenken in verschiedene Richtungen und das Formulieren von Fragen gegeben. Als förderlich stellte sich auch das Notieren der Fragen heraus. Indem die Kinder anschließend ihre Fragen der Lerngruppe präsentieren, erfahren sie zum einen eine besondere Wertschätzung. Zum anderen ergeben sich bereits hier Lernsituationen, in denen die Schüler/innen ihre unterschiedlichen Vorerfahrungen sowie ihre verschiedenen Perspektiven auf den Lerngegenstand einbringen, und sie von- und miteinander lernen können. Durch das gemeinsame Gruppieren und Ordnen der Fragen nach Sinngebieten kann zudem ein erster Überblick über die Sache gewonnen werden.

Im Weiteren steht die Lehrkraft vor der Aufgabe zu entscheiden, welche Fragen im Unterricht in welcher inhaltlichen Reihenfolge und Form aufgegriffen werden. Bezüglich der inhaltlichen Strukturierung konnte in der Unterrichtseinheit an Ergebnisse von Untersuchungen aus dem englischsprachigen Raum, wie dem SPACE-Projekt von Osborne et al. (1994) angeknüpft werden. So empfahl sich zunächst eine Auseinandersetzung mit den Fragen zur Erde, da bei einigen Schüler/innen das Verständnis von der Erde als Kugelgestalt noch nicht gesichert war. Anschließend wurde den Fragen zum Tag-Nacht-Phänomen, zum Mond und den Mondphasen nachgegangen. Bei der Antwortsuche wurden dem Erfahrungslernen nach Combe/ Gebhard (a.a.O.) entsprechend zunächst die unterschiedlichen Schülervorstellungen gemeinsam reflektiert und anschließend etwa durch Experimentieren oder durch konkrete Beobachtungen bei einem gemeinsam mit der Landessternwarte Heidelberg durchgeführten Astrocamp Erkenntnisse erworben.

Durch die intensive Auseinandersetzung mit den eigenen Fragen und den Forscherfragen der anderen entwickelten die Kinder im Forschungsprozess in jeder der Unterrichtssequenzen so genannte „Zweite Fragen“ (Ernst 1996, S. 8 f.). So formulierte Niklas anknüpfend an einen situativen Handlungsakt, in dem er der Lerngruppe sein Verständnis des Tag-Nacht-Phänomens mithilfe eines Globus erläuterte, die Frage „In welche Richtung dreht sich die Erde?“

Hier zeigt sich, dass er sein bestehendes Konzept nun durch Detailwissen weiter ausdifferenzieren möchte. Bei Anh entstand demgegenüber die Frage „Warum dreht sich die Erde um sich selbst?“ Hier wird deutlich, dass eine Entwicklung des konzeptuellen Verständnisses des Tag-Nachtphänomens stattgefunden hat. So geht die Frage über das Erschließen von Oberflächenstrukturen hinaus und zielt auf die Ursache für das entdeckte astronomische Phänomen. Auch die zweiten Fragen anderer Schüler/innen zeigen explizit den Fokus auf das Erkennen von Zusammenhängen.
Eine Auswertung der Nacherhebungsinterviews ist bisher noch nicht erfolgt, deshalb sollen abschließend erste Tendenzen hinsichtlich der Weiterentwicklung des Gegenstandsverständnisses von Niklas und Anh aufgezeigt werden. Die Zeichnung aus dem Nacherhebungsbogen von Niklas lässt zunächst eine deutliche Entwicklung im Zusammenhang mit der Darstellung der Größenverhältnisse sowie der Ausführung der Oberflächenbeschaffenheit der Erde erkennen, etwa in der Land-Wasser-Verteilung, den Umrissen, die Kontinenten ähneln, oder der Polkappe. Dies kann ebenfalls bezüglich der Zeichnung der Sonne konstatiert werden: Eingezeichnet sind nun Sonnenflecken ebenso wie Protuberanzen. Auffällig ist zudem, dass Niklas durch das Einzeichnen der Planeten Merkur und Venus in der richtigen Reihenfolge das Erde-Sonne-Mond-System in das Sonnensystem einordnet. Auch in der Nacherhebung ist er in der Lage, die Visualisierung seines Verständnisses wiederum für das Entdecken von noch offenen Fragen zu nutzen: So zeichnet Niklas die Umlaufbahnen ein und erkennt, dass er nun zwar um die Drehrichtung der Erde um sich selbst, aber nicht um die Drehrichtung der Erde um die Sonne weiß.
Die Zeichnung von Anh macht ebenfalls eine Weiterentwicklung des Gegenstandsverständnisses deutlich. So sind Erde, Sonne und Mond nun nicht mehr als einzelne Erscheinungen dargestellt, sondern als Himmelskörper eines Systems. Sie sind zudem in ihren Größenverhältnissen zueinander eingezeichnet, wenn auch nicht ganz so exakt wie bei Niklas. Von der Oberflächenbeschaffenheit der Erde zeichnet Anh nun ein gänzlich anderes Bild: So wurde etwa der Land-Wasser-Verteilung Beachtung geschenkt. Gewandelt hat sich außerdem die Darstellung der Sonne, die nun ohne Strahlen, aber mit Sonnenflecken skizziert wurde.

7. Konsequenzen

Zusammenfassend lässt sich festhalten, dass eine genaue Analyse der Fragen im Zusammenhang mit dem Gegenstandsverständnis lohnenswert ist, da man allein von der Frageform nicht auf den vom Kind intendierten Antworthorizont schließen kann. Dies haben die beiden Fragen von Niklas und Anh „Wie groß ist die Sonne?“ und „Wie groß ist die Erde?“ gezeigt. Trotz ähnlicher Formulierung werden durch die unterschiedlichen Perspektiven zwei andere Aspekte eingebracht, die das Unterrichtsgeschehen bereichern. Zudem wurde offenbar, dass sich in den Fragen deutlich die heterogenen Vorerfahrungen widerspiegeln. Gerade auch die Variation im Gegenstandsverständnis von Niklas und Anh hinsichtlich des Tag-Nacht-Phänomens kann sich im Unterricht als sehr fruchtbar erweisen. Während Niklas die Erklärung des Phänomens auf astronomischer Ebene im Blick hat, fokussiert Anh das Erleben auf der Erde und den Nutzen für ihre Lebenswelt. Werden, wie von Combe und Gebhard gefordert, diese Vorstellungen „zum Gegenstand expliziter Reflexion“ im Unterricht gemacht und diese beiden Verstehensebenen zueinander in Beziehung gesetzt, können die zunächst abstrakt erscheinenden astronomischen Erkenntnisse als subjektiv bedeutsam erfahren werden (vgl. Combe/ Gebhard 2007, S. 63). Eine erste Analyse der zweiten Fragen und der Nacherhebungsbögen zeigt, dass sich das Gegenstandsverständnis bei den beiden Kindern positiv auf unterschiedlichem Niveau entwickelt hat. Der weiteren phänomenografischen Auswertung bleibt es vorbehalten, dies inhaltsspezifisch genau zu deuten und im Zusammenhang mit den Unterrichtssituationen zu interpretieren.

Literatur

Autorengruppe Bildungsberichterstattung (2010): Bildung in Deutschland 2010. Ein indikatorgestützter Bericht mit einer Analyse zu Perspektiven des Bildungswesens im demografischen Wandel. Bielefeld.

Blumberg, E.; Möller, K.; Hardy, I. (2004): Erreichen motivationaler und selbstbezogener Zielsetzungen in einem schülerorientierten naturwissenschaftsbezogenen Sachunterricht – Bestehen Unterschiede in Abhängigkeit von der Leistungsstärke? In: Bos, W.; Lankes, E.-M.; Plaßmeier, N.; Schwippert, K. (Hrsg.): Heterogenität. Eine Herausforderung an die empirische Bildungsforschung. Münster, S. 41-55.

Barnett, M.; Morran, J. (2002): Addressing children's alternative frameworks of the Moon's phases and eclipses. In: International Journal of Science Education, vol. 24/8, pp. 859-879.

Chin, Ch.; Brown, D.; Bruce, B. (2002): Student-generated questions: a meaningful aspect of learning in science. In: International Journal of Science Education, vol. 5/2002, pp. 521-549.

Combe, A.; Gebhard, U. (2007): Sinn und Erfahrung. Zum Verständnis fachlicher Lernprozesse in der Schule. Opladen & Farmington Hills. (Studien zur Bildungsgangforschung, Band 20.)

Dewey, J. (1993): Demokratie und Erziehung. Eine Einleitung in die philosophische Pädagogik. Übersetzt von Erich Hylla. Herausgegeben und mit einem Nachwort von Jürgen Oelkers. (Nachdruck der 3. Aufl. von 1964.) Braunschweig.

Duncker, L. (2005): Vom Ursprung des Philosophierens. Kinderfragen in anthropologischer Sicht. In: Duncker, L.; Nießler, A. (Hrsg.) (2005): Philosophieren im Sachunterricht. Imagination und Denken im Grundschulalter. Münster, S. 13-28.

Ernst, K. (1996): Den Fragen der Kinder nachgehen. In: Die Grundschulzeitschrift, 98, S. 6-11.

Gut-Sembill, K.; Sembill, D. (2004): Fragen hinter Schülerfragen – Schülerfragen hinterfragen. In: Unterrichtswissenschaft. Zeitschrift für Lernforschung, 32, 4, S. 321-333.
Heinzel, F. (1997): Qualitative Interviews mit Kindern. In: Friebertshäuser, B.; Prengel, A. (Hrsg.) (1997): Handbuch Qualitative Forschungsmethoden in der Erziehungswissenschaft. Weinheim und München, S. 396-413.
Kaiser, A. (2006): Neue Einführung in die Didaktik des Sachunterrichts. Baltmannsweiler.
Lauterbach, R. (1999): Tag und Nacht. In: Sache, Wort, Zahl, 27/23, S. 45-50.
Marton, F.; Booth, S. (1997): Learning and Awareness. Mahwah, New Jersey.
Niegemann, H. (2004): Lernen und Fragen: Bilanz und Perspektiven der Forschung. In: Unterrichtswissenschaft, 32, 4, S. 345-356.
Osborne, J.; Wadsworth, P.; Black, P.; Meadows, J. (1994): The earth in space. Liverpool.
Reiß, W. (2000): Zur Produktion und Analyse von Kinderzeichnungen. In: Heinzel, F.: Methoden der Kindheitsforschung. Ein Überblick über Forschungszugänge zur kindlichen Perspektive. Weinheim und München, S. 231-244.
Seitz, S. (2004): Zu einer inklusiven Didaktik des Sachunterrichts. In: Kaiser, A.; Pech, D. (Hrsg.): Integrative Dimensionen des Sachunterrichts. Neuere Zugangsweisen. Reihe Basiswissen Sachunterricht, Band 3. Baltmannsweiler, S. 169-180.
Treinis, G.; Einsiedler, W. (1996): Zur Vereinbarkeit von Steigerung des Schulleistungsniveaus und Verringerung von Leistungsunterschieden in Grundschulklassen. In: Unterrichtswissenschaft, 24, S. 290-312.
Werning, R. (1996): Anmerkungen zu einer Didaktik des gemeinsamen Unterrichts. In: Zeitschrift für Heilpädagogik, 11, S. 463-469.
Wocken, H. (2007): Fördert Förderschule? Eine empirische Rundreise durch Schulen für „optimale Förderung“. In: Demmer-Diekmann, I.; Textor, A. (Hrsg.): Integrationsforschung und Bildungspolitik im Dialog. Bad Heilbrunn, S. 35-60.

Astrid Kaiser und Stine Albers

Inklusion durch Lernaufgaben in Sachunterrichtsbüchern – ein Widerspruch?

In this article the criteria for inclusive general studies lessons according to Seitz will be applied to analyze tasks in current social studies and science text books. Tasks from current text books that were accredited in lower Saxony lately will be explored from a perspective of 'education is for all children'. In this contribution, the most important results with regards to the question if contemporary text books for general studies lessons are suitable for an education for all children will be presented.

1. Inklusion und Sachunterricht

Der Begriff der Inklusion soll hier als qualitative Weiterentwicklung der praktizierten Integrationspädagogik verstanden werden (vgl. Hinz 2004, Sander 2004, Seitz 2004). Seitz (a.a.O.) führt drei Leitideen einer inklusiven Didaktik auf und betont vor allem die Notwendigkeit der Individualisierung. Sie verweist darauf, dass Deutschland hinsichtlich der schulischen Inklusion aus internationaler Perspektive gesehen „ein rückständiges Land" (2005a, S. 158) ist. Sie zeigt am Beispiel des Fachs Sachunterricht Forschungslücken bzgl. der Entwicklung einer inklusiven Fachdidaktik auf, woraus sich „insgesamt umfassende Forschungsdesiderate für individualisierten, fachlich fundierten Unterricht in einer Grundschule für alle Kinder" (Seitz 2004, S. 226f.) ableiten lassen. Es bestehen zwar umfassende theoretische Postulate für eine inklusiv angelegte Didaktik, es fehlt allerdings an konzeptionellen Konkretisierungen (vgl. Seitz 2005b, 117). Seitz (2005a, 177f.) hat für den Sachunterricht zum Lernfeld Zeit 13 didaktische Leitlinien formuliert, von denen die folgenden auch für diesen Beitrag interessant sind:

- Inklusiver Sachunterricht betrachtet ästhetische und körperbasierte Zugangsweisen als bedeutsam für alle Kinder.

- Inklusiver Sachunterricht beachtet die Beziehungen der Kinder und gibt ihnen Gelegenheit, von Kind zu Kind zu lernen.
- Inklusiver Sachunterricht gibt Kindern den Freiraum, ihre vielfältigen Deutungsmuster in den Unterricht einzubringen und sich darüber auszutauschen.
- Inklusiver Sachunterricht gewährt den Kindern individuelle Lern- und Entwicklungszeiten.
- Inklusiver Sachunterricht nutzt Lernräume flexibel.

2. Schulbuchanalyse von Sachunterrichtsbüchern

Im Rahmen der hier vorgestellten Untersuchung (vgl. Kaiser/ Albers 2010) sollte eine umfassende – qualitative und quantitative – Analyse von Aufgaben aus ausgewählten Schulbüchern für den Sachunterricht erfolgen. Dabei sollte für den Sachunterricht in Niedersachsen überprüft werden, inwiefern die gegenwärtige Aufgabenkultur den Kompetenzanforderungen des Sachunterrichts nachkommt.

2.1 Quantitative Schulbuchanalyse

2.1.1 Methode der Untersuchung: Gegenstand der quantitativen Analyse waren die Sachunterrichtsbücher *Mobile* 4 (Westermann Verlag 2007), *Pusteblume. Das Sachbuch* (Schroedel Verlag 2007) und *Jo-Jo Sachunterricht 4* (Cornelsen Verlag 2007). Insgesamt wurden 235 Aufgaben quantitativ analysiert. Die Analyse erfolgte nach folgenden Kriterien:
Bildungsdimensionen: Es wurde untersucht, inwiefern die Aufgaben das kognitive, emotionale, pragmatische, soziale und/ oder ethische Lernen fördern (vgl. Kaiser/ Röhner 2009).
Anforderungsniveau: Es wurden drei Anforderungsniveaus – niedrig, mittel, hoch – definiert.
Differenzierungen: Die Aufgaben wurden hinsichtlich möglicher Differenzierungsangebote untersucht.
Arbeitsprozesssteuerung: Es wurde untersucht, ob die Aufgaben die Schüler zur Arbeitsprozessplanung, -reflexion und/oder -evaluation anleiten.
Lernprozesse: Es wurde untersucht, inwiefern die Aufgaben der Informationsaufnahme, -verarbeitung, -speicherung und/oder -anwendung dienen.
Operatoren: Es wurden die Operatoren, die zur Bearbeitung der Aufgabe anleiten, festgehalten.
Sozialformen: Es wurde analysiert, welche Sozialform – Einzel-, Partner-, Gruppenarbeit – die Aufgaben für ihre Bearbeitung vorsehen.

Kommunikation: Die Aufgaben wurden nach den sprachlichen Fähigkeiten und Fertigkeiten aus dem niedersächsischen Kerncurriculums Sachunterricht analysiert (vgl. Niedersächsisches Kultusministerium 2006).

2.1.2 Ergebnisse der Untersuchung und Interpretation: Im Folgenden werden ausgewählte Ergebnisse der Studie vorgestellt.
Bildungsdimension: Es fehlt an einer ausgeglichenen Vielfalt unterschiedlicher Bildungsdimensionen. Es dominiert kognitives Lernens deutlich vor dem pragmatischen, sozialen, emotionalen und ethischen Lernen (siehe Abb. 1). Die von Seitz (2005a) geforderten ästhetischen und körpernahen Zugangsweisen zu Inhalten werden durch die kognitiv dominierten Aufgaben eher behindert als befördert.

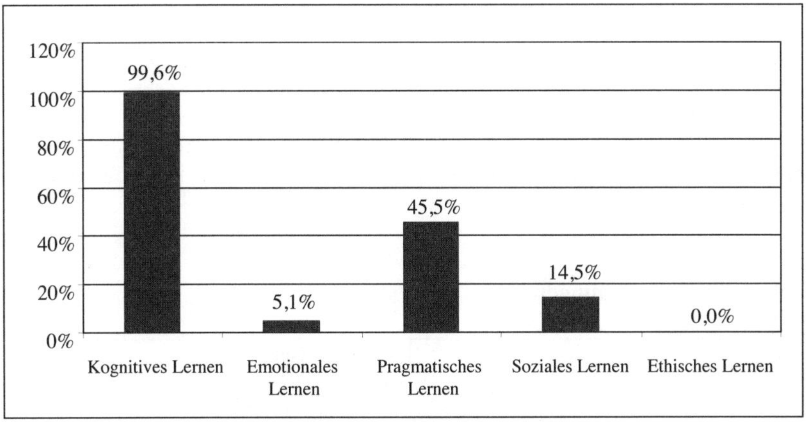

Abb. 1: Bildungsdimensionen

Anforderungsniveau: Die Mehrheit der Aufgabenstellungen entspricht einem mittleren Anforderungsniveau (siehe Abb. 2).
Wenn der Sachunterricht für alle Kinder sein soll, ist es dringend erforderlich, dass er auch für alle Denkniveaus und alle Anforderungslevels spezifische Angebote anbietet. Tatsächlich überwiegt das mittlere Anforderungsniveau, das auf den „Durchschnittsschüler“ ausgerichtet ist. Dies ist kontraproduktiv für inklusiven Unterricht.

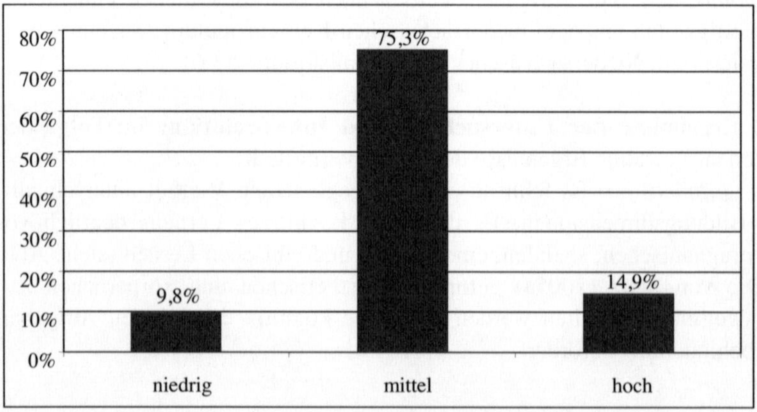

Abb. 2: Anforderungsniveau

Differenzierungen: Die Aufgaben berücksichtigen nur selten durch Differenzierungsangebote unterschiedliche Lernvoraussetzungen und Leistungsniveaus der Kinder (siehe Tab. 1).

Tab. 1: Differenzierungen

Differenzierungen	Absolute Häufigkeit (prozentuale Häufigkeit – bezieht sich immer auf alle 235 Aufgaben)
Auswahl zwischen der Verwendung von vorgefertigtem oder selbst erstelltem Material	1 (0,4%)
Auswahl zwischen schriftlicher oder mündlicher Informationsbeschaffung	3 (1,3%)
Auswahl zwischen schriftlicher oder mündlicher Darstellung	1 (0,4%)
Auswahl zwischen schriftlicher oder zeichnerischer Darstellung	1 (0,4%)
Insgesamt	6 (2,6%)

Eine elementare Anforderung für inklusiven Unterricht ist eine durchgängige Differenzierung, um den verschiedenen Lernvoraussetzungen gerecht zu werden und allen Kindern gute Aufgaben im Sinne von passenden Aufgaben zu Verfügung stellen zu können. An dieser elementaren Anforderung scheitern die gängigen modernen Sachunterrichtsbücher in erheblichem Ausmaß. Es gibt fast keine Differenzierung bei den Aufgaben.

Sozialformen: Die Sozialform zur Bearbeitung der Aufgaben ist häufig nicht eindeutig. Es dominiert die Einzelarbeit. Sozialformen, die kooperatives Lernen fördern, sind unterrepräsentiert (siehe Abb. 3).

Die von Seitz als hilfreich für inklusiven Sachunterricht vorgestellte Dimension, dass Kinder von Kindern lernen, würde organisatorisch zumindest Gruppenarbeit oder Partnerarbeit erforderlich machen. Diese Formen finden allerdings in den Aufgaben von Sachunterrichtsbüchern wenig Berücksichtigung.

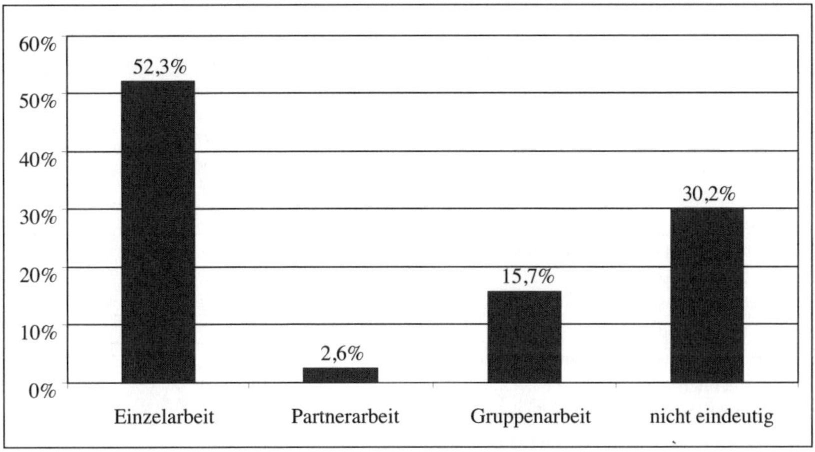

Abb. 3: Sozialform

Kommunikation: Es überwiegen Aufgaben, die auf das „einfache“ Entnehmen von Informationen aus Sachtexten zielen (siehe Tab. 2).

Die Möglichkeit, sich mit anderen Kindern über verschiedene Deutungen und Denkweisen auszutauschen, ist nicht nur ein strukturelles Merkmal kommunikativen Sachunterrichts, sondern auch nach Seitz (2005a) ein Kennzeichen inklusiven Unterrichts. Diese Kommunikationsform kommt nur bei maximal 9% der Aufgaben zum Tragen, wenn es darum geht Sachverhalte zu analysieren und zu beurteilen, zu argumentieren und Argumente zu prüfen sowie eine eigene Stellungnahme zu formulieren.

Tab. 2: Sprachliche Fähigkeiten und Fertigkeiten

Sprachliche Fähigkeiten und Fertigkeiten (vgl. Niedersächsisches Kultusministerium 2006)	Absolute Häufigkeit (prozentuale Häufigkeit – bezieht sich immer auf alle 235 Aufgaben)
Informationen aus Sachtexten entnehmen, interpretieren, reflektieren und bewerten - Informationen aus Sachtexten entnehmen - Informationen aus Sachtexten entnehmen, interpretieren - Informationen aus Sachtexten entnehmen, interpretieren, reflektieren und bewerten	114 (48,5%) - 100 (42,6%) - 11 (4,7%) - 3 (1,3%)
Fachbegriffe erarbeiten und verwenden - Fachbegriffe erarbeiten - Fachbegriffe verwenden - Fachbegriffe erarbeiten und verwenden	22 (9,7%) - 1 (0,4%) - 17 (7,2%) - 4 (1,7%)
Sachverhalte sprachlich beschreiben, analysieren, beurteilen - Sachverhalte sprachlich beschreiben - Sachverhalte sprachlich beschreiben und analysieren - Sachverhalte sprachlich beschreiben, analysieren und beurteilen	143 (60,9%) - 65 (27,7%) - 64 (27,2%) - 14 (6,0%)
Ergebnisse präsentieren und reflektieren - Ergebnisse präsentieren - Ergebnisse präsentieren und reflektieren	14 (6,0%) - 13 (5,5%) - 1 (0,4%)
Informationsmedien nutzen	26 (11,1%)
Argumentieren und Argumente prüfen - Argumentieren - Argumentieren und Argumente prüfen	2 (0,9%) - 1 (0,4%) - 1 (0,4%)
Eigene Stellungnahme formulieren (und kontrovers diskutieren)	1 (0,4%)

2.2 Qualitative Schulbuchanalyse

Methode der Untersuchung: Gegenstand der Untersuchung waren die Schulbücher *Mobile 4* (Westermann Verlag 2007) und *Pusteblume. Das Sachbuch* (Schroedel Verlag 2007).

Die Analyse erfolgte nach einem prozessbezogenen Analyseverfahren: Analyseaspekt I: Einzubringendes Wissen – deklarativ, prozedural, metakognitiv – und nach einem klassifizierenden Analyseverfahren: Analyseaspekt II: Lernprozesse – Lernort, Handlungsmuster, Lernprozesse (vgl. Kaiser 2006).

In beiden Schulbüchern wurden dazu die Aufgaben zu vier Themenbereichen – Miteinander leben, Niedersachsen in der Welt, Mensch, Wasser –, die sich schulbuchübergreifend ausmachen ließen, qualitativ analysiert. Insgesamt gingen in die Analyse 115 Aufgaben ein.

Ergebnisse der Untersuchung und Interpretation: Im Folgenden sollen die Ergebnisse der Analyse zur Kategorie *Einzubringendes Wissen* zusammengefasst und Schlussfolgerungen mit Bezug auf Kriterien inklusiven Unterrichts gezogen werden:
Einzubringendes Wissen: Die Bearbeitung aller Aufgaben erfordert Vorwissen – deklarativ, prozedural und/oder metakognitiv (vgl. Abb. 4).
Problematisch wird diese Tatsache, wenn der jeweiligen Aufgabe keine Vermittlung des einzubringenden Wissens vorausgeht. *Mobile* vermittelt bei ca. der Hälfte der Aufgaben und *Pusteblume. Das Sachbuch 4* bei einem geringen Anteil an Aufgaben mindestens eine Dimension des einzubringenden Wissens zuvor nicht (siehe Abb. 5).

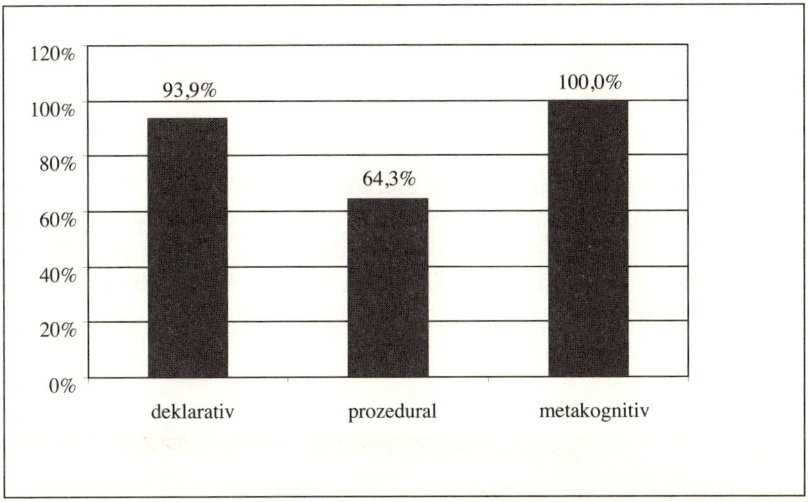

Abb. 4: Einzubringendes Wissen

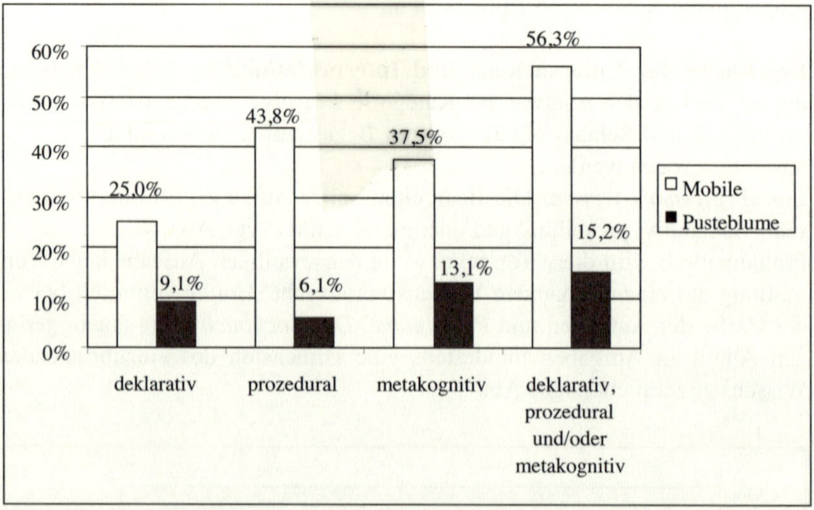

Abb. 5: Fehlende Vermittlung einzubringenden Wissens

Es fehlt häufig die Vermittlung des einzubringenden Wissens. Der Leitidee „Inklusive Bildung für alle Kinder" (Seitz 2004, S. 215) wird damit nicht entsprochen, da Kinder, die über das erforderliche Vorwissen nicht bereits aus anderen Kontexten verfügen, Shwierigkeiten bei der Bearbeitung dieser Aufgaben haben werden.

3. Fazit

Sowohl die quantitative als auch die qualitative Analyse von Lernaufgaben in neueren Sachunterrichtsbüchern zeigt, dass Inklusion durch Schulbücher gegenwärtig in der Tat ein Widerspruch zu sein scheint. Damit lässt sich die Aussage von Seitz (2005b, S. 120) unterfüttern, dass lernbereichsdidaktisches Material gegenwärtig kein inklusiv strukturiertes Unterrichtsmaterial darstellt. „Für die Praktiker/innen ist es folglich schwierig, sich auf die weitgreifenden theoretischen Postulate und Qualitätsstandards für Inklusion einzulassen, zumal die eigens entwickelten praxeologischen Konzepte nur selten eine Spiegelung im wissenschaftlichen Diskurs finden. Für die Praxisebene ist damit zu befürchten, dass theoretische Postulate der Inklusion an den schulischen Unterrichtsbedingungen und Unterrichtsschwierigkeiten vorbei verhandelt werden" (Seitz 2005b, 120f.).

Literatur

Hinz, A. (2004): Vom sonderpädagogischen Verständnis der Integration zum integrationspädagogischen Verständnis der Inklusion!? In: Schnell, I.; Sander, A. (Hrsg.): Inklusive Pädagogik. Bad Heilbrunn/ Obb., S. 41-74.

Kaiser, A.; Albers, S. (2010): Lernen durch Lernaufgaben im Sachunterricht. Eine kritische Schulbuchanalyse. Oldenburg.

Kaiser, A.; Röhner, C. (2009): Sachunterricht. Bd. 2. Kompetent im Unterricht der Grundschule. Baltmannsweiler.

Kaiser, A. (2006): Neue Einführung in die Didaktik des Sachunterrichts. Baltmannsweiler.

Niedersächsisches Kultusministerium (2006): Kerncurriculum für die Grundschule Schulgänge 1-4. Sachunterricht. Hannover.

Sander, A. (2004): Inklusive Pädagogik verwirklichen – Zur Begründung des Themas. In: Schnell, I.; Sander, A. (Hrsg.): Inklusive Pädagogik. Bad Heilbrunn/ Obb., S. 11-22.

Seitz, S. (2004): Forschungslücke Inklusive Fachdidaktik – ein Problemaufriss. In: Schnell, I.; Sander, A. (Hrsg.): Inklusive Pädagogik. Bad Heilbrunn/ Obb., S. 215-231.

Seitz, S. (2005a): Zeit für inklusiven Sachunterricht. Basiswissen Sachunterricht Bd. 18. Baltmannsweilter.

Seitz, S. (2005b): Lehr-/ Lernforschung für die inklusive Schule – Begründungen und Erschließungsmöglichkeiten. In: Hinz, A.; Geiling, U. (Hrsg.): Integrationspädagogik im Diskurs. Auf dem Weg zu einer inklusiven Pädagogik? Bad Heilbrunn/ Obb., S. 116-121.

Beate Blaseio

Inklusives Sachlernen in den Grundschullehrplänen Deutschlands

Is Sachunterricht prepared for a future inclusive primary school? In this analysis, curricula of Sachunterricht are examined for three central conditions of inclusion: Heterogeneity, individualization and normative skills. The result shows that heterogeneity and individualization are considered in the curricula – but this does not correspond with the verbalization of normative skills for all children in the curricula. An inclusive Sachunterricht needs individual skills for each child and is not compatible with similar normative skills for all children.

„Ich unterrichte keine Klasse – sondern 20 Schüler!“
(Gunilla – Lehrerin der Grundskolan „Torpaskolan“ in Göteborg/ Schweden)

1. Inklusion im Sachunterricht

Inklusion wird seit einigen Jahren als Konzept zur Weiterentwicklung der Integration in der Grundschulpädagogik diskutiert (vgl. Schöler 2009, Schumann 2009, Seitz 2005, Stähling 2009). Inklusion hat zunächst schulorganisatorische und schulpädagogische Dimensionen und Entscheidungsebenen. Erst nachfolgend ergeben sich Auswirkungen auf die Didaktik des Sachunterrichts. Die Fachdidaktiken der Fächer der Grundschule haben nach der Grundsatzentscheidung „inklusive Grundschule“ die Aufgabe, diese veränderte pädagogische Maxime – dass *alle* Kinder ohne Ausgrenzung in der Grundschule beschult werden – in ihren Disziplinen zu beleuchten und ihre Didaktiken dementsprechend neu auszurichten.
Für die Sachunterrichtsdidaktik stellt sich die Frage, wie der Sachunterricht auf eine inklusive Grundschule vorbereitet ist.

2. Fachdidaktische „Übersetzung" des Inklusionsansatzes

In diesem Abschnitt werden zunächst zwei Kernaussagen zur Inklusion vorgestellt, die dann in einem nächsten Schritt auf eine sachunterrichtsdidaktische Ebene „übersetzt" werden.

Zentral für den Ansatz der Inklusion ist die Aussage, dass jedes Kind anders ist, dass keine Aussonderung stattfinden darf und dass die (Grund-)Schule die Aufgabe hat, *alle* Kinder zu erziehen und zu unterrichten. Deutlich werden diese Grundbedingungen in dem Beitrag von Schumann, aus dem ich im Folgenden zwei zentrale Sätze zitiere:

„Die Inklusion geht von der Besonderheit und den individuellen Bedürfnissen eines jeden Kindes aus" (vgl. Schumann 2009, S. 51).

„Kein Kind soll ausgesondert werden, weil es den Anforderungen der Schule nicht entsprechen kann. Im Gegensatz zur Integration will die Inklusion nicht die Kinder den Bedingungen der Schule anpassen, sondern die Rahmenbedingungen an den Bedürfnissen und Besonderheiten der Schülerinnen und Schüler ausrichten (vgl. a.a.O., S. 51).

Was bedeuten diese Aussagen zur Inklusion für die Didaktik des Sachunterrichts?

1. „Besonderheiten jedes Kindes": Kinder sind unterschiedlich und bringen heterogene Voraussetzungen für den Sachunterricht mit.

2. „Individuelle Bedürfnisse des Kindes": Der Sachunterricht muss binnendifferenziert ausgerichtet sein, damit die Kinder individuell gefördert werden können.

3. „Kind gibt Bedingungen vor, nicht die Schule": Die Zielsetzungen und Kompetenzbeschreibungen des Sachunterrichts können nicht als normative Vorgabe für *alle* Kinder betrachtet werden.

3. Inklusion in den Lehrplänen des Sachunterrichts

Wie weit ist der Sachunterricht auf eine inklusive Schule vorbereitet? Um dieser Kernfrage dieses Beitrags nachzugehen, wurden die 14 bundesdeutschen Lehrpläne des Sachunterrichts auf zentrale Aspekte der Inklusion hin untersucht (siehe Abschnitt 2). Ermöglichen die gültigen Lehrpläne inklusiven Sachunterricht? Dabei stehen drei Teilfragen im Zentrum der Untersuchung:

1. Berücksichtigen die Lehrpläne die individuellen Voraussetzungen beim Sachlernen (Heterogenität)?
2. Berücksichtigen die Lehrpläne die Notwendigkeit der individuellen Förderung/ Binnendifferenzierung beim Sachlernen?

3. Sind die Ziele und Kompetenzen in den Lehrplänen so ausgewiesen, dass sie keine normativen Vorgaben sind?

In dieser Untersuchung wurden alle Lehrpläne berücksichtigt, die im März 2010 offiziell in den Bundesländern zugelassen waren (für einen Überblick vgl. www.blaseio.de/beate → Lehrpläne SU). Die Sachunterrichtslehrpläne werden mit der Methode der Inhaltsanalyse untersucht. Entsprechend wird so vorgegangen, dass in dieser qualitativ-quantitativen Arbeit Textfundstellen in den Lehrplänen zur Beantwortung der drei ausgewählten Fragen herangezogen und bewertet werden.

Da die Lehrpläne des Sachunterrichts in den verschiedenen Bundesländern unterschiedlich eng mit den allgemeinen Grundschullehrplänen verwoben sind (teilweise wird Sachunterricht als Fachlehrplan einer Gesamtkonzeption verstanden), war es teilweise notwendig, bei der Inhaltsanalyse auch die allgemeinen grundschulpädagogischen rechtlichen Ländervorgaben mit hinzuzuziehen.

4. Heterogenität in Sachunterrichtslehrplänen

Inklusion geht von der Heterogenität von Grundschulkindern aus. Sind in den Lehrplänen des Sachunterrichts Hinweise auf diese Heterogenität enthalten und werden individuelle und unterschiedliche Lernvoraussetzungen für das Sachlernen berücksichtigt?

In den meisten Lehrplänen (12 – vgl. Tab. 1) wird die Heterogenität der Schüler herausgestellt. Zwei neue Lehrpläne (NRW 2008 und Saarland 2009) greifen diese Heterogenität jedoch nicht auf. Beide Lehrpläne arbeiten stattdessen mit verbindlichen Kompetenzen, die *alle* Schüler erreichen sollen.

Bei der Mehrzahl der Lehrpläne sind jedoch deutliche Hinweise zu finden, dass der Sachunterricht in der Grundschule von einer heterogenen Schülerschaft ausgeht. Hier sind zum Beispiel konkrete Sätze in den Lehrplänen zu finden, die auch das Wort „Heterogenität“ enthalten. Exemplarisch werden hier zwei Textstellen zitiert:

„Die Förderung des Lernens muss die heterogenen Lernausgangslagen und Lernbedingungen berücksichtigen und die individuellen Leistungen, Lernwege und Lernfortschritte wertschätzend reflektieren“ (Niedersachsen, S. 29).

„Die Heterogenität der Lerngruppe macht es nicht nur erforderlich, dass jedes Kind seinen individuellen Weg gehen kann, sondern sie bietet auch die Chance, dass Kinder von Kindern lernen.“ (Rheinland-Pfalz, S. 17).

Darüber hinaus finden sich in den Lehrplänen aber auch Textpassagen, die zwar nicht mit dem Wort „Heterogenität“ arbeiten, die Individualität der Schüler jedoch auch herausstellen:

„Verstehendes Lernen im Sachunterricht berücksichtigt entwicklungspsychologische Voraussetzungen, individuelle Entwicklungs- und Wissensunterschiede sowie geschlechtsspezifische Interessen von Schülerinnen und Schülern" (Sachsen-Anhalt, S. 5).

Tabelle 1: Heterogenität in den Lehrplänen des Sachunterrichts

Bundesland	**Jahr**	**Sachunterrichts-lehrplan**	**ggf. Grund-schullehrplan**
Baden-Württemberg	2004	ja	
Bayern	2000	ja	
Berlin/Brandenburg/Mecklenburg-Vorpommern	2004	ja	
Bremen	2007	ja	
Hamburg	2008	ja	
Hessen	1995	ja	
Niedersachsen	2006	ja	
Nordrhein-Westfalen	2008	nein	nein
Rheinland-Pfalz	2006	ja	
Saarland	2009	nein	nein
Sachsen	2004	ja	
Sachsen-Anhalt	2005	ja	
Schleswig-Holstein	1997	nein	ja
Thüringen	1999	nein	ja

Soll Sachunterricht in einer inklusiven Grundschule stattfinden, dann muss die individuelle Lernausgangslage jedes Schülers berücksichtigt werden, an die dann der Unterricht aufbauend individuell bildungswirksam anknüpfen kann. Gleichschrittige Lernwege und einheitliche Kompetenzerwartungen, die von *allen* Schülern gefordert werden, sind mit einer inklusiven Grundschule nicht vereinbar. Gerade zwei neue Lehrpläne (NRW 2008 und Saarland 2009) zeigen, dass die Sachunterrichtslehrpläne noch nicht durchgängig von der Heterogenität der Schüler ausgehen – dies ist aber eine Grundvoraussetzung für die Umsetzung des Sachunterrichts in einer inklusiven Schule.

5. Individuelle Förderung und Binnendifferenzierung in den Lehrplänen

Die zweite Teilfrage dieser Untersuchung überprüft die Lehrpläne auf Hinweise zum Aspekt „individuellen Förderung“ und „Binnendifferenzierung“. Inklusiver Sachunterricht muss auf individuelle Förderung ausgerichtet sein, was organisatorisch durch die Differenzierung des Unterrichts markiert wird. Die Untersuchung der Lehrpläne ergab folgendes Ergebnis zu dieser Teilfrage (vgl. Tab. 2):

Tabelle 2: Individuelle Förderung und Binnendifferenzierung in den Lehrplänen des Sachunterrichts

Bundesland	**Jahr**	**Sachunterrichts-lehrplan**	**ggf. Grund-schullehrplan**
Baden-Württemberg	2004	ja	
Bayern	2000	ja	
Berlin/Brandenburg/Mecklenburg-Vorpommern	2004	ja	
Bremen	2007	ja	
Hamburg	2008	ja	
Hessen	1995	nein	ja
Niedersachsen	2006	ja	
Nordrhein-Westfalen	2008	ja	
Rheinland-Pfalz	2006	ja	
Saarland	2009	nein	nein
Sachsen	2004	ja	
Sachsen-Anhalt	2005	ja	
Schleswig-Holstein	1997	nein	ja
Thüringen	1999	nein	ja

Differenzierung und individuelle Förderung sind Aspekte, die in den allermeisten Lehrplänen des Sachunterrichts bei den didaktischen Ausführungen zum Fach berücksichtigt werden. Auffallend ist, dass die drei ältesten Lehrpläne, die alle noch vor der Jahrtausendwende verfasst wurden (Hessen, Thüringen, Schleswig-Holstein), diesen Aspekt nur in den allgemeinen Lehrplantexten zur Grundschularbeit berücksichtigen und nicht explizit im Sachunter-

richt erwähnen. Aber auch ein neuer Lehrplan (Saarland 2009) greift diesen Aspekt weder im Fachlehrplan noch im Grundschullehrplan auf.
Exemplarisch werden im Folgenden drei Lehrplanauszüge zitiert, um zu verdeutlichen, wie der Ansatz der Individualität und Differenzierung in den Lehrplänen berücksichtigt wird:
„Die Lehrerinnen und Lehrer beobachten und dokumentieren kontinuierlich die Lernentwicklung der Schülerinnen und Schüler. Dadurch bekommen sie wichtige Informationen für die Planung und Realisierung eines differenzierenden Unterrichts" (Bremen, S. 35).
„Informationen, Anregungen und Aufgabenstellungen werden so präsentiert, dass sie eine individuelle Bearbeitung und ein individuelles Arbeitstempo zulassen" (Hamburg, S. 6).
„Auf der Grundlage der beobachteten Lernentwicklung reflektieren die Lehrkräfte ihren Unterricht und ziehen daraus Schlüsse für die Planung des weiteren Unterrichts und für die Gestaltung der individuellen Förderung" (NRW, S. 20).
Inklusiver Sachunterricht erfordert die Berücksichtigung der Individualität und eine differenzierte Unterrichtsgestaltung. Bis auf das Saarland wird diesem Ansatz bereits in den Lehrplänen der Grundschule entsprochen.

6. Ziel- und Kompetenzbeschreibungen im inklusiven Sachunterricht

Ein inklusiver Sachunterricht kann nicht von festen Standards und einer „Normalität" ausgehen (vgl. Boban/ Hinz 2003, S. 4, 62), die für alle Kinder verbindlich gelten – dies schließt auch Mindeststandards ein. Lehrpläne für inklusiven Sachunterricht brauchen stattdessen die Ausweisung von richtungsweisenden Kompetenzen mit individueller Perspektivierung der Ziele.
Deshalb beschäftigt sich die dritte Teilfrage damit, ob die Ziele und Kompetenzen in den Sachunterrichtslehrplänen so ausgewiesen sind, dass sie als richtungsweisende Kompetenzen zu verstehen sind. Bei der Analyse der 14 Sachunterrichtslehrpläne konnten vier Gruppen hinsichtlich der Struktur der Ziele und Kompetenzen isoliert werden (vgl. Tab. 3).
Deutlich wurde bei der Analyse der Ziele und Kompetenzen, dass alle Lehrpläne von Mindest- oder Regelstandards ausgehen. Zwar bietet der Lehrplan von Baden-Württemberg niveaudifferenzierende Standards an, aber auch diese schließen Mindeststandards ein.
Inklusiver Sachunterricht kann aber keine für *alle* Kinder verbindlichen Standards ausweisen, da dies bedeuten würde, dass *alle* Kinder die ausgewiesenen (Mindest-)Standards zu erreichen hätten. Eine inklusive Grundschule,

die *alle* Kinder beschult, also auch das blinde, geistigbehinderte Kind, kann lediglich richtungsweisende Kompetenzen für jedes Kind individuell verbindlich ausweisen. Diese müssen von ihrer Struktur her so gestaltet sein, dass sie auf unterschiedliche Ausgangsniveaus und Leistungsprofile aufbauend differenzierte Kompetenzerwartungen formulieren. Diese Vorgabe wird von den derzeit gültigen bundesdeutschen Sachunterrichtslehrplänen jedoch nicht erfüllt.

Tabelle 3: Individuelle Förderung und Binnendifferenzierung in den Lehrplänen des Sachunterrichts

Ziele/ Kompetenzen	Länder	Textbeispiel
Mindeststandards – mit Hinweis auf höheren Kompetenzerwerb	HB	*„Die Standards beschreiben die Kompetenzen, die SuS am Ende der Jahrgänge 2 und 4 mindestens erworben haben sollen. Der Unterricht ist so angelegt, dass er den SuS ermöglicht, darüber hinausgehende Kompetenzen zu erwerben, weiter zu entwickeln und zu nutzen" (Bremen, S. 7).*
Regelstandards – mit Spielraum nach „oben"	RP	*„Das Leistungsprofil beschreibt, welche Lernleistungen von Kindern am Ende ihrer Grundschulzeit erbracht werden. Grundsätzlich sind die Zielvorgaben nach oben hin offen" (Rheinland-Pfalz, S. 8).*
Regelstandards – Ziele/ Kompetenzen, die erreicht werden sollen	BY, BE, BB, MV, HH, HE, NI, NW, SL, SN, ST, SH, TH	*„Die folgende Zusammenstellung führt auf, welche Kompetenzen von allen SuS am Ende der Schuleingangsphase und am Ende der Klasse 4 auf dem ihnen jeweils möglichen Niveau erwartet werden" (NRW, S. 11).* *„Die erwarteten Kompetenzen beziehen sich vorrangig auf diejenigen fachlichen Kenntnisse, Fähigkeiten und Fertigkeiten, über die Schülerinnen und Schüler am Ende von Doppeljahrgängen verfügen sollen" (Niedersachsen, S. 6).*
Niveaudifferenzierende Standards	BW	*„Die Heterogenität der Lernvoraussetzungen erfordert, dass die Kompetenzen in jeweils unterschiedlichen Zugängen, Annäherungen, Ausprägungen und unterschiedlichen Zeitintervallen erreicht werden können" (Baden-Württemberg, S. 99).*

SuS – Schülerinnen und Schüler

7. Diskussion der Ergebnisse: Sind die Lehrpläne des Sachunterrichts für eine inklusive Grundschule geeignet?

Heterogenität und Individualisierung mit differenziertem Unterricht – eine notwendige Voraussetzung für inklusiven Sachunterricht – werden in den allermeisten Lehrplänen des Sachunterrichts bzw. der Grundschule berücksichtigt. Als dritte Voraussetzung für eine inklusive Grundschule dürfen in den Lehrplänen des Sachunterrichts keine Mindest- oder Regelstandards formuliert werden, da sie nicht von *allen* Kindern erfüllt werden können. Diese werden jedoch von allen Lehrplänen ausgewiesen.

So zeigt sich ein Widerspruch: Auf der einen Seite werden Heterogenität und Individualisierung betont, aber andererseits dennoch verbindliche Kompetenzkataloge in den Lehrplänen aufgenommen. Dieser Widerspruch ist mit einer inklusiven Grundschule nicht vereinbar. Will Sachunterricht inklusiv ausgerichtet sein, dann müssen die Mindest- und Regelstandards durch differenzierte richtungsweisende Standards ersetzt werden. Gegenwärtig kann, wenn man die Struktur der Ausweisung der Standards ernst nimmt, auf der Grundlage der gültigen Sachunterrichtslehrpläne kein inklusiver Sachunterricht umgesetzt werden.

8. Literatur

Boban, I.; Hinz, A. (Hrsg.) (2003): Index für Inklusion. Lernen und Teilhabe in der Schule der Vielfalt entwickeln. Entwickelt von Tony Booth und Mel Ainscow. Für deutsch-sprachige Verhältnisse bearbeitet. URL: http://www.eenet.org.uk/resources/docs/Index%20German.pdf [08.11.2010].

Schöler, J. (2009): Alle sind verschieden: Auf dem Weg zur Inklusion in der Schule. Weinheim und Basel.

Schumann, B. (2009): Inklusion statt Integration – eine Verpflichtung zum Systemwechsel. URL: http://www.gew.de/Binaries/Binary43645/SonderdruckManifest.pdf [08.11.2010].

Seitz, S. (2005): Zeit für inklusiven Sachunterricht. Baltmannsweiler.

Stähling, R. (2009): Du gehörst zu uns. Inklusive Grundschule. Baltmannsweiler. (2. unveränd. Auflage.)

Bundesdeutsche Lehrpläne für den Sachunterricht. URL: www.blaseio.de/beate → Lehrpläne SU

Harry Kullmann, Florian Ziegler, Patricia Grygier und Andreas Hartinger

Das Modellprojekt GribS – Grundschulen zur individuellen Förderung bayerischer Schülerinnen und Schüler

Science education in German primary schools faces four major challenges. Issues related to chemistry and physics are widely neglected (1), often because teachers lack the indispensable content knowledge. If these issues are taught, however, hands-on experiments are rarely conducted (2). If such experiments are integrated into the teaching process, they are often not analyzed in a way so that students can broaden their concepts about science. Rather, the students are just conducting experiments by the book (3). As well, individual ways of knowledge achievement are not offered in a systematic fashion (4). This article describes the GribS-Project which takes on these challenges by a four year program of professional development and joint implementation of teaching innovations. Selected results show that teachers' knowledge of the topic "air" increased as result of participation in content-specific training.

1. Einleitung

Das Projekt GribS verfolgt das Ziel, den naturwissenschaftlichen Sachunterricht in mehrfacher Hinsicht zu stärken. Neben einer Intensivierung von Teilthemen mit eher chemischen und physikalischen Bezügen steht dabei vor allem das Ermöglichen individueller Lernwege auf Seiten der Schülerinnen und Schüler im Vordergrund – ein wichtiger Schritt hin zu einer inklusiven Didaktik.

2. Herausforderungen des Sachunterrichts

Anhand der theoretischen Diskussion und gegenwärtigen Bemühungen um das naturwissenschaftliche Lernen im Sachunterricht lassen sich vier Herausforderungen ausmachen. Die hier gewählte Reihenfolge folgt einer hypothetischen Stufung von einer leichteren zur schwereren Umsetzung.
Zunächst muss sichergestellt werden, dass naturwissenschaftliche und hier vor allem auch physikalische und chemische Inhalte des Lehrplans tatsächlich im Unterricht in angemessenem Umfang aufgegriffen werden. Dies ist längst nicht selbstverständlich, wie etwa die Studien von Blaseio (2002), Einsiedler (1998) oder Strunk/ Lück/ Demuth (1998) zeigen.
Die zweite Herausforderung betrifft die naturwissenschaftsbezogene Didaktik des Sachunterrichts. Es besteht ein breiter Konsens darüber, dass der Unterricht nicht nur formal-inhaltlich die betreffenden Themen abdecken soll, sondern dass Schülerexperimente als wesentliche Lernform des naturwissenschaftlichen Lernens in der Grundschule im Zentrum der didaktischen Überlegungen stehen sollen (vgl. z.B. Beinbrech/ Möller 2008, Hartinger 2003).
Die Vermeidung eines rein praktizistischen Verständnisses solcher Unterrichtselemente ist nach unserem Erachten eine dritte Herausforderung, welche sich auch als Problemfeld charakterisieren ließe. Die Schüler sollen nicht nur kochrezeptartig Versuche durchführen können. Vielmehr sollen sie im Sinne eines entdecken-lassenden Unterrichts aktiv Vermutungen aufstellen, durch Versuche überprüfen, Experimente verändern und erfinden und so nicht nur Faktenwissen ansammeln, sondern auch echtes Verständnis der Lerninhalte und des Wissens über Naturwissenschaften aufbauen (vgl. Grygier 2005, Grygier/ Hartinger 2009, Möller 2009, Möller/ Hardy/ Jonen/ Kleickmann/ Blumberg 2006). Werden die drei erstgenannten Herausforderungen erfüllt, kann die vierte angegangen werden: Die Ermöglichung individueller Lernwege im naturwissenschaftlichen Sachunterricht.
Während sich in jüngerer Zeit viele Initiativen vor allem der beiden erstgenannten Herausforderungen angenommen haben (vgl. z.B. den Sammelband von Nentwig/ Schanze/ Demuth 2006), strebt das Projekt GribS die erfolgreiche Bewältigung aller Herausforderungen in den Modellschulen an.

3. Grundkonzeption und Entwicklungsbereiche

Die Grundkonzeption von GribS steht im Einklang mit zentralen Ergebnissen zu der Frage, wie sich die Professionalität von Lehrkräften am besten entwickeln lässt. Nach Hiebert/ Gallimore/ Stigler (2002) ist dies der Fall, wenn Fortbildungsmaßnahmen langfristig, schulbasiert, kooperativ, mit Fokus auf die Lernprozesse der Schülerinnen und Schüler sowie unter Einbeziehung der Curricula erfolgen. Des Weiteren ist die Strategie der sogenannten symbiotischen Implementation von Innovationen im Schulbereich maßgebend (Gräsel/ Parchmann 2004). In derartigen Settings arbeiten Akteure mit unterschiedlicher Expertise gemeinsam an der Einführung pädagogischer Innovationen. Dementsprechend gehen in GribS die Projektschulen und die wissenschaftliche Begleitung an der Universität Augsburg gemeinsam der Frage nach, welche sinnvollen und praktikablen Wege es für einen naturwissenschaftlichen Sachunterricht mit individueller Förderung gibt.

Da Unterrichtsentwicklung nicht nur mit der Personal-, sondern auch mit der Schulentwicklung eng verknüpft ist (vgl. z.B. Rolff 2007), ergeben sich für GribS zwei zentrale Aufgabenbereiche: Eine Verbesserung des regulären Sachunterrichts stellt den ersten Aufgabenbereich dar. Wesentliches Ziel ist hier die individuelle Förderung der Schülerinnen und Schüler. Das Projekt begleitet die teilnehmenden Klassen über die gesamte, in diesem Fall vierjährige Grundschulzeit. In jedem Schuljahr werden ausgewählte, curricular vorgegebene Themen mit chemischem und physikalischem Schwerpunkt bearbeitet (s.u.). Der langfristige und intermittierende Ansatz, bei welchem Phasen des Inputs (vorwiegend durch Fortbildungen) und der gemeinsamen Erarbeitung mit Umsetzungsphasen abwechseln, eröffnet vor allem den Beteiligten auf Schulebene ausreichend Zeit zur Erweiterung und Festigung der jeweils benötigten Kenntnisse und Methoden, zur Reflexion und auch zur Erholung in bereits etablierten Routinen.

Der zweite Aufgabenbereich weist bereits ein Stück weit über die GribS-Klassen hinaus. Da GribS „nur“ einen Schülerjahrgang begleitet, können nicht alle Klassen einer Grundschule am Projekt teilnehmen. Zudem steht in aller Regel nach der zweiten Klasse ein Lehrerwechsel an, so dass bereits während der Projektlaufzeit neue Lehrpersonen in die bei GribS vermittelten Methoden und didaktischen Präferenzen einzuführen sind. Es ist somit wichtig, innerhalb der Schulen eine fortlaufende Transparenz über das Projekt zu schaffen und möglichst alle Lehrkräfte mit den GribS-Ideen vertraut zu machen. Dazu sind an allen Schulen GribS-Koordinatorinnen und -Koordinatoren tätig, die u.a. schulinterne Fortbildungen durchführen.

Die Schulen wurden außerdem von Anfang an ermuntert, neben der Entwicklung des regulären Sachunterrichts auch gezielt naturwissenschaftlich orientierte Projekte zu realisieren, die für andere Mitglieder der Schulgemeinschaft eine Möglichkeit der Beteiligung eröffnen. So sind z.B. schulinterne Experimentierräume oder Kooperationen mit Universitäten und ortsansässigen Wirtschaftsunternehmen als „Best-Practice-Beispiele“ entstanden. Neben der angestrebten Identifikation der gesamten Schule mit dem Modellvorhaben GribS und einem eigenständigen Beitrag zur Förderung der Schülerinnen und

Schüler erfüllen die extracurricularen Projekte weitere Funktionen. Zum einen erweitern sie das jeweilige Schulprofil, das seinerseits Ausdruck und Teil der Schulentwicklung ist (vgl. Fend 2001). Zum anderen liefern sie durch die öffentliche Resonanz positive Rückmeldungen, Motivation und Bestärkung für die beteiligten Schulen.

4. Struktur und Ablauf von GribS

GribS ist ein Projekt der Stiftung „Bildungspakt Bayern". Diese fördert Schul- und Unterrichtsprojekte auf der Basis einer Public-Private-Partnership, d.h. die Gelder kommen im Wesentlichen von Wirtschaftsunternehmen, während die inhaltlichen Entscheidungen maßgeblich von Vertretern des Bayerischen Kultusministeriums verantwortet werden.
Das auf vier Jahre angelegte Projekt GribS startete mit den ersten Klassen des Schuljahrs 2007/2008. Nach wenigen Verschiebungen sind zurzeit (Juli 2010) 38 Klassen aus 16 Schulen an GribS beteiligt. Die Schulen mussten sich um die Teilnahme an GribS bewerben. Die Auswahl der Projektschulen erfolgte u.a. anhand des Kriteriums der sozialen Zusammensetzung ihrer Schülerschaft. Diese sollte eine angemessene Streuung aufweisen, um die Förderung verschiedener Schülergruppen erproben zu können. Zur Sicherstellung eines fairen Vergleichs der GribS- mit den sonstigen Grundschulen wurden zudem acht Schulen mit ähnlichen Ausgangslagen ausgewählt und als Kontrollgruppe in die Analysen einbezogen.
Auf Schülerseite sind zum o.g. Zeitpunkt 890 Schülerinnen und Schüler an GribS-Schulen und 428 Schülerinnen und Schüler an Vergleichsschulen (in 18 Klassen) beteiligt. An den Projektschulen nehmen zwischen einer und sechs Klassen desselben Schülerjahrgangs teil. Die Modellschulen erhalten – in Abhängigkeit von der Schulgröße – zwei bis vier Anrechnungsstunden pro Schuljahr zugunsten der GribS-Koordinatorin bzw. des -Koordinators sowie jährlich einen vierstelligen Eurobetrag. Die Vergleichsschulen erhalten eine geringere finanzielle Unterstützung als Dankeschön für ihren Mehraufwand.
Die Lehrerfortbildungen in GribS finden in halbjährlichem Rhythmus statt, jeweils zum Beginn der beiden Schulhalbjahre (s. Tabelle 1). Ihre Inhalte umfassen sowohl naturwissenschaftliche Themen – es ist vielfach erwiesen, dass Grundschullehrkräfte hier Unterstützung benötigen (vgl. z.B. Landwehr 2002) – als auch didaktisch-methodische Hinweise.
Die Übersetzung der Fortbildungsinhalte in konkreten Sachunterricht erfolgte im Laufe der Projektlaufzeit durch verschiedene Strategien: Im ersten Projektjahr entwickelten die Lehrpersonen ihren Unterricht auf kooperativer Basis in den einzelnen Schulen und schickten die Unterrichtsskizzen an die

wissenschaftliche Begleitung. Aus den Skizzen isolierte und systematisierte letztere verschiedene Maßnahmen zur individuellen Förderung für Schülerinnen und Schüler und meldete diese an alle Schulen zurück.

Tabelle 1: Fortbildungsthemen und –zeitpunkte im Projekt GribS

Klasse	Schuljahr	Naturwissenschaftliche Themen (Beginn des 1. Schulhalbjahres)	Didaktisch-methodische Themen (Beginn des 2. Schulhalbjahres)
1	2007/08	Luft	Umgang mit Heterogenität
2	2008/09	Wasser	Alternative Leistungsbeurteilung
3	2009/10	Strom & Magnetismus	Strategien der Gesprächsführung
4	2010/11	Nature of Science am Beispiel des Wasserkreislaufs	Individualisierung

Analog war das Vorgehen im zweiten Projektjahr. Als realisierbare Maßnahmen der individuellen Förderung wurden insbesondere ein „Lehrgangsunterricht mit Ausweichmöglichkeiten" (zur Spezialisierung, zur Wiederholung u.a.) sowie die Einbeziehung der Kinder als Aufgabenentwickler identifiziert. Im dritten Projektjahr schließlich hat sich ein Arbeitskreis aus elf Lehrpersonen sowie einem Mitglied der wissenschaftlichen Begleitung zusammengefunden. Dieser entwickelte am Beispiel des Themas „Strom und Magnetismus" gemeinsam einen Unterrichtsvorschlag, der sich in seiner inhaltlichen Sequenzierung an der Sachlogik orientiert, individuelle Zugänge ermöglicht und individuelle Fördermaßnahmen enthält. Die Ergebnisse wurden schließlich allen GribS-Lehrkräften als Unterrichtsvorschlag zur Verfügung gestellt.

5. Formative und summative Evaluation von GribS

Die Konzeption von GribS sieht für die wissenschaftliche Begleitung mehrere Funktionen vor: Sie soll Impulsgeber für den Unterricht sein und die Evaluation des Projekts durchführen. Sofern dieses erfolgreich ist, soll sie zudem die Distribution der auf andere Schulen übertragbaren Elemente konzipieren und ggf. koordinieren (s.u.). Dieses vom Auftraggeber gewählte Profil ermöglicht es, aus den Rückmeldungen von Lehrerseite unmittelbar Schlussfolgerungen für das weitere Vorgehen abzuleiten. Möglichen Einwänden in Bezug auf einen Interessenkonflikt – die wissenschaftliche Begleitung evaluiert Konzepte, die von ihr selbst mitentwickelt werden – können v.a. die Transparenz der Daten und der Auswertungsverfahren entgegengesetzt werden. Die auf Lehrerseite erhobenen Evaluationsdaten, zu denen die bereits angesprochenen Unterrichtsskizzen ebenfalls gehören, lassen sich wie folgt beschreiben: Im zweiten Projektjahr haben die Lehrkräfte ihre Detailplanung sowie die Durchführung des Unterrichts mithilfe standardisierter Unterrichtstagebücher (angelehnt an Franz 2008) dokumentiert. Diese dienten einerseits der wissenschaftlichen Begleitung als Instrument zur Erhebung der didaktischen Präferenzen der Lehrpersonen und andererseits als zusätzliche Reflexionsanregung für die Lehrkräfte selbst.

Des Weiteren wurde der Fortbildungserfolg zum Thema Luft anhand eines Vor- und Nachtests auf Lehrerseite erhoben – Ergebnisse hieraus werden weiter unten auszugsweise vorgestellt. Die Angaben werden ergänzt durch Einschätzungen über die Affinität zu mehreren physikalisch-chemischen Themen des Sachunterrichts sowie zugehörigen Angaben zur Selbstwahrnehmung der sachbezogenen Vermittlungskompetenz. Die betreffenden Daten dienen auch als Kontroll- und Hintergrundvariablen für die Schülerangaben.

Für den Sommer 2010 ist vorgesehen, die Lehrkräfte zur Kultur der Kooperation in ihrem Kollegium zu befragen. Die Intensität der Lehrerkooperation gilt als ein Indikator für die Kompetenz der Schulen, Probleme zu lösen bzw. Innovationsprozesse zu gestalten (vgl. z.B. Dalin/ Rolff/ Buchen 1998). Die unterrichtsbezogene Zusammenarbeit im Kollegium ist somit eine Prozessvariable, die bei Lehrerfortbildungen stets zu kontrollieren ist, weil sie deren Erfolg bzw. Misserfolg bedeutsam moderieren kann (vgl. Kullmann 2010).

Die zentrale Evaluationsebene von GribS stellen die Schülerinnen und Schüler dar. Schließlich sind sie die letztendlichen Profiteure der angestrebten Unterrichtsinnovation. Über die auf Schülerebene insgesamt erfassten bzw. bis zum Projektende noch zu erfassenden Daten informiert Tabelle 2. Während die Vor- und Nachtests die kurzfristigen Effekte der jeweiligen Unterrichtsreihen auf Interesse, Selbstkonzept und inhaltliches Wissen der Schülerinnen und Schüler prüfen, untersuchen die sogenannten Follow-up-Tests die langfristigen Wirkungen. Letztere finden mindestens ein halbes Jahr nach dem betreffenden Unterricht statt.

Als Kontrollvariablen wurden auf Schülerebene auch der familiär-soziale Hintergrund sowie die kognitiven Grundfähigkeiten erhoben. Die Anzahl der insgesamt beteiligten Klassen ist mit 56 hinreichend groß, um diesen zentralen Lernkontext anhand von Mehrebenenanalysen angemessen zu berücksichtigen (vgl. Hox 2002).

Tabelle 2: Daten auf Schülerebene zur Evaluation von GribS

Klasse:	*1*	*2*	*3*	*4*
Schuljahr:	*2007/08*	*2008/09*	*2009/10*	*2010/2011*
Familiärer Kontext:	Schülerinnen und Schüler sowie Eltern		(Nacherhebung)	
Lernvoraus-setzungen:	Test auf kognitive Fähigkeiten			
Interesse, Selbst-konzept:	Luft: Vor- u. Nachtest	Wasser: Vor- u. Nachtest Luft: Follow-up-Test	Experimentelles Arbeiten: Vor- u. Nachtest	Experimentelles Arbeiten: Vor u. Nachtest
Kenntnisse:	Luft: Vor- u. Nachtest	Wasser: Vor- u. Nachtest Luft: Follow-up-Test	Strom & Magnetis-mus: Vor- u. Nach test Wasser: Follow-up-Test	Wasserkreislauf: Vor- u. Nachtest Strom: Follow-up-Test

6. Erste Ergebnisse und Ausblick

Von den bereits vorliegenden Ergebnissen soll hier beispielhaft auf die erste Lehrerfortbildung zum Thema Luft eingegangen werden. Die 42 teilnehmenden Lehrkräfte wurden vor und nach der Fortbildung gebeten, offene Fragen zu Alltagsphänomenen kindgerecht, sachlich richtig und ausführlich schriftlich zu beantworten. Inhaltlich bezogen sich die Fragen auf Phänomene des Auftriebs (Vortest: Erklärung, warum ein Heißluftballon steigt) und der Kraftübertragung (Vortest: Erklärung, warum sich ein Windrad dreht) bzw. im Nachtest auf beide Aspekte zusammen (Erklärung, warum sich eine Weihnachtspyramide dreht).

Die Antworten wurden nach einem fragenübergreifenden Schema kodiert. Dabei war vor allem von Interesse, ob die Antworten einem Level zugeordnet werden können, in dem zentrale Aspekte des jeweiligen physikalischen Phänomens detailliert erklärt werden (Level 2). Noch höher wurden Antworten eingestuft, die komplexe Zusammenhänge ungenau (Level 2,5) oder detailliert (Level 3) darstellen. Die Ergebnisse des Vortests zeigen, dass in vielen Antworten nur einzelne erklärungsrelevante Informationen ohne Erklärungsansatz gegeben wurden (Level 1) oder zentrale Aspekte zwar erkannt, diese aber nur ungenau erklärt wurden (Level 1,5). Teilweise enthalten auch höher einzustufende Antworten gleichzeitig Fehlkonzepte. Diese Ergebnisse bestä-

tigen erneut, dass fachinhaltliche Fortbildungen zu physikalischen Inhalten für Grundschullehrkräfte wichtig sind (s.o.).
In den Nachtestantworten traten mit 5% deutlich weniger Fehlkonzepte auf als im Vortest (Heißluftballon: 12%; Windrad: 10%), während die Anzahl der Antworten auf dem wünschenswerten Level 2 (oder darüber) nun wesentlich höher lag (Pyramide: 79% vs. Windrad: 24% bzw. Heißluftballon: 54%).
Im Hinblick auf die Schülerleistungen deuten sich vor allem Langzeiteffekte zugunsten der GribS-Schulen an. Die betreffenden Modellierungen sind zum Zeitpunkt der Niederschrift dieses Beitrags noch nicht abgeschlossen, u.a. weil relevante Hintergrunddaten mehrerer Schülerinnen und Schüler derzeit nacherhoben und erst anschließend berücksichtigt werden können (s. Tab. 2).
Im Anschluss an die Aufarbeitung der Unterrichtsmaterialien sowie die Auswertung der empirischen Daten sollen die resultierenden Schlussfolgerungen zunächst an alle bayerischen Grundschulen weitergegeben werden. Hierzu sind aktuell Fortbildungswellen anvisiert, in denen insbesondere die am Projekt beteiligten Lehrkräfte als Multiplikatoren mitwirken sollen.

Literatur

Beinbrech, C.; Möller, K. (2008): Entwicklung naturwissenschaftlicher Kompetenz im Sachunterricht. In: Giest, H.; Hartinger, A.; Kahlert, J. (Hrsg.): Kompetenzniveaus im Sachunterricht. Bad Heilbrunn, S. 101–117.

Blaseio, B. (2002): Inhaltsstruktur und Tendenzen der Inhalte im Sachunterricht. Eine empirische Bestandsaufnahme der Inhalte des Sachunterrichts in den 70er, 80er und 90er Jahren anhand von Unterrichtslehrwerken. In: Spreckelsen, K.; Möller, K.; Hartinger, A. (Hrsg.): Ansätze und Methoden empirischer Forschung zum Sachunterricht. Bad Heilbrunn, S. 205–222.

Dalin, P.; Rolff, H.-G.; Buchen, H. (1998): Institutioneller Schulentwicklungsprozeß. Ein Handbuch. Soest.

Einsiedler, W. (1998): The curricula of elementary science education in Germany. Nürnberg.

Fend, H. (2001): Qualität im Bildungswesen. Schulforschung zu Systembedingungen, Schulprofilen und Lehrerleistung. Weinheim.

Franz, U. (2008): Lehrer- und Unterrichtsvariablen im naturwissenschaftlichen Sachunterricht. Eine empirische Studie zum Wissenserwerb und zur Interessenentwicklung in der dritten Jahrgangsstufe. Bad Heilbrunn.

Gräsel, C.; Parchmann, I. (2004): Implementationsforschung – oder: der steinige Weg, Unterricht zu verändern. In: Unterrichtswissenschaft, 32, H. 3, S. 196–214.

Grygier, P. (2005): Wissenschaftsverständnis schon in der Grundschule? In: Cech, D.; Giest, H. (Hrsg.): Sachunterricht in Praxis und Forschung – Erwartungen an die Didaktik des Sachunterrichts. Bad Heilbrunn, S. 177–190.

Grygier, P.; Hartinger, A. (2009): Gute Aufgaben Sachunterricht. Naturwissenschaftliche Phänomene begreifen. Berlin.

Hartinger, A. (2003): Experimente und Versuche. In: von Reeken, D. (Hrsg.): Handbuch Methoden im Sachunterricht. Baltmannsweiler, S. 68–75.

Hiebert, J.; Gallimore, R.; Stigler, J. W. (2002): A knowledge base for the teaching profession: What would it look like and how can we get one? In: Educational Researcher, 31, pp. 3–15.

Hox, J.J. (2002): Multilevel analysis. Techniques and applications. London.

Kullmann, H. (2010): Lehrerkooperation – Ausprägung und Wirkungen am Beispiel des naturwissenschaftlichen Unterrichts an Gymnasien. Münster.

Landwehr, B. (2002): Distanzen von Lehrkräften und Studierenden des Sachunterrichts zur Physik. Eine qualitativ-empirische Studie zu den Ursachen. Berlin.

Möller, K.; Hardy, I.; Jonen, A.; Kleickmann, T.; Blumberg, E. (2006): Naturwissenschaften in der Primarstufe. Zur Förderung konzeptuellen Verständnisses durch Unterricht und zur Wirksamkeit von Lehrerfortbildungen. In: Prenzel, M.; Allolio-Näcke, L. (Hrsg.): Untersuchungen zur Bildungsqualität von Schule. Münster, S. 161–193.

Möller, K. (2009): Was lernen Kinder über Naturwissenschaften im Elementar- und Primarbereich. Einige kritische Bemerkungen. In: Lauterbach, R.; Giest, H.; Marquardt-Mau, B. (Hrsg.): Lernen und kindliche Entwicklung. Elementarbildung und Sachunterricht. Bad Heilbrunn, S. 165–172.

Nentwig, P.; Schanze, S.; Demuth, R. (2006): Es ist nie zu früh! Naturwissenschaftliche Bildung in jungen Jahren. Münster.

Rolff, H.-G. (2007): Unterrichtsentwicklung etablieren und leben. In: Berkemeyer, N.; Bos, W.; Manitius, V.; Müthing; K. (Hrsg.): Unterrichtsentwicklung in Netzwerken. Münster, S. 73–93.

Strunck, U.; Lück, G.; Demuth, R. (1998): Der naturwissenschaftliche Sachunterricht in Lehrplänen, Unterrichtsmaterialien und Schulpraxis – eine quantitative Analyse der Entwicklung in den letzten 25 Jahren. In: Zeitschrift für Didaktik der Naturwissenschaften, 4, S. 69–80.

Claudia Schomaker und Sandra Tänzer

„Mit Vielfalt umgehen lernen" – eine Herausforderung für die Lehrerbildung

The success of education in primary schools' science and social studies largely depends on teachers' competence of coping with heterogeneous presuppositions of children. In the following paper this aspect is dealt with in two perspectives: the perspective of the content of study programs on the one hand and the consequences for instruction resulting from the students' individual presuppositions on the other. An example finally is illustrating the approach.

„Im Studiengang L1(Lehramt an Grundschulen; d. V.) sind ganz unterschiedliche Leute; von 18-45 Jahren sind Studierende vertreten. Einige haben bis zu vier Kinder, andere sollten meiner Meinung nach lieber nicht mit Kindern in Berührung kommen. Gerade beim Lehramt an Grundschulen sollte es einen psychologischen Eingangstest geben, finde ich. ... Es gibt sehr wenige Männer in diesem Bereich, denen aber vom ersten Tag an zugesichert wird: Sie werden später mit Kusshand an Schulen genommen. Außerdem gibt es ein paar Damen, die Kopftuch tragen. Das finde ich verwunderlich, denn in Deutschland ist ein Unterrichten mit Kopftuch, meiner Meinung nach, nicht möglich."

Dies ist die Antwort einer Grundschullehramtsstudentin, die wir neben weiteren 57 Studierenden zu ihren Erfahrungen im Umgang mit Heterogenität an der Universität Frankfurt befragt haben. Die Aussage jener 29jährigen Studentin macht auf zwei Aspekte aufmerksam, die wir im folgenden Beitrag diskutieren wollen: Studierende haben ein spezifisches Verständnis von Heterogenität. Die Dimensionen Alter, Geschlecht, Konfession werden in obigem Zitat unmittelbar genannt; Einstellungen gegenüber individuellen Persönlichkeitsmerkmalen von Menschen klingen an. Sie weisen auf den Aspekt der Heterogenität als Studiengegenstand/ -inhalt, um Wissen zu vermitteln, Können anzubahnen, eigene Einstellungen zu reflektieren, zu dem wir im Abschnitt 1 Stellung nehmen. Zugleich verdeutlicht das Zitat, dass wir es im Studium mit Studierenden zu tun haben, die sich durch unterschiedliche Lernvoraussetzungen und Studienbedingungen auszeichnen. Wie Hochschulen und Universitäten der Heterogenität der Studierenden gerecht werden können, wird im zweiten Abschnitt dieses Beitrages umrissen. Ein Praxisbeispiel aus dem Studium der Didaktik des Sachunterrichts, das beide Aspekte verbindet, beschließt diesen Beitrag.

1. Heterogenität in Schule und Unterricht – Perspektiven auf ein Konstrukt didaktischen Denkens als Studieninhalt

Heterogenität in Schule und Unterricht als ein Konstrukt didaktischen Denkens nimmt verschiedene Sichtweisen in den Blick, wenn es als Studieninhalt thematisiert wird. Zunächst kann dieses Konstrukt aus einem bildungspolitischen Begründungszusammenhang heraus legitimiert werden, denn in zahlreichen Dokumenten der KMK zur Lehrerbildung, beispielhaft sei auf die ländergemeinsamen inhaltlichen Anforderungen für die Fachwissenschaften und Fachdidaktiken in der Lehrerbildung (KMK 2008) verwiesen, wird die Perspektive der Heterogenität in Schule und Unterricht eingefordert, mit dem Ziel, dass vielfältige Voraussetzungen von Schülerinnen und Schülern anzuerkennen sind und das eigene Handeln entsprechend auszurichten ist. Darüber hinaus weist auch der Perspektivrahmen Sachunterricht den Anspruch aus, den individuellen Lernvoraussetzungen der Schülerinnen und Schüler in ihrer Vielfalt in der Gestaltung des Sachunterrichts zu begegnen und diese in den Sachunterricht angemessen zu integrieren (vgl. GDSU 2002). Innerhalb dieser Begründungszusammenhänge wird damit die pädagogische Forderung deutlich, Vielfalt als ein gesellschaftliches und damit auch pädagogisches Leitmotiv zu berücksichtigen und Weisen für ihren Umgang zu benennen (vgl. Boller/ Rosowski/ Stroot 2007, S. 12f.). Denn Vielfalt und der Umgang mit ihr spiegeln sich sowohl in der Sozialisation und Enkulturation als auch in der Persönlichkeitsentwicklung eines jeden Individuums wider, indem es sich mit den Normen und Konventionen, den Werten und Tugenden einer Gesellschaft auseinandersetzt. Welche Wirkungen hat demzufolge die sensibilisierte Wahrnehmung von Verschiedenheit in einer Gesellschaft? Verschiedenheiten werden im Hinblick auf Setzungen (verbunden mit Machtansprüchen) formuliert, diese sind relativ, denn Heterogenität ohne Homogenität gibt es nicht. Heterogenität wird erst durch den Vergleich hergestellt, ist wandelbar (vgl. Wenning 2007, S. 23). Die Anforderungen einer heterogenen Schulrealität machen deutlich, dass zukünftige Lehrkräfte sich vor diesem Hintergrund mit dem Begriff der Heterogenität und seiner Verwendung in gesellschaftlichen Zusammenhängen auseinanderzusetzen haben, um Interessen benennen und Ziele im Hinblick auf Erziehungs- und Bildungsprozesse analysieren zu können. Denn: „Die Feststellung heterogener Lernvoraussetzungen ist z.B. erst wichtig, wenn Lehr-Lernprozesse in Gruppen gleichschrittig und gleichgerichtet für alle erfolgen sollen. Gingen wir von individualisierten Lernprozessen aus, wären heterogene Lernvoraussetzungen unwichtig, weil irrelevant" (ebd., S. 24).

Im Rahmen der „Pädagogik der Vielfalt" wird daher in der Verwendung des Begriffs von einer aufgeklärten Heterogenität gesprochen (vgl. Prengel 2006), die die Beziehungsmöglichkeiten zwischen den in Heterogenität (in Bezug auf u.a. Lebensalter, Geschlecht, ethnische und soziale Herkunft, kognitive Grundfähigkeiten, Leistung und Lernstile, Leistungsbereitschaft und fachspezifisches Vorwissen, Interessen und Selbstkonzept, emotionale Befindlichkeit, Peerkontakte usw.) wahrgenommenen Personen ausloten. Dies geht mit dem Verständnis einher, dass alle Personen gleichberechtigt, tolerant, dialog- und konfliktfähig sind. Eine „Pädagogik der Vielfalt" fordert Aufmerksamkeit gegenüber historischer und kultureller Verfasstheit von Verschiedenheiten und die Wertschätzung der Pluralität von Ansätzen ein; sie nutzt Klassifikationssysteme als Orientierungs- und Verständigungssysteme und eröffnet pädagogische Handlungsperspektiven (vgl. ebd.).

Im Hinblick auf den Studieninhalt „Heterogenität in Schule und Unterricht" gilt es, Bedingungen auszumachen für die Implementation von Heterogenität verbunden mit der Vorstellung, dass Schule die Unterschiedlichkeit der Kinder akzeptieren muss, um auf dieser Basis Leben und Lernen gemeinsam zu gestalten, gemeinsame Grundbildung zu ermöglichen und jedem das Recht auf seine individuelle Entwicklung einzuräumen.

Diesem Anspruch stehen jedoch oftmals Leitbilder der Studierenden vom „richtigen Unterricht" entgegen, die dem idealen Unterricht ein perfektes Drehbuch zugrunde legen, in dem u.a. eine minutiöse Abarbeitung der einzelnen Arbeitsaufträge festgehalten ist. Im Hinblick auf den Studienschwerpunkt „Heterogenität in Schule und Unterricht" sind diese Leitbilder zu reflektieren, um Antinomien des Lehrerhandelns bewusst zu machen und eine Einstellung anzubahnen, „in der Heterogenität nicht als Belastung angesehen, sondern als Bereicherung bejaht und als Chance für gegenseitige Lernanregungen genutzt wird" (Tillmann/ Wischer 2006, S. 46).

2. Heterogenität der Sachunterrichtsstudierenden: Umgehen mit individuellen Lernvoraussetzungen und Studienbedingungen

Lehramtsstudierende einer Lerngruppe unterscheiden sich in ihren individuellen Lernvoraussetzungen und Studienbedingungen. Diese können stabil oder veränderbar sein; hinsichtlich ihres Stellenwertes für eine optimale Kompetenzentwicklung im Studium – auch des Sachunterrichts – sind sie unterschiedlich relevant. Differenzierte Angaben zu studienerfolgsrelevanten Voraussetzungen finden sich im Studienerfolgsmodell von Peter Viebahn (2008) bzw. im Rahmenmodell zur Wirkungsanalyse des Hochschulunterrichts von Helmke/ Schrader (2006). So weisen Helmke/ Schrader darauf hin, dass der Studienerfolg einer Person neben anderem von individuellen Lernvoraussetzungen physischer, kognitiver, motivationaler, volitionaler und sozialer Art sowie individuellen Studienbedingungen – der persönlichen finanziellen Situation, den individuellen familiäre Verhältnissen und Wohnbedingungen – abhängig ist (vgl. ebd., S. 247). Eine optimale Kompetenzentwicklung von Sachunterrichtsstudierenden stellt Lehrende vor die Herausforderung, die Individualität der Studierenden bewusst wahrzunehmen, zu reflektieren und konstruktiv mit heterogenen Lernvoraussetzungen und Studienbedingungen umzugehen. Hier sehen wir zwei Möglichkeiten, die parallel und gleichberechtigt nebeneinander im Studium des Sachunterrichts ihren Ausdruck finden können und sollen:

(a) Individuelle Voraussetzungen von Studierenden erkennen und Kompetenzentwicklung im Studium fördern und unterstützen

Viebahn charakterisiert diesen Aspekt als „(d)ifferentielle Anpassung der Hochschulausbildung“ (2008, S.125) an die Verschiedenartigkeit der Studierenden, die drei Komponenten miteinander verknüpft: Zielbestimmung, Gestaltung der Lernbedingungen, Lern- und Leistungsdiagnostik (vgl. ebd.). Vor Studienbeginn existieren für das Studium des Sachunterrichts mehrheitlich keine spezifischen Kriterien der Studieneingangsdiagnostik. Der NC ist dominierendes Zulassungskriterien; zusätzlich empfehlen einige Universitäten vor Studienbeginn Selbstdiagnosetests, z.B. aus dem CCT-Projekt[1].
Weitere Verfahren wie Portfolios, Prüfungen oder Auswahlgespräche vor Studienbeginn finden in der Regel nicht statt, und es stellt sich auch die Fra-

---

[1] CCT steht für Career Councelling for teachers; nähere Informationen findet man unter: www.cct-germany.de

ge, ob diese effektiver sind. So resümieren Huber/ Stückrath (2006, S. 90): „Wenn man ein solches Auswahl- und Verteilungsverfahren gut machen will, erfordert es einen Aufwand an Zeit und Geld, den die Fachbereiche im Ernstfall schnell als unerschwinglich oder jedenfalls unverhältnismäßig erkennen dürften.“ Sie plädieren deshalb dafür, den personalen und finanziellen Aufwand dieser Auswahl- und Verteilungsverfahren zugunsten der Diagnostik von Eingangsvoraussetzungen einzusparen (vgl. ebd.). Basis und Grundlage aller Überlegungen und Maßnahmen der Diagnose von Studienvoraussetzungen sowie der differenzierten Förderung und Unterstützung während des Studiums ist dabei die Zielbestimmung, an der sich Lehrende wie Studierende orientieren können.

Semesterleitfaden zur Selbsteinschätzung von Studierenden

Studienfach: Semester:
Angestrebter Abschluss:

Warum nehme ich an dieser Semesterveranstaltung teil?
Welche Inhalte bringe ich mit dem Thema der Veranstaltung in Beziehung und was interessiert mich besonders?
Was nehme ich mir für diese Veranstaltung vor?
Was will ich tun, damit ich das von mir gesetzte Ziel in dieser Veranstaltung erreiche?
Woran merke ich, dass ich mein persönliches Ziel erreicht habe?
Wie schätze ich meine Vorkenntnisse in Bezug auf das Thema der Veranstaltung ein?
Wie viel Zeit pro Woche kann/will ich für die Vor- und Nachbereitung erbringen?
Welche Unterstützung wünsche ich mir von den anderen Studierenden?
Was will ich dafür tun, um diese Unterstützung zu bekommen?
Welche Unterstützung wünsche ich mir von dem/von der Dozent/in?
Was will ich dafür tun?
Was ist mir sonst noch wichtig?

Abb. 1: Semesterleitfaden zur Selbsteinschätzung von Studierenden (Richter, o.J., S. 7)

Ein flexibel einsetzbares Instrument, das den konkreten Bedingungen einzelner Lehrveranstaltungen angepasst werden kann, ist ein Semesterleitfaden (vgl. Abb. 1), wie ihn Regine Richter im „Neuen Handbuch Hochschullehre“ vorstellt:

Ergänzt um die Angabe konkreter Studienziele, wie sie Studienordnungen und Modulhandbücher festschreiben, kann dieser Semesterleitfaden Studierenden zur Selbsteinschätzung dienen, als Kopie an den oder die Dozentin weitergereicht werden und als Grundlage der Planung differenzierter Lernangebote oder individueller Beratungen fungieren.

Zentrales Element individueller Kompetenzentwicklung im Studium sind Maßnahmen innerer Differenzierung – durch Niveauunterschiede in den Lernaufgaben, Formen selbstorganisierten (netzbasierten) Lernens, die Bereitstellung zusätzlicher Materialien und/ oder die Einrichtung von Tutorien bzw. Unterstützungskursen – sowie individueller Beratung und Beurteilung, sei es vor dem Hintergrund solcherart Semesterleitfäden, individueller Lerntagebücher und Studienportfolios.

(b) Die Verschiedenheit der Studentinnen und Studenten respektieren, wertschätzen und als produktive Ressource nutzen, indem

- Studieninhalte, Methoden und/ oder Organisationsformen gemeinsam bestimmt oder individuell gewählt werden können, z.B. durch Selbst- und Mitbestimmung in der Gestaltung offener Projektseminare, bei der Bearbeitung von Themen, Beispielen und Aufgaben innerhalb einzelner Seminare und Übungen, in der Wahl von Prüfungsformen als auch Prüfungsinhalten,
- die Verschiedenartigkeit der Studierenden genutzt wird, um Prozesse individueller Erkenntnisgewinnung und sozialen Lernens anzuregen, sei es durch offene Diskussionen, die Raum für eigene Meinungen lassen, durch inszenierte Arrangements, in denen die Teilnehmer/innen mit dem Vorwissen, den Empfindungen, Einstellungen oder Urteilen der anderen Teilnehmerinnen und Teilnehmer konfrontiert werden und/ oder durch gezielte Gruppenarbeit,
- respektvoll und wertschätzend in einem offenen und konstruktiven Klima interagiert wird.

3. Ein Beispiel aus der Hochschulpraxis

Der Erfolg des Unterrichts in heterogenen Lerngruppen ist davon abhängig, ob es Lehrkräften gelingt, fachlich kompetenten und methodisch vielfältigen Unterricht zu realisieren.
Bedingungen für einen derartigen (Sach-)Unterricht sind demzufolge:
- *Voraussetzung zur Förderung:* Den Blick auf die Lernprozesse der Kinder lenken; Bereitschaft mitbringen, sich in Vorstellungen/ Denkweisen von Kindern hineinzuversetzen, Gespür für typische Schwierigkeiten ermitteln, indem u.a. die Vorstellungen von Kindern zu einem Sachverhalt erhoben werden;
- *Aufmerksamkeit für Lernprozesse* der Kinder, ihre Interessen, ihre Kommunikation, ihre Themen, ihre Arbeitsabläufe, ihre Werkzeuge, ihre räum-

lich-zeitlichen Rahmenbedingungen: Beobachtung in bestimmten Schlüsselsituationen, die sich aus Themen und Zielen des Unterrichts ableiten;
- *Reflexion des eigenen Lernprozesses* durch die Kinder: Verantwortung für eigenen Lernprozess übernehmen lernen (Schwierigkeiten benennen: produktiver Umgang mit Verschiedenheit).

Die nachstehende Übersicht veranschaulicht die Inhalte und Themen eines Moduls im naturwissenschaftlich-technischen Sachunterricht an der Universität Oldenburg.

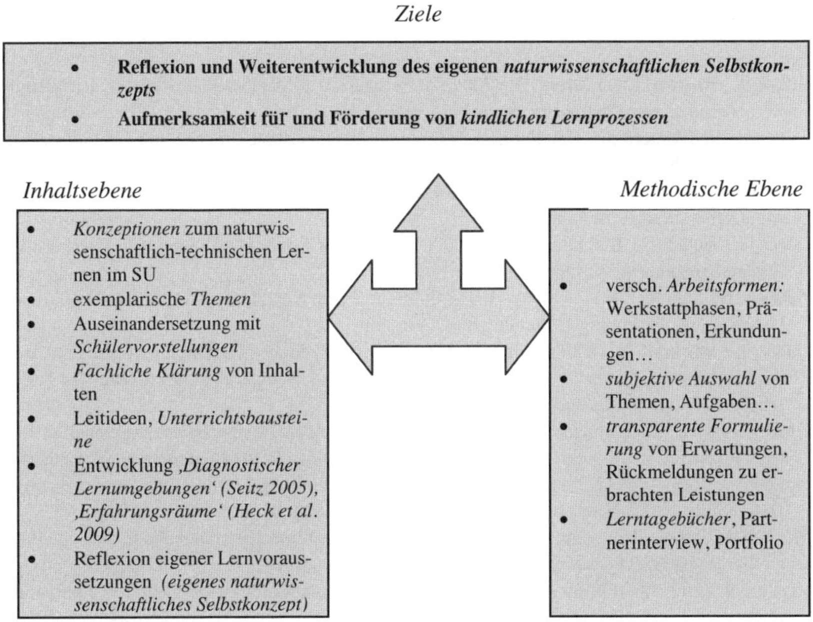

Abb. 2: Struktur des Moduls „Naturwissenschaftlich-technisches Lernen im Sachunterricht"

Es zielt auf die Anbahnung folgender Kompetenzen bei angehenden Sachunterrichtslehrkräften im Grund- und Förderschulbereich (vgl. Prengel 2006):
- *Handlungskompetenz:* Lernumgebungen planen können, Phänomene in greifbare Veranschaulichungsformen übersetzen/ veranschaulichen können, anhand von Alltagsmaterialien, die das Phänomen auch in anderen Zusammenhängen zum Wiederentdecken einladen;
- *Fachliche Kompetenz:* exemplarischer Einblick in unterschiedliche Sach-/ Fachzusammenhänge, Methodenkompetenz, die es ermöglicht, sich in weitere Gebiete kompetent selbstständig einzuarbeiten;

- *Kommunikations-/ Kooperationskompetenz:* Sachverhalte anhand der Fragen von Kindern aufbereiten können, ausgehend von Alltagssprache an die Durchdringung der Sache heranführen, fachlich tragfähige Konzepte mit Kindern erarbeiten können, im Team Lernwege erkennen und begleiten können (diagnostische Kompetenz);
- *Innovationskompetenz:* Phänomene in ihrer Vielfalt wahrnehmen und vermitteln können, Umwege mitgehen und aushalten/ zulassen können.

Literatur

Boller, S.; Rosowski, E.; Stroot, T. (2007): Heterogenität in der Sekundarstufe. II. Einleitende Bemerkungen zum Thema. In: Boller, S.; Rosowski, E.; Stroot, T. (Hrsg.): Heterogenität in Schule und Unterricht. Handlungsansätze zum pädagogischen Umgang mit Vielfalt. Weinheim, S. 12-20.

Gesellschaft für Didaktik des Sachunterrichts (GDSU) (Hrsg.) (2002): Perspektivrahmen Sachunterricht. Bad Heilbrunn.

Heck, U.; Weber, C.; Baumgartner, M. (2009): Lernen in Erfahrungsräumen. Ein Praxismodell für den Sachunterricht. Baltmannsweiler.

Helmke, A.; Schrader, F.W. (2006): Hochschuldidaktik. In: Rost, D.H. (Hrsg.): Handwörterbuch Pädagogische Psychologie. Weinheim, S. 246-252.

Huber, L.; Stückrath, J. (2006): Eingangsdiagnosen im Studium – vielfältiger Nutzen. Am Beispiel des Faches Deutsch im Lehramtsstudium. In: Das Hochschulwesen. Forum für Hochschulforschung, -praxis und -politik, H. 3, S. 89-97.

KMK (2008): Ländergemeinsame inhaltliche Anforderungen für die Fachwissenschaften und Fachdidaktiken in der Lehrerbildung. Beschluss der Kultusministerkonferenz vom 16.10.2008 i.d.F. vom 08.12.2008. URL: http://www.kmk.org/fileadmin/veroeffentlichungen _beschluesse/ 2008/2008_10_16-Fachprofile.pdf [18.10.2010].

Prengel, A. (2006): Pädagogik der Vielfalt. Verschiedenheit und Gleichberechtigung in interkultureller, feministischer und integrativer Pädagogik. Wiesbaden.

Richter, R. (o.J.): Vielfalt als Chance: Konstruktiver Umgang mit Heterogenität in Lehrveranstaltungen. In: Berendt, B.; Voss, H.P.; Wildt, J. (Hrsg.): Neues Handbuch Hochschullehre: Lehren und Lernen effizient gestalten. Bd. 1. Stuttgart, Berlin u.a.

Seitz, S. (2005): Zeit im inklusiven Sachunterricht. Baltmannsweiler.

Tillmann, K.-J.; Wischer, B. (2006): Heterogenität in der Schule. Forschungsstand und Konsequenzen. In: Pädagogik, H. 3, S. 44-48.

Viebahn, P. (2008): Lernerverschiedenheit und soziale Vielfalt im Studium. Differentielle Hochschuldidaktik aus psychologischer Sicht. Bielefeld.

Wenning, N. (2007): Heterogenität als Dilemma in Bildungseinrichtungen. In: Boller, S.; Rosowski, E.; Stroot, T. (Hrsg.): Heterogenität in Schule und Unterricht. Handlungsansätze zum pädagogischen Umgang mit Vielfalt. Weinheim, S. 21-31.

Xenia Dienemann

Übergänge inklusiv gestalten

Inclusive educational work is an answer to the question how equality of opportunity and the possibility of lifelong learning without discrimination can be guaranteed in educational systems. Here day-care centers and schools go different ways which can become problematic for children especially at the transitions. Based on an example will be presented how transition understood as an educational processes and organized inclusively can be successful.

1. Vorwort

Die UN-Generalversammlung hat am 13.12.2006 eine Konvention zum Schutz der Rechte von Menschen mit Behinderungen beschlossen. Dabei geht es um Chancengleichheit und die Möglichkeit lebenslangen Lernens ohne Diskriminierung im gesellschaftlichen System von Bildung.
Viele Bundesländer, so auch Mecklenburg-Vorpommern, haben ein sehr differenziertes sonderpädagogisches Schulsystem neben dem Regelsystem ausgebildet. Das Bildungssystem in der BRD ist kein inklusives und nur in Ansätzen integrativ. Inklusion ist noch immer fern der gesellschaftlichen Wirklichkeit, die durch Selektion und Segregation gekennzeichnet ist (vgl. Feuser 1999). Insbesondere an Übergängen, so Carle (2004), finden diese Selektionsprozesse statt. Solche Transitionen finden zwischen Familie und Kindertagesstätte (Krippe/ Kindergarten), zwischen Kindertagesstätte und Grundschule und zu weiterführenden Schulen statt. Sie haben eine risikoreiche Wirkung auf die Entwicklung des Kindes, insbesondere dann, wenn sie zu biografischen Brüchen führen.
Wenn es darum geht, mögliche Brüche zu mildern, kann dies über den inklusiven Bildungsansatz geschehen, weil dieser Heterogenität annimmt und so eine individuelle Sicht auf das Kind zum Grundprinzip pädagogischer Be-

gleitung macht. Der Artikel stellt anhand eines Beispiels vor, wie die inklusive Arbeit einer Kita in der Grundschule weitergeführt wird und wie diese Arbeit sich auf die Gestaltung des Überganges auswirkt. Im Vorfeld sind dazu Interviews mit den wichtigsten Akteuren des Transitionsprozesses (Kind, Eltern, Erziehe/innen, Lehrer/innen) geführt worden. Sie finden hier anonymisiert Eingang, wobei die Abkürzungen zufällig sind.

2. Transitionen gestalten: Vom Kindergarten in die Grundschule

Die Rahmenpläne und Konzeptionen für die frühkindliche Bildung der 0-6 Jährigen formulieren die Kompetenzen, über die ein Kind beim Übergang zur Grundschule verfügen sollte. Dabei geht es um die Kompetenz, den Schulalltag weniger begleitet, als zuvor im Kindergarten, bewältigen zu können. Der Übergang von der Kindertagesstätte zur Grundschule wird als risikoreich beschrieben. Die Kinder gelangen in den Fokus schulischer Bewertungskriterien und haben zudem einen strukturellen Zustandswechsel zu vollziehen (vgl. Carle 2004, S. 31f.). Sie durchleben einen grundlegenden Wandel in persönlicher und sozialer Hinsicht. Kinder nehmen die an sie herangetragenen Anforderungen, „nun groß“ zu sein, sehr ernst und bereiten sich innerlich auf die neue Rolle vor. Sie müssen sich mit vielen unbekannten Lehrer/innen und Mitschüler/innen vertraut machen, ihre gewohnte Umgebung mit festen Bezugsgrößen und einem geregelten Tagesablauf sind nicht mehr vorhanden. Sie müssen sich in eine neue Gruppe integrieren, ihren Platz in der Klasse, in der Schule finden. Dieser kurze Abriss zeigt die Komplexität der neuen Anforderungen an ein Kind und lässt den Schluss zu, dass eine Begleitung dieses Überganges die Chance erhöht, dass ein Kind sich schnell und gut einleben kann, eine Orientierung hat und auf dieser sicheren Basis Energie, Kraft und Ruhe findet, den schulischen Anforderungen gerecht zu werden. Die Gestaltung der Übergänge ist ein Ansatz, mögliche Brüche zu mindern beziehungsweise zu vermeiden. Wichtige Eckpfeiler bei der Gestaltung des Überganges sind das Bild vom Kind als Grundlage, die Interaktionspartner in diesem Prozess sowie die diesen Prozess begleitenden Rituale.

Transitionen können als pädagogische Prozesse betrachtet werden. Im Mittelpunkt steht das Kind, das als Akteur seiner Entwicklung verstanden wird. Es ist „biografischer Akteur“ (vgl. Walter 2000, S. 177). Diese Sichtweise ermöglicht dem Kind eine selbstbestimmte Weiterentwicklung, weil es in diesem Prozess wichtige Entscheidungen trifft. Das Erleben des aktiven, selbst-gestalteten Übergangs und die Reflexion dieses Prozesses kann wesentlicher Bestandteil eines Bildungsprozesses selbst sein, der dem Kind die

Erkenntnis ermöglicht, Veränderungssituationen und Bedingungen beeinflussen zu können (vgl. Carle 2004).
Das Modell „Transitionen als ko-konstruktiver Prozess“ (Griebel/ Niesel 2004, S. 120ff.) kann aufgrund seiner Schwerpunktsetzung für die Praxis handlungsleitend sein, weil es neben dem Kind alle wichtigen Akteure des Überganges sowie deren Zusammenwirken berücksichtigt. Transition wird als Prozess verstanden, in welchem die für den Übergang elementaren Kompetenzen erkannt und entwickelt werden (vgl. ebd.). Als Akteure gelten neben dem Kind nicht nur Erzieher/innen, Lehrer/innen, Mitarbeiter der Kita, Schule und des Hortes, sondern ebenso beratende soziale Dienste, manchmal auch Ärzte und Therapeuten und natürlich das soziale Netzwerk mit Eltern, Großeltern, anderen Familien und ihren Kindern, Freunden. Unterschieden werden können die Akteure in jene, die den Übergang aktiv zu bewältigen haben und jene, die den Übergang begleiten und deshalb Einfluss auf ihn haben. Zu den erstgenannten gehören das Kind und dessen Eltern, möglicherweise auch die Geschwister, während alle Übrigen zu den Begleitern zählen (vgl. a.a.O., S. 121). Die Aufgabe der pädagogischen und medizinisch-therapeutischen Fachkräfte besteht aufgrund ihrer Profession in der Moderation des Überganges. Grundsatz bei der Gestaltung des Überganges ist, dass Kind und Eltern sich als aktive Gestalter verstehen, ihre Interessen, Sichtweisen, Ängste usw. im Mittelpunkt stehen und ernst genommen werden, damit sie den Übergang als „selbst gemeistert“ erleben können.
Transition trägt den Charakter eines Prozesses, in dem für das Kind Entwicklungsaufgaben auf unterschiedlichen Ebenen anstehen. Auf individueller Ebene wird aus dem Kindergartenkind ein Schulkind und damit verändert sich die Identität des Kindes. Diese Veränderung ist mit unterschiedlichen Emotionen, wie Vorfreude und Stolz, aber auch mit Ängsten und Unsicherheiten verbunden. Zur Bewältigung dieser Situation müssen Kompetenzen erweitert beziehungsweise erworben werden (vgl. a.a.O., S. 123). Mit weiteren Anforderungen auf interaktionistischer und kontextueller Ebene sieht sich das Kind konfrontiert. Es geht darum, neue Beziehungen aufbauen zu können und Veränderungen bestehender Beziehungen anzunehmen. Damit einher geht ein Rollenzuwachs, der mit entsprechenden Erwartungen und Sanktionen von Seiten der Familie und auch des Umfeldes sowie der Gesellschaft verbunden ist. Die zentralen Lebensbereiche Familie und Schule müssen integriert werden. Für die Eltern kommt gegebenenfalls die Erwerbstätigkeit hinzu (vgl. a.a.O., S. 124).
Betrachtet man die kurz skizzierten Anforderungen an das Kind und die Familie lassen sich mögliche Bewältigungsstrategien ableiten, die für die Gestaltung des Überganges wegweisend sein können: Umgang mit Emotionen, Kontinuität, Information, Problemlösungsstrategien, Kompetenzen.

3. Transition als inklusiven Bildungsprozess gestalten: Die Zusammenarbeit des Kindergartens der Werkstattschule in Rostock „Schritt für Schritt“ mit der Werkstattschule in Rostock (WIR)

Im Folgenden soll anhand eines Beispiels gezeigt werden, wie Transitionen gelingen können und welche Voraussetzungen dafür notwendig sind.

3.1 Kindergarten der Werkstattschule „Schritt für Schritt“ in Rostock

Die Kindertagesstätte verfügt über einen Krippen- und Kindergartenbereich. Im Konzept der Kita ist die offene Arbeit verankert. Im Kindergarten haben die Stammgruppen mit jeweils 18 Kindern zwei feste Zeiten für den Morgenkreis und am Nachmittag. In der übrigen Zeit haben die Kinder die Möglichkeit, eine Werkstatt zu wählen. Sie können dabei zum Beispiel entscheiden zwischen Theaterwerkstatt, Montessori-Werkstatt, Konstruktionswerkstatt, Druckwerkstatt, Holzwerkstatt oder Garten.
Alle Kinder der Einrichtung können prinzipiell alle Angebote wählen, auch wenn sie auf spezielle Förderung eines Kindes zielen. Die Heilerzieher/in begleitet die Kinder mit speziellen Förderbedarfen im Alltag und versteht sich in erster Linie als pädagogischer Begleiter für alle Kinder, nicht als Therapeut. Es gibt keine „extra“-Angebote, sondern spezielle Förderangebote, die neben anderen Angeboten stehen und somit keine Sonderrolle haben. Um einen weitergehenden Förderbedarf zu gewährleisten, arbeitet das Kita-Team eng mit den Eltern sowie mit therapeutischen und medizinischen Fachkräften zusammen. Kooperation, fachlicher Austausch und Beratung sind feste Bestandteile der Arbeit. Diese Ansätze inklusiver Arbeit unterscheiden sich für die pädagogischen Fachkräfte deutlich von der integrativen Arbeit. Für sie bedeutet Inklusion, einen Rahmen für alle Kinder zu schaffen. Die Erzieher/innen schätzen ein, dass die inklusive Arbeit ein „Kopfproblem“ der in der Kita Arbeitenden darstellt. Sie gelangen aus ihrer Arbeit heraus zu der Erkenntnis, dass Inklusion nur stattfinden kann, wenn jeder sich verantwortlich fühlt. Allerdings verbindet sich die Erfahrung inklusiver Arbeit auch mit Ängsten und Befürchtungen. Denn ein Gefühl von Verantwortung aller ersetzt nicht die spezialisierte Fachkraft. Die Forderung nach konsequenter Einführung inklusiver Arbeit muss mit einer Veränderung der Ausbildung beziehungsweise des Studiums verbunden sein, wenn die pädagogische Arbeit die angestrebte Qualität erreichen soll. Handlungskompetenz kann dann ausgebildet werden, wenn auch eine intensive Auseinandersetzung mit Heterogenität stattfindet, die zudem sonderpädagogisches Grundwissen ein-

schließt. Über dieses sollten alle pädagogischen Fachkräfte verfügen, weil der Bedarf besonderer Förderung von den Erzieher/innen als ansteigend empfunden wird und sich Homogenität in der Realität nicht findet.
Das von den Kitamitarbeitern erfasste Kopfproblem weist auf einen weiteren Schwerpunkt im Rahmen der Ausbildung/ des Studiums hin: die Auseinandersetzung mit dem eigenen Menschenbild, mit der eigenen Bildungsbiografie und Haltung. Inklusive Arbeit erfordert ein Umdenken, das darauf zielt, Entwicklungsstörungen und Behinderungen als Aspekte von Verschiedenheit, neben kultureller, ethischer oder sozialer Verschiedenheit, zu betrachten (vgl. Thomas/ Walker/ Webb 1998, S. 12f.). Heterogenität als Normalität zu erfassen, ist ein Grundstein inklusiver Bildungsarbeit.
Für die Gestaltung des Überganges der Kinder vom Kindergarten zur Grundschule gibt es ein Konzept. Die Kinder werden als Akteure ihres Überganges betrachtet, sie gestalten ihn maßgeblich mit. Begleitet werden sowohl die Kinder als auch deren Eltern. Der Prozess des Überganges beginnt mit dem letzten Kindergartenjahr. Zu Beginn führen die Erzieher/innen ein Gespräch mit den Eltern und Kindern, in dem der Prozess vorgestellt sowie wichtige Interessen und Ziele vereinbart und Schritte besprochen werden. Es gibt keine sogenannte Vorschulklasse, die Kinder bleiben in ihren gewohnten Stammgruppen. Allerdings gibt es Zusatzangebote für die Kinder, die diese nutzen können. Die Kinder besuchen zum Beispiel die Grundschule, in die sie bald gehen werden, sie können dort erste Kontakte knüpfen und möglicherweise Kinder wiedertreffen, die im vergangenen Jahr noch im Kindergarten waren. Sie gehen den Weg vom Kindergarten zur Grundschule. Dort angekommen, können sie das Schulgebäude erkunden, sich mit den Räumen vertraut machen und die künftigen Lehrer/innen kennen lernen. Die seit der Krippe geführten Portfolios nehmen die Kinder später mit, sie können diese in der Schule weiter führen. Da die Kinder gelernt haben, selbst zu entscheiden, was in das Portfolio hinein gelangt, sind sie sehr stolz auf „ihr" Portfolio. Sie zeigen es gern und erzählen ihre Geschichte(n). Die Besuche der Grundschule finden regelmäßig statt, wobei nicht immer eine Erzieher/in dabei ist. Die Eltern begleiten ihre Kinder, wenn es möglich ist. So lernen sie gemeinsam mit ihrem Kind die Schule, die Umgebung, die Lehrer/innen, die Organisation sowie den Tagesablauf kennen. Sie können sich jederzeit Informationen einholen. Am Ende des letzten Kindergartenjahres gibt es ein Abschlussgespräch mit den Eltern und Kindern und es gibt eine Stammgruppenfeier, in der die Kinder mit den Eltern verabschiedet werden. Für alle Kinder ist die Kita nach wie vor offen, das heißt, wenn sie möchten, können sie gern zu Besuch vorbei schauen.
Die Kooperation zwischen dem Kindergarten der Werkstattschule und der Werkstattschule erleichtert den Kindern den Übergang. Sie finden wesentli-

che Elemente des Kindergartens, wie das Stammgruppenprinzip, die Werkstätten, die offene Arbeit, das gemeinsame Mittagessen, den Morgenkreis dort wieder. Auch die Gestaltung der Räume weist Ähnlichkeiten auf. Schwieriger ist die Zusammenarbeit mit anderen Grundschulen, denn die Kooperation zwischen Kita und Grundschule ist zwar erwünscht, aber freiwillig. Die Erzieher/innen wünschen sich, dass das pädagogische Prinzip, die Kinder dort abzuholen, wo sie stehen, wörtlich genommen wird und die Grundschullehrer/innen von sich aus den Weg in die Kita suchen, um einen Eindruck davon haben zu können, was den Kindern in den vergangenen Jahren bedeutsam war, wie sie gespielt, gelernt, gelebt haben.

3.2 Werkstattschule in Rostock (WIR)

Die Werkstattschule in Rostock ist eine Gesamtschule mit integriertem Hort. Der Grundschulteil besteht aus acht Stammgruppen, die jahrgangsgemischt die Klassenstufen 1-4 umfassen. Neben den Grundschullehrer/innen begleiten die Erzieher/innen und Heilerzieher/innen die Kinder tagsüber, das heißt, auch während des Unterrichts. Vielfältige Organisationsformen, wie offene und strukturierte Werkstattarbeit, Freiarbeit, Kursunterricht, individuelle Arbeitspläne sowie der Morgenkreis ermöglichen jedem Kind einerseits individuelles Lernen, andererseits Austausch und Kooperation. Das zugrunde liegende Lernverständnis ist am Kind orientiert, es findet eine Lernbegleitung mithilfe verschiedenster Rückmeldeinstrumente wie Werkstattordner, Gespräche, Pensenbücher statt. Es gibt wöchentlich Reflexionen, die sich aus Selbst- und Fremdreflexion zusammensetzen. Regelmäßig finden Gespräche der Lehrer/innen mit den Kindern und Eltern statt. Von Beginn an übernehmen die Kinder Verantwortung, sie sind selbstverständlich Akteure ihrer Bildungsprozesse.

Im Folgenden wird exemplarisch ein inklusiv gestalteter Übergang dargestellt.

V. ist 10 Jahre alt und besucht die dritte Klasse der WIR. Sie liest und hört gern Geschichten, „alle Geschichten“, aber am liebsten mag sie Tiergeschichten mit Delfinen. Sie hat auch Pferde gern und ist sogar schon geritten. V. gefällt die Schule, die sie besucht, sie hat Freunde und mag gern Deutsch und Musik, Mathematik eher nicht so.

V. kann nicht sprechen und hat körperliche Beeinträchtigungen. Zur Verständigung gebärdet V. oder sie verwendet ihren Talker, das ist ein Computer, der Schrift- und Bildzeichen übersetzt und lautlich vermittelt. Sie besuchte vor Schuleintritt eine integrative Kindertagesstätte, in der sie sich sehr wohl fühlte. Als der Übergang zur Grundschule bevorstand, wurde überlegt, in welche Grundschule V. hinüberwechseln könnte. Die Entscheidung gestaltete sich als sehr schwierig, weil V. einen Förderbedarf hat, der zu keiner speziellen Förderschule passte. Nach vielen Überlegungen fiel die Wahl auf die Körperbehindertenschule, in die V. eingeschult wurde. Schwierigkeiten traten für sie bald ein, weil sie sich aufgrund ihrer fehlenden Sprache nicht mitteilen konnte. Die Lehrer/innen gebärdeten nicht und waren auch noch nie mit einem Talker in Berührung gekommen. So befand sich V. in Lehr- Lernprozessen außerhalb der Kommunikationsgemeinschaft. Ihre Mutter beschrieb die Situation Vs mithilfe eines Vergleiches, es war, als würden wir den ganzen Tag mit einem Tesa-Film auf dem Mund herumlaufen. Nach einiger Zeit, so reflektiert die Mutter, ging es V. nicht mehr gut, sie weinte, wenn sie hingebracht wurde. In Gesprächen, die die Eltern mit den Lehrer/innen suchten, erfuhren sie, dass ihre Tochter überfordert sei. Diese Interpretation stand im Widerspruch zu ihren eigenen Wahrnehmungen, dass V. keine Chance hatte, sich mitzuteilen. Die Eltern überlegten, was sie unternehmen können, um die Situation für V. zu verändern. Sie wandten sich mit der Frage an die Werkstattschule, ob es möglich sei, V. aufzunehmen. Die Lehrer/innen und Erzieher/innen machten sich die Entscheidung nicht leicht, weil sie die Anforderungen nicht einschätzen konnten. Sie fühlten sich nicht von vornherein in der Lage, V. gerecht werden zu können und wollten auch nicht herumexperimentieren. Sie wollten die Entscheidung bewusst treffen, deshalb wurden Vereinbarungen für einen Übergang getroffen. Etwa einen Monat lang hospitierte V. und nahm am Unterricht teil, sodass sie die Mitschüler/innen, Lehrer/innen und Erzieher/innen kennenlernen konnte. In dieser Zeit machte sie sich mit der Umgebung, dem Tagesablauf und den verschiedenen Lernformen vertraut. Sie hatte eine Heilerzieherin an ihrer Seite, die sie begleitete und unterstützte, wenn dies notwendig war. V. hatte so die Chance, zu probieren, zu schauen, Kontakte auf ihre Weise zu knüpfen und auch die Lehrer/innen, Erzieher/innen und Mitschüler/innen hatten Zeit, sich auf V. einzustellen. Es fanden regelmäßig Gespräche mit V. und den Eltern statt, in denen die Eltern zunächst noch übersetzten. Die pädagogischen Fachkräfte, insbesondere die Stammgruppenleiterin und die Heilerzieherin machten sich mit dem Talker vertraut. Die Mutter beschreibt rückblickend, dass V. schon der „bunte Hund" war, dass das aber nicht negativ besetzt war, denn sie war diejenige, die mit den Händen reden konnte, eine Art Geheimsprache für die Mitschüler/innen und auch für die Lehrer/innen. Die anderen Kinder waren interessiert an ihr. Die Kommunikation mit ihnen funktionierte intuitiv. [...] Von kognitiver Überforderung war dann, so die Mutter, nicht mehr die Rede. Heute besucht V. die dritte Klasse. Sie wird wie jedes andere Kind dieser Stammgruppe in ihren Bildungsprozessen begleitet und wenn sie zusätzliche Hilfe benötigt, unterstützen sie die anderen Kinder, (Heil-)Erzieher/innen und

Lehrer/innen. Sie beteiligt sich mithilfe ihres Talkers aktiv an Gesprächen und nimmt an allen Stammgruppenaktivitäten teil.

4. Fazit

Das Beispiel kann Hinweise darauf geben, unter welchen Bedingungen Übergänge gelingen können. Zentral scheint die Haltung der Pädagogen zu sein. Das Bild vom Kind, das Verständnis von Heterogenität als Normalität und die daraus folgende pädagogische Haltung, Begleiter individueller Bildungsprozesse zu sein, haben für V. und die Eltern den Übergang gelingen lassen, weil gemäß der Eltern alle in diesem Prozess gelernt haben, V., sie selbst, die Lehrer/innen und Erzieher/innen. Eine solche Grundhaltung allein garantiert jedoch noch nicht das Gelingen inklusiver Bildungsprozesse und als solches kann die Transition verstanden werden. Nach Auffassung der Lehrkräfte wächst der Wille, inklusive Bildungsarbeit anzupacken, aber gleichzeitig wird die Angst der Pädagoginnen und Pädagogen noch nicht geringer, die Angst, den Anforderungen nicht gewachsen zu sein. Das verweist auf einen dringenden Fort- und Weiterbildungsbedarf aller Lehrkräfte, die inklusive Bildungsarbeit leisten wollen. Als weitere Bedingung kann Kooperation betrachtet werden. Transition als Ko-Konstruktion betrachtet, fordert Kooperation aller Beteiligten. Des Weiteren spielen Rituale und Gewohnheiten eine wichtige Rolle, weil sie Bindeglied sein können und das Gefühl von Kontinuität bewahren.

Literatur

Carle, U. (2004): Die Bedeutung von Bildungsübergängen für die kindliche Persönlichkeitsentwicklung - transdisziplinäre Überlegungen. In: Denner, L.; Schumacher, E. (Hrsg.): Übergänge im Elementar- und Primarbereich reflektieren und gestalten. Beiträge zu einer grundlegenden Bildung. Bad Heilbrunn, S. 30-51.

Feuser, G. (1999): Integration – eine Frage der Didaktik einer Allgemeinen Pädagogik. In: Behinderte in Familie, Schule und Gesellschaft, Nr. 1, S. 39-49. Thema: Schule ohne Grenzen, Digitale Volltextbibliothek. URL: http://bidok.uibk.ac.at/library/beh1-99-frage.html [14.02. 2010].

Griebel, W.; Niesel, R. (2004): Transitionen. Fähigkeit von Kindern in Tageseinrichtungen fördern, Veränderungen erfolgreich zu bewältigen. Weinheim, Basel.

Thomas, G.; Walker, D.; Webb, J. (1998): The Making of The Inclusive School. London & New York.

Walter, R.H. (2000): Übergänge: Individualisierung, Flexibilisierung und Institutionalisierung des Lebensverlaufs. Weinheim.

Philipp Spitta

„Wie kann man ohne Arbeitsblätter differenzieren?“ – Zum Stellenwert von Inklusion in der Lehrer/innenausbildung

The concept of "inclusion" seems to be only marginally taught at German universities. Thus students have to learn to cope with heterogeneity in their classroom during the second phase of teacher training. This article describes which methods already exist to include handicapped children in general studies and what could be done to develop still better ways to do so.

1. Inklusion als Thema in der Lehrer/innenausbildung

Befragt man angehende Grundschullehrer/innen zu ihrem Vorwissen zum Begriff Inklusion, so wird deutlich, dass zumindest bis 2009 das damit verbundene Themenspektrum innerhalb der ersten Ausbildungsphase an einigen Universitäten keine bedeutende Rolle gespielt haben kann: So gaben bei einer Befragung im Bochumer Studienseminar 31 von 37 Lehramtsanwärter/innen an, in der Universität nichts von Inklusion gehört zu haben.[1] Obgleich Inklusion schon seit einiger Zeit nicht nur in der Sonderpädagogik diskutiert wird (vgl. Sander 2010, S. 75), ist zu vermuten, dass eine breitere Öffentlichkeit erst durch die Ratifizierung der UN-Behindertenrechtskonvention 2009 für die Frage nach „einer Schule für alle“ sensibilisiert wurde. Deshalb wurde zusätzlich gefragt, inwiefern die Beschäftigung mit dem Konzept der Integration von Kindern mit Förderbedarf im gemeinsamen Unterricht der Grundschule, das in Nordrhein-Westfalen schon seit mehreren Jahrzehnten diskutiert und praktiziert wird, relevanter Bestandteil der universitären Ausbildung gewesen sei. Acht der 37 Befragten hatten nie und zwölf nur selten davon

---

[1] Nicht repräsentative Umfrage unter 37 Lehramtsanwärter/innen des Faches Sachunterricht am Studienseminar Bochum im Februar 2010. 31 der 37 Befragten haben Universitäten in Nordrhein-Westfalen (meist im Ruhrgebiet) besucht.

etwas im Studium erfahren. Nur sieben Lehramtsanwärter/innen hatten sich oft bzw. sehr oft mit diesem Thema auseinander gesetzt. In weiteren Fragen ging es um die Einschätzung der Lernvoraussetzungen der Schüler/innen und darum, ob Differenzierung im Unterricht und der Umgang mit Heterogenität ein Gegenstand universitärer Lehrerausbildung gewesen sei. Am Ende des Fragebogens gab es die Möglichkeit, selbst Fragen zum Thema zu stellen und Bedürfnisse zu diesem Themenfeld im Rahmen der zweiten Ausbildungsphase zu artikulieren. Insgesamt zeigte sich in den Antworten eine große Unsicherheit, wie mit der zu erwartenden Heterogenität im Zusammenhang mit einer inklusiven Schule umzugehen sei. Man fühle sich, so der Tenor, durch die bisherige Ausbildung nicht vorbereitet. Einige ausgewählte Zitate mögen dies belegen: „Von Inklusion habe ich noch nichts gehört." „Wie kann man das im alltäglichen Unterricht umsetzen?" „In wie vielen Stufen differenziert man?" „Wie differenziert man im SU, wenn behinderte Kinder dabei sind?" „Wie kann man ohne Arbeitsblätter differenzieren?"

Trotz politischer Unwägbarkeiten kann man davon ausgehen, dass in den nächsten Jahren das Thema Inklusion in der schulischen Praxis eine bedeutendere Rolle spielen wird. Der Umgang mit heterogenen Lerngruppen, gegebenenfalls mit altersgemischten Klassen, ist ohnehin heute schon in den Schulen gegeben und stellt somit eine Herausforderung für Lehrer/innen dar (vgl. Seitz 2006). Insofern mag die geringe Beschäftigung mit diesem Themenfeld in der bisherigen Ausbildung in der befragten Gruppe befremden. Für die zweite Phase der Ausbildung stellt sich die Frage, wie zukünftige Lehrer/innen unterstützt werden sollen, damit sie mit der Heterogenität in den Klassen umgehen und sich somit auf eine inklusive Schule „für alle Kinder" vorbereiten können.

Im Folgenden soll es um den Beitrag des Sachunterrichts für die Anbahnung einer inklusiven Schule für alle gehen – und wie dies in der Lehrerausbildung verankert werden kann.

Konkrete Fragen zum Umgang mit der Unterschiedlichkeit einer Lerngruppe entstehen in der Regel erst bei der direkten Planung von Unterricht für eine bekannte Klasse. Insofern liegen die Probleme, wie denn der Unterricht so gestaltet werden kann, dass alle Kinder einen Lernerfolg und -zuwachs haben, in der zweiten Ausbildungsphase viel eher auf der Hand, als dies im Rahmen eines Seminars an der Universität, bei dem häufig nur fiktive Lerngruppen eine Rolle spielen, sein kann.

In den ersten Monaten des Vorbereitungsdienstes fällt es vielen Lehramtsanwärter/innen äußerst schwer, aus einem Thema, wie es im Lehrplan vorgeschrieben wird oder wie sie es im Studium erarbeitet haben, konkreten Unterricht zu machen. Häufig sind die Lehramtsanwärter/innen froh, wenn sie angesichts der komplexen Entscheidungen eine einigermaßen überschaubare

Unterrichtsreihe im Sachunterricht planen und durchführen können. Der Blick für die spezifischen Bedürfnisse der Lerngruppe mit häufig äußerst heterogenen Lernvoraussetzungen ist dabei meist nicht im vollen Umfang vorhanden.
Zwei Faktoren machen es Lehramtsanwärter/innen schwer, inklusiven Sachunterricht in der Praxis umzusetzen. Zum einen gibt es nur in wenigen Schulen gelungene Beispiele für eine Umsetzung eines inklusiven Sachunterrichts. Es gibt noch zu wenige Schulen und Kolleg/innen, die im Rahmen der Lehrer/innenausbildung ein entsprechendes Konzept vorleben und somit Lehramtsanwärter/innen eine zukunftsfähige Richtung aufzeigen.
Zum anderen ist die Frage, ob und wie im Sachunterricht differenziert oder gar individualisiert gearbeitet werden kann, viel weniger geklärt als beispielsweise in den Fächern Deutsch und Mathematik.

2. Inklusiver Sachunterricht durch Werkstatt- und Stationslernen?

Der Schulbuchmarkt bietet für den Mathematikunterricht inzwischen einige Lehrwerke an, die von den Schüler/innen einer Klasse in verschiedenen Geschwindigkeiten durchlaufen werden können. Ähnlich gibt es im Bereich des Deutschunterrichts Materialien, bei denen Kinder beispielsweise im Rechtschreibunterricht individuell sehr unterschiedliche Übungsformen, entsprechend ihres rechtschriftlichen Entwicklungsstandes, durchlaufen.[2] In Bezug auf den Sachunterricht stellen sich die Fragen, ob durch ähnliche Materialien individuelle Lernarrangements erstellt werden können oder ob dies überhaupt für dieses Fach sinnvoll ist.
Schulbücher für den Sachunterricht sind in der Regel für den Einsatz in inklusiven Lerngruppen ungeeignet (vgl. den Beitrag von Albers/ Kaiser in diesem Band).[3] Zudem ist es fraglich, ob bei einer individualisierten Bearbeitung von Themenheften – analog zum Rechtschreibunterricht – oder gar unterschiedlichen Themen innerhalb einer Klasse die für den Sachunterricht bedeutsame Kommunikation über die erforschten und bearbeiteten Inhalte

---

[2] Beispiele wären hier u.a. „Einstern“ (Cornelsen) für Mathematik oder die Konzepte von N. Sommer-Stumpenhorst zum Rechtschreiblernen (vgl. Sommer-Stumpenhorst/ Hötzel 2001). In der Mathematikdidaktik wird diese Art von individuellem Lernen allerdings kritisch gesehen (vgl. Krauthausen/ Scherer 2010, S. 4).

[3] Der Klett-Verlag stellt mit einem neuen Verbundwerk „Zebra“ auch an den Sachunterricht den Anspruch, dass Kinder in verschiedenen sachunterrichtlichen thematischen „Projekten“ individuell arbeiten. Das dafür zur Verfügung gestellte Material wie auch der Ansatz, individuell (ggf. „alleine“) damit zu arbeiten sind allerdings kritisch zu hinterfragen.

nicht zu kurz kommt (vgl. Kaiser 2004). Es scheint, als seien die individualisierten Lernformen eher zum Üben und Vertiefen von erarbeiteten Inhalten geeignet. Wenn es aber um das Erschließen der Themen des Sachunterrichts geht, sind zwar unter Umständen in einer Klasse die Aneignungswege unterschiedlich. Ein Kompetenzzuwachs wird aber entscheidend über den Vergleich mit anderen Lernwegen und anderen Ergebnissen, die zu einem gemeinsamen oder vergleichbaren Thema gefunden wurden, erreicht. So wie soziales und kooperatives Lernen nur in der Gruppe stattfinden kann, gilt für viele sachunterrichtliche Inhalte, dass das gemeinsame thematische Projekt, der Austausch und die Anregung untereinander ein wesentlicher Teil des Lernprozesses sind (vgl. ebd.). Die Entscheidung, gemeinsam eine „Sache“ zu bearbeiten, führt allerdings nicht zur Überwindung der Heterogenität in der Lerngruppe: Unterschiedliche Lernvoraussetzungen und individuelle Lernwege müssen bedacht werden.

Einen Ausweg scheinen auf den ersten Blick die inzwischen von Verlagen angebotenen Werkstätten und Stationsläufe zu Sachunterrichtsthemen zu bieten. Viele Lehramtsanwärter/innen übernehmen die Verlagskonzepte – vermeintlich aus der Tradition offener Unterrichtsformen – ungefragt. Die Vorteile, dass man sich einzelnen Kindern gezielt widmen kann, dass Arbeitsblätter auf unterschiedlichen Niveaustufen angeboten werden und dass Unterrichtsphasen weniger frontal verlaufen können, sollten aber nicht über die Tatsache hinwegtäuschen, dass viele der angebotenen Werkstätten einen denkbar schlechten Ertrag für einen handlungsorientierten Sachunterricht bieten.

Einige Beispiele mögen dies verdeutlichen. So sind mit Blick auf den Sachunterricht die für die jahrgangsgemischten Eingangsklassen im Land Brandenburg angebotenen „Flex-Handbücher“ zur Unterstützung der Lehrkräfte in Teilbereichen problematisch. Für die flexible Eingangsstufe werden hier gelungene Beschreibungen aus der Praxis dargestellt, um den Lehrkräften hilfreiches Material für die Arbeit in den heterogenen Lerngruppen zu geben. Ein häufig vorgeschlagener Weg in dieser Handreichung ist die fächerverbindende Werkstattarbeit. Bei genauerer Betrachtung erweist sich dieses Angebot allerdings für den Sachunterricht schnell als ein von Arbeitsblättern dominiertes Vorgehen, das sich zur Individualisierung nur anscheinend besonders eignet. In der „Frühlingswerkstatt“ müssen neben Mathematik- und Deutschaufgaben für den Sachunterricht Lückentexte ausgefüllt und Pflanzenbestandteile eines Frühblühers richtig zugeordnet werden (vgl. LiSuM Brandenburg 2003, S. 87). Auch wenn in der zitierten Handreichung nur ein Teil der stattgefundenen Praxis sichtbar wird, wird deutlich, dass der Sachunterricht mit solchen Arbeitsblättern neben den anderen Fächern schnell ein

Schattendasein führt oder in der Substanz banal wird. Für den Sachunterricht kann man sich mehr vorstellen.
Werkstattangebote der Verlage zu klassischen Sachunterrichtsthemen, die sich mit vielen Arbeitsblättern an ein wie auch immer evaluiertes Mittelmaß in Anspruch und Formulierung richten, warten beispielsweise mit rund 60 Stationen bzw. Arbeitsblättern rund um das Thema Müll auf (vgl. Odenthal/Willems 2000). Statt einer wirklichen Auseinandersetzung mit der Sache wird überwiegend mit Bleistift und Papier „erkundet"; immerhin hat man unter günstigen Umständen Wahlfreiheit und eine Offenheit in der Reihenfolge und Zeiteinteilung (vgl. Miller 2003). Für einen gelingenden Sachunterricht reicht das aber in der Regel nicht aus, zumal die Fragen und Interessen der Kinder, ihr Vorwissen und ihre individuellen Zugangsweisen zum Thema meist nicht mit dem Material deckungsgleich sind. Die im Titel dieses Beitrags zitierte Frage einer Lehramtsanwärterin, wie man ohne Arbeitsblätter differenzieren könne, könnte vor dem Hintergrund solcher arbeitsblattbasierter Werkstattangebote entstanden sein. Viele von Lehramtsanwärter/innen selbst konzipierte Werkstätten orientieren sich bewusst oder unbewusst an den oben beschriebenen Arbeitsblattwerkstätten und werden somit einer wirklichen Berücksichtigung der Lernvoraussetzungen der Kinder und sachunterrichtlichen, handlungsorientierten Ansprüchen nicht gerecht. Ein für inklusiven Sachunterricht notwendiger Blick auf die konkrete Lerngruppe mit ihren unterschiedlichen Zugangsweisen zum Thema kommt so zu kurz.
Es bedarf der Kompetenz der Lehrkraft, Themen und Material so zu gestalten und einzusetzen, dass diese für möglichst alle Kinder gewinnbringend und handlungsanregend sind. Ein Anknüpfen an die Fragen der Kinder, ein diagnostischer Blick und ein Evaluieren der Umgangsweisen und Lernwege sind in diesem Zusammenhang wichtige Stichworte. Hierfür den Blick zu schärfen, wäre ein wichtiger Beitrag der Lehrer/innenausbildung. Dann kann auch Werkstattarbeit oder Lernen an Stationen und mit allen Sinnen sinnvoll werden.

3. Quantitative und Qualitative Differenzierung im Sachunterricht

Bei der Unterrichtsplanung in der Ausbildung wird – so meine Beobachtung – in der Regel mehr vom Thema als vom Kind aus geplant. Um die Sache für die unterschiedlichen Lerner in der Lerngruppe passend zu machen, wird erst in einem zweiten Schritt überlegt, wie durch mehr oder weniger geschickte Differenzierungsmaßnahmen möglichst viele Kinder zum Ziel und Lernzuwachs kommen. Für einen inklusiven Sachunterricht wären andere Planungswege aufzuzeigen. Sicherlich ist aber in einem ersten Schritt eine Beschäftigung mit den Dimensionen von Differenzierung hilfreich. In den Unterrichtsbesuchen der Lehramtsanwärter/innen im Rahmen des Vorbereitungsdienstes sind neben dem völligen Fehlen einer bewussten Differenzierungsentscheidung folgende Maßnahmen innerer Differenzierung mit unterschiedlicher Qualität zu beobachten:

- mittels einer individuellen Unterstützung einzelner Kinder durch die Lehrer/in während der Arbeitsphase,
- über die Zusammenstellung bei Partner- und Gruppenarbeit,
- mit Hilfe von Tippkärtchen oder Lösungshilfen,
- mittels vereinfachter/ erweiterter Aufgabenstellungen oder Arbeitsblätter für einzelne Kinder oder Gruppen,
- über die Quantität der zu bearbeitenden Aufgaben (z.B. Zusatzmaterial für „schnelle" Schüler/innen),
- über die Bearbeitungszeit,
- über methodische Arrangements (z.B. Werkstattarbeit, Lernen an Stationen, Lerntheke).

Solche Differenzierungskategorien (nach Aufgabe, nach sozialen Gesichtspunkten, nach dem Maß an Lehrerzuwendung sowie nach Zugängen und Methoden) finden sich seit Jahrzehnten in der pädagogischen Fachliteratur (vgl. Klafki/ Stöcker 1976 oder ausführlicher bei Einsiedler, zit. in Bönsch 2004, S. 195) und können auf unterrichtlicher Ebene durchaus eine Hilfe darstellen. Allerdings ist zu fragen, ob weitere Dimensionen von Differenzierung beachtenswert wären. Bönsch schlägt vor, um „aus dem Vielerlei und den häufig nicht konsequenten Differenzierungspraktiken herauszukommen", sich weitergehenden Lernsets zu öffnen (Bönsch 2009, S. 38). Er verweist in diesem Zusammenhang auf eine Ausrichtung des Unterrichts an Kompetenzen (vgl. ebd., S. 37) als Grundlage für Lernprozesse.

4. Gute Lernaufgaben als Schlüssel zum Umgang mit Heterogenität

Anregend könnten für den Sachunterricht Argumente aus der Mathematikdidaktik sein, die sich übertragen lassen.

„In der mathematikdidaktischen Literatur finden sich in jüngerer Zeit aber zunehmend Anregungen mit erprobten und gehaltvollen Unterrichtsbeispielen und Lernumgebungen (...), in denen eine wünschenswerte Differenzierung wirksam werden kann – und zwar weil sie gleichsam in der Sache inhärent angelegt ist und bewusst genutzt wird. Mit diesem zentralen Fokus wird

damit eine Differenzierungsart beschrieben, die als natürliche Differenzierung bezeichnet wird" (Krauthausen/ Scherer 2010, S. 4f.).
Diese Argumentationslinie könnte auch auf den Sachunterricht übertragen werden und knüpft zum Teil an die Frage nach „guten Lernaufgaben" im Sachunterricht an (vgl. Schreier 2008, S. 3).
In der integrationspädagogischen Diskussion spricht Feuser in diesem Zusammenhang vom „gemeinsamen Lernen am gemeinsamen Gegenstand" (Feuser 1998). Seitz variiert und präzisiert diesen Ansatz für einen inklusiven Sachunterricht, in dem sie Lernarrangements zum Thema Zeit entwickelt (Seitz 2005). Zentral dabei ist, dass es um den gemeinsamen „Kern der Sache" aus der Sicht der Kinder geht.
„Hierfür sind die Lernausgangslagen von Kindern in inklusiven Lerngruppen genauer in den Blick zu nehmen. Denn auf didaktischer Ebene zeigt sich das Geflecht von Gemeinsamkeit und Verschiedenheit innerhalb einer Lerngruppe zunächst in den perspektivengebundenen und dynamischen Kinderkonstruktionen zu einem Lernfeld, die diese in den Unterricht mitbringen" (Seitz 2006, S. 6).
Gute Lernaufgaben gehen von den Kindern aus. Diese sind durch ihre Fragen in den Lernprozess einbezogen und, wenn möglich, in die Planung des Vorhabens mit eingebunden (vgl. Miller/ Brinkmann in diesem Band). Ein inklusiver Sachunterricht mit Lernangeboten für alle Kinder weist insofern eine Nähe zu offenen Unterrichtsformen und Projektunterricht auf.[4] Inklusion im Sachunterricht heißt, herausfordernde, fördernde, Kompetenzen stärkende „gute Lernaufgaben" zu finden. Diese können allerdings nicht ohne die entsprechende Lerngruppe mit ihren spezifischen Anforderungen gedacht werden. Es muss zum Wechselspiel zwischen Thema und beteiligten Schüler/innen kommen. Der Unterricht wird zum Lernprojekt für alle Beteiligten.
Für angehende Lehrerinnen und Lehrer heißt dies, dass sie in ihrer Ausbildungszeit nicht nur vorgefertigte Reihen „lehren" sollten, sondern dass sie sich vielmehr mit methodisch vielfältigen Unterrichtsarrangements auseinander setzen sollten, die mit der Lerngruppe (und für sie) erarbeitet werden.
Die eng ausgelegten Ausbildungs- und Prüfungsbedingungen, die kultusministeriellen Rahmenbedingungen sowie die Realität an manchen Schulen machen nicht immer Mut, schüler- und projektorientierten Unterricht zu erproben. Hier besteht dringender Handlungsbedarf, einen solchen Unterricht zu fördern.

[4] Dies schließt frontale oder instruktive Phasen nicht aus.

5. Fazit

Zum Kompetenzerwerb in der Ausbildung der Lehrkräfte für einen inklusiven Sachunterricht gehört, dass sie (vgl. auch Krauthausen/ Scherer 2010, S. 8):

- fachliche Souveränität entwickeln,
- diagnostische Kompetenzen erwerben,
- Kenntnisse zu Differenzierungsmöglichkeiten und vor allem zur Entwicklung „guter Lernaufgaben" für den Sachunterricht haben,
- Fragen der Kinder beachten und Planungsbeteiligung ermöglichen,
- Fördern und Fordern können (Lernen heißt, auch etwas zuzumuten),
- selbst eine Fragehaltung haben,
- ihr Bild von Unterrichtsmethoden öffnen (keine dogmatische Festlegung, wie etwa schlechter Frontalunterricht versus gute Individualisierung, Unterrichtsmethoden sind abhängig von den Zielen und den Voraussetzungen der Lerngruppe),
- Kommunikation über die Sache(n) ermöglichen, also Moderations- und Impulstechniken für gemeinsame Reflexionsphasen entwickeln,
- eine positive Beziehungsebene zwischen Lernenden und Lehrenden als Motor für Lernerfolge kennen (vgl. Bauer 2008, S. 17f.).

Simone Seitz stellt fest, dass es „Zeit für inklusiven Sachunterricht" sei (Seitz 2005). Dem ist zuzustimmen. Zusätzlich wäre für inklusive Strukturen aber auch mehr Zeit zu fordern. Ein Sachunterricht mit nur ein bis zwei Wochenstunden kann die nötige Fragehaltung der Kinder nicht entwickeln, kompetenzstärkende Sachunterrichtsprojekte können so nicht angebahnt, Experimente nicht mit geplant, Erfahrungen nicht dokumentiert und über die Sache nicht nachhaltig kommuniziert werden. Zeit benötigt auch eine besser zwischen den einzelnen Phasen verzahnte Lehrer/innenausbildung, die mit dazu beitragen muss, die für Inklusion benötigten Kompetenzen aufzubauen.

Literatur

Bauer, J. (2008): Lob der Schule. Sieben Perspektiven für Schüler, Lehrer und Eltern. München.

Bönsch, M. (2009): Methodik der Differenzierung. Ordnung und Umsetzungsmöglichkeiten von Differenzierungsformen. In: Pädagogik H.9, Jg. 61, S. 36-40.

Bönsch, M. (2004): Differenzierung im Sachunterricht. In: Kaiser, A.; Pech, D. (Hrsg.): Unterrichtsplanung und Methoden. Basiswissen Sachunterricht, Bd. 5. Baltmannsweiler, S. 194-201.

Feuser, G. (1998): Gemeinsames Lernen am gemeinsamen Gegenstand. Didaktisches Fundamentum einer Allgemeinen (integrativen) Pädagogik. In: Hildeschmidt, A.; Schnell, I. (Hrsg.): Integrationspädagogik. Weinheim und /München, S. 19-35.

Kaiser, A. (2004): Kommunikativer Sachunterricht. In: Kaiser, A.; Pech, D. (Hrsg.): Neuere Konzeptionen und Zielsetzungen im Sachunterricht. Basiswissen Sachunterricht, Bd. 2. Baltmannsweiler, S. 48-57.

Klafki, W.; Stöcker, H. (1976): Innere Differenzierung des Unterrichts. In: Zeitschrift für Pädagogik, H. 4, Jg. 22, S. 497-523.

Krauthausen, G.; Scherer, P. (2010): Umgang mit Heterogenität. Natürliche Differenzierung im Mathematikunterricht der Grundschule. Handreichung des Programms Sinus an Grundschulen. Kiel. URL: http://www.sinus-an-grundschulen.de/fileadmin/upl-ads/Material_aus_SGS/Handreichung_Krauthausen-Scherer.pdf). [10.6.2010]

LiSuM Brandenburg (Hrsg.) (2003): Flex Handbuch 2. Ludwigsfelde. URL: (http://www.learnline.nrw.de/angebote/flex/) [11.6.2010]

Miller, S. (2003): Werkstattunterricht und Stationenlernen. In: von Reeken, D. (Hrsg.): Handbuch Methoden im Sachunterricht. Baltmannsweiler, S. 272-281.

Odenthal, I.; Willems, K. (2000): Die Müll-Werkstatt. Mülheim a. d. Ruhr.

Sander, A. (2010): Bildungspolitik und Individuum. In: Kaiser, A. et al (Hrsg.): Bildung und Erziehung. Enzykl. Handbuch der Behindertenpädagogik, Bd. 3. Stuttgart, S. 71-77.

Schreier, H. (2008): Sechs gute Aufgaben für den Sachunterricht. In: Beilage Weltwissen Sachunterricht, 1/2008, S. 2-3.

Seitz, S. (2006): Inklusive Didaktik: Die Frage nach dem 'Kern der Sache' . In: Inklusion online www.inklusion-online.net/index.php/inklusion/article/view/15/15 (10.6.2010)

Seitz, S. (2005): Zeit für inklusiven Sachunterricht. Baltmannsweiler.

Sommer-Stumpenhorst, N.; Hötzel, M. (2001): Richtig schreiben lernen von Anfang an. Berlin.

Lynn Newton

Creativity for All in Elementary Science

In many educational contexts teachers are urged by policy makers to support the development of creative thinking in their classrooms. This paper provides a synthesis of some research in England into trainee and experienced teachers conceptions of what counts as creativity in the context of elementary school (primary 5 to 11 years) science and their views on how to teach for and assess creativity.

1. Introduction

Creativity is generally viewed positively, as something to be encouraged. Creative thought is a valued goal in many situations because of its potential to contribute to personal effectiveness, cultural expression and economic development (NACCCE 1999). In England, teachers are urged to support creativity and problem solving in their classrooms (DfES 2003) where it is thought to improve behaviour, social skills, self-esteem, motivation and achievement (QCA 2005, OFSTED 2006). The goal of fostering creativity is also seen in other countries (for example, Park et al. 2006 or Milne 2007) although perceptions of the desirability of creativity may also depend on the culture and may not always be encouraged (Kwang 2001).
Teaching for creativity is not easy to achieve, especially if the teachers themselves are not certain of what counts as creativity in the different specific subjects of a school curriculum. There is a tendency to see creativity as something that is the same in all subjects, and yet creativity, like understanding, is polymorphic – what counts as creative behaviour varies from subject to subject (Newton 2000, Gluck et al. 2002). The *Curriculum and Pedagogy* research group of the School of Education in Durham University has been exploring teachers' conceptions of creativity in different school subjects and considering the implications of these conceptions for teaching and learning in different

subjects and with different school age ranges. This paper provides a synthesis of the work on conceptions of creativity in the context of elementary school (5 to 11 years) science teaching in Northern England.

2. Creativity: Perceptions and Definitions

Although creativity is more usually associated with the arts than with the sciences, it was not until the nineteenth century that art itself became the archetype for creative activity. The creative nature of science received little attention before the twentieth century and the model which art provides continues to shape popular thinking about creative activity even today (Tatarkiewicz 1980).

Definitions of creativity are numerous. However, most include reference to the production of something that is new or novel, and possibly some reference to the appropriate and plausible. In some definitions, it is also desirable that the product goes beyond the novel and plausible and is ethical, elegant and of value (Mayer 1999). For example, in an educational context creativity is described as *"Imaginative activity fashioned so as to produce outcomes that are both original and of value"* (NACCCE 1999, item 29). The kinds of thought involved in the production of something novel varies with context and purpose but the essential ingredient is creative thought (Moseley et al. 2005). There is also a social element which validates the creative act – what is appropriate and valuable is ultimately determined by some branch of society, in this case the scientific community (Csikszentmihalyi 1996).

Teachers in Western societies have been found to perceive being creative as producing novelty, reflecting the arts-focused association (for example Davies et al. 2004 or Edmonds 2004). In addition, while teachers claim to recognize and support creativity, the research evidence suggests that this is not the case (Aljughaiman/ Mowrer-Reynolds 2005) and Cropley (2001) found they provide little opportunity for creative thinking. Kennedy (2005) noted that teachers routinely dismiss creativity, particularly in subjects like mathematics while Beghetto (2007) suggests that teachers may see it as a distraction from the main purpose of the lesson.

3. Creativity in the Elementary Science Classroom

Children can be considered creative when they intentionally produce something new to them, even though it might not be new to the world (Petty 1997). Torrance (1975) noted that young students are capable of creative thought and that practice helped them develop their abilities and yet the evidence that schools tend to ignore creativity is long-standing (Craft 2002, Garner 2007). Therefore, it is not unreasonable to anticipate that students can be creative in science and expect teachers to support their students' creative thinking in science lessons (Newton/ Newton 2008). But being creative is something any individual must do for himself or herself.

According to Jardine (2000), science describes, orders and explains the biophysical world. So a scientist is creative when he or she constructs a theory, uses an analogy or a model or uses a similar device to explain ideas or articulates them to view the world in new ways and test them. The scientist's creativity is based upon extensive subject knowledge and ways of working (NAE 2005) and imaginative thought governed by rationality (Osborne et al. 2003).

What creativity means in the context of school science is less clear. Some have argued that we cannot expect students in schools to be creative in the same way that a scientist is creative since it is unlikely that students are going to produce something new to the world which is appropriate and stands scrutiny by the scientific community (Kind/ Kind 2007). In school science students are creative when they construct, for instance, meanings, explanations, hypotheses, arguments and procedures which are new to them.

Teachers can provide experiences and situations which increase the likelihood that certain mental processes will be developed and used, connections made and valued structures created, although in the elementary classroom this generally means recreated. However, while a teacher may know what constitutes creativity in general, what counts as creativity varies with the subject. To provide support for creative thought in science and to foster and assess scientific creativity in a systematic and deliberate way, teachers need to know what constitutes creativity in the context of science. What teachers see as scientific creativity in the context of elementary school science is likely to shape the activities they provide. They may come to know what counts as creativity in a particular subject through experience but science has often not been a strong feature in the prior education of many elementary school trainee teachers (Newton/ Newton 2000, 2009a).

Analysis of the English National Curriculum for Science (DfEE 1999) shows three fields of science education in which there is potential to encourage creative thought.

Field 1 – making scientific sense of the world in which we live

Here the creative process may be exercised in constructing notional scientific knowledge such as speculative descriptions of situations, tentative explanations, hypotheses and imagined, possible alternatives. The learner has to first learn how to see patterns and relationships in data through speculative description. Then he or she has to try to understand and explain them (for example, "Why don't the sunflower seeds grow in the packet?"). Descriptive science deals with fact-like information while explanatory science deals with causes and reasons. It can be argued that, given the purpose of school science, the descriptive and explanatory understandings that the students create are likely to be new, or novel, to themselves as learners, although not to teachers and other adults. Opportunities for further creative thought can be provided by activities requiring the extension or articulation of these descriptive and explanatory understandings to produce new links.

Field 2 – collecting and evaluating scientific information and evidence

The creative process may also be practiced in constructing empirical ways of gathering knowledge and evaluating ideas, what is commonly thought of as "doing" science. These are the investigations and experiments students carry out. For example, such an experience might call for the students to devise a procedure to collect reliable, descriptive information or to carry out an empirical test of a tentative explanation. So, having come up with several different reasons why seeds do not grow in their packets during group or class discussion, the students now carry out investigations (designed by themselves) to test their theories. With collecting and evaluating evidence, there are again both descriptive and explanatory strands. Creative thought can produce *description* and *explanation* in both fields.

Field 3 – applying science

The students use their new knowledge and understandings in different contexts, perhaps cast in the form of a problem to solve (for example, having tentatively proposed that wetting the seeds is an important factor and shown this to be the case, the problem might be, "How can we keep our seedlings watered over a holiday break?"). Creativity in science ('discovery') and creativity in the application of science ('invention') are, however, distinct processes but both involve novel mental constructions, one to describe or explain the world and the other to support effective action in it.

4. Trainee Teachers' Conceptions of Creativity in Science

The first stage of this study was to identify some trainee teachers' conceptions of creativity in elementary science and comment on how appropriate they are for teaching science. Teachers may reveal something about their conceptions of creativity in science through what they recognize as opportunities for scientifically creative thought in the classroom. We used an approach called phenomenography, developed by Marton (1981) to elicit and classify the trainees' conceptions of scientific creativity. For full details of the questionnaire and results, see Newton/ Newton (2009a).

From their broad, general responses, none of the trainees indicated that they believed that science provided no opportunity for creative thought. However, they had clear views of subjects that provided more opportunity for creativity, Art, Drama and Music being ranked highly by all of them. Design and Technology, through its problem solving opportunities, was also ranked more highly than science. Taken together, these subjects were generally viewed by the trainees as being open-ended and less theoretical; involving less writing; more open to self-expression; encouraging imagination; providing opportunity for independent activity; and, not involving right answers.

Science was seen as offering more opportunity for creative thought than some subjects, notably, geography, history, languages, mathematics and religious education. These were seen to focus on presenting facts and subject knowledge; having right or wrong answers; following patterns and rules; and, telling children what to do. Thus, the trainees seemed to hold views that placed creativity in science mid-way along a spectrum of subjects, neither one thing nor the other. While favoring the arts, the trainees also seemed to have general conceptions of creativity related to what is accepted as creative thought.

The phenomenographic analysis allowed us to explore the detail behind the general views described above, which were probed further in the interviews. From the data sort we identified five main clusters or categories of conceptions. These are summarized in Table 1.

Table 1: Summary of trainees' categories of conceptions (from Newton/ Newton in press, b)

Category	Sub-Category	Example
1	1a) Students experience the world and generate explanations *Note:* creativity is in the construction of a plausible casual explanation	The teacher provides direct experience of some scientific phenomenon and the children are asked to explain it, e.g. *Why do the bulbs go dimmer when you add more to a circuit?*
	1b) Students experience the world, generate explanations and test them *Note:* creativity is in the generation of a test of their predictions and explanations	This extends sub-category 1a by asking the students to test their ideas through practical investigation, e.g. *The students use batteries, bulbs and wires to test whether their explanation holds true.*
2	Students use scientific information to imagine situations and events *Note:* creativity is seen here as being use of imagination.	Factual information is made more interesting, meaningful or memorable by providing experiences requiring students to use imagination to integrate them into existing understandings, e.g. *What would it be like living on the space station for six months?*

3	3a) Students plan and carry out practical activities (investigations) to determine facts and answer given scientific questions *Note:* creativity is in the designing process	The focus is on designing ways to collect relevant information and data to answer factual questions, but no explanations are required, e.g. *What are the best gloves for keeping our hands warm in winter?*
	3b) Students apply scientific knowledge to solve a given practical problem *Note:* creativity is in the application of knowledge to generate possible solutions to the problem	Scientific knowledge is applied to solve a specific given problem, e.g. *Students are asked to find a way to stop the seedlings from drying out over the one-week holiday.*
	3c) Students carry out fact-finding practical activities and then apply what they have done to solve a given practical problem *Note:* Creativity here is a combination of 3a and 3b	Practical investigation leads to drawing on factual information to generate solutions to problems that can be tried, e.g. *What material would be the best to use as an insulator to keep mountain climbers warm and dry?*
4	Students' develop positive feelings about science during the lesson, perhaps through a novel or exciting demonstration or task – the "wow!" factor *Note:* Creativity is largely to do with atmosphere and engagement	The science lesson is designed to surprise or excite the students, generating interest and motivation, e.g. *In a lesson on solids, liquids and gases, the children investigate how many burps there are in a bottle of fizzy lemonade.*
5	Students are doing or making things to consolidate an idea *Note:* the creativity here is less to do with creative thought on the part of the students and more creative teaching strategies	The teacher provides detailed instructions for the students follow, to make the learning concrete, meaningful or memorable, e.g. *In the school hall the children act out the movement of the planets around the Sun.*

It can be seen that there are two major clusters, constructing tests of facts and using science knowledge to solve a practical problem. Two lesser clusters are to do with making things and constructing descriptions and explanations. While there are relationships between the clusters, the boundaries sometimes seem to be blurred, although we can begin to find distinct descriptions for certain clusters.

For assessing the students' creative thought, the responses to these questions gave some indication of the trainees' conceptions relating to assessing creativity in general terms. One third of the trainees said they felt unable to assess creative thought. The remainder indicated that they would count as evidence of creative thought if their students were thinking for themselves; giving reasons; asking questions; expressing ideas in their own words; choosing methods and equipments for an investigation; interpreting results; and, applying knowledge. A small number of trainees also thought evidence of interest and enjoyment was evidence of creative thought. Poor participation, rote learning and regurgitation of facts and lack of reasons were all cited as evidence of a lack of creative thought.

Two questions invited the students to comment on the challenge of encouraging children to think creatively. The majority said it was difficult, giving reasons like: creativity is hard to define; pupils of this age have an insufficient grasp of science to be creative in it; pupils were not aware that they were allowed or expected to be creative. One interesting response was that the nature of science itself, which deals with the "invisible", makes creativity in science difficult. Another was that creative thought was "beyond the teacher's control". A small number said it depended on the child, the resources and the science topic.

The final set of questions related to science topics that a teacher might cover. There was very little agreement among the trainees in their ranking of the areas of science listed. It is possible that this reflects the view that all areas were seen as providing (or not providing) equal opportunity for creative thought. The most frequent reason for the lack of opportunity was that the topic did not provide much opportunity for practical work. These findings have consequences for assessing creativity.

5. Experienced Teachers' Conceptions of Creativity in Elementary Science

The second stage in the study was designed to test some experienced elementary teachers' ability to recognize classroom incidents in science which offer opportunities for creative thought. In particular, we wanted to know whether experienced elementary teachers recognize:

(a) classroom incidents which offer opportunities for scientific, creative thought;
(b) such incidents may be greater in one field of science than in another;
(c) such incidents depend on the kind of science, descriptive or explanatory; and,
(d) such incidents depend on the topic in science.

We gave experienced elementary teachers 36 short classroom teaching incidents chosen to include both physical science topics and natural science topics (Earth, Space and Gravity; Electricity; Plants and Animals). The full task can be found in Newton/ Newton (2009b).

The results showed that in elementary science, experienced teachers can, generally, distinguish between the incidents providing opportunities for scientifically creative thought and those encouraging scientifically reproductive thought. However, they also favored fact-seeking practical work and application of such information to solve practical problems as opportunities for creative thought. At the individual level there was considerable disagreement. Some teachers identified good opportunities for creativity when others saw none, suggesting that some may not have a clear conception of what scientifically creative thought is and be unable to distinguish it clearly from reproductive thought. However, most of the teachers discounted the incidents which offered no opportunities for scientific creative thought. Once again, though, a few failed to do so and rated them as scientifically creative. This pattern of response was also evident in the different topics. It was more marked in some topics than in others, perhaps reflecting a general variation in teachers' own knowledge across the topics of science.

If we go back to the earlier work with the trainees, we obtained similar responses from them. This suggests that guidance from practicing teachers when the trainees are in schools on placements may not address their limited perceptions without additional instruction and practice, as some teachers would be unable to provide detailed support for trainees when planning opportunities for creative thought. Experienced teachers might benefit from in-service training which illustrates a wide spectrum of scientifically creative thought in the classroom. This could help some recognize a wider range of opportunities for their students, and equip them to support and guide trainees. Initial teacher training courses may also need to take this into account in their treatment of scientific creativity in the classroom.

6. Assessing Creativity in Elementary Science

Since there is evidence that everyone can be creative to some extent, and that teachers are expected to foster creative thought in schools, it follows logically that some assessment of creative outcomes by teachers would help them with further planning and support for the creativity. Yet from the evidence collected from trainee and experienced teachers, both groups had little or no grasp of assessing creativity. This was the third problem that we turned our attention to.

In science in the elementary classroom we want the students to create their own scientific explanations for the events that they are experiencing and the ideas and information that they are bringing together. These explanations are more or less new to them and their world view and so, in the process of constructing the explanations, they are showing evidence of psychological creativity. Here, the teacher is, in effect, an outsider in the world of the child's creative imagination. Trying to judge creativity in this way – from the child's world viewpoint – may be neither so easy nor so reliable as Amabile (1998) or Cropley (2001) suggest. This is what Newton (in press, a) calls the 'insider-outsider' problem with assessing creativity.

For our study we decided to focus on the product, the scientific explanation. As well as focusing holistically and intuitively on assessing creativity, we adopted the approach suggested by Besemer/ O'Quin (1999) which focuses on various attributes of the creative end-product: novelty; usefulness/ logical plausibility; and, elegance. To explore this issue of assessing creativity in science, we returned to a new cohort of our elementary trainee teachers at the end of their training program. We asked them to complete two tasks. Task 1 required them to assess explanations of some simple science events in a holistic way by using intuition – which was most or least creative of the five explanations given – and then rank the ones in between. For Task 2, they were asked to assess separate components of creativity: novelty, plausibility and elegance. The five assessment events related to the science topics of Sound, Ecology, Electricity, Dissolving Things, and Forces. Taken one after the other, the tests took about 15 minutes to complete.

Their holistic assessments of creativity did not agree to any great extent. Moreover, there was variability within and across the topics. The trainees' agreement increased when they assessed some of the attributes of creativity but was still less than expected. Nevertheless, the work so far has provided evidence of something to build upon. In science, we are looking for a new explanation which is not just imaginative but is also plausible. In other words, we are assessing two things at once which makes it more difficult. However, it is difficult to see the explanations as a child would. The teacher is outside the child's world but must decide: "Is the explanation new and plausible for the child?" Both trainees and teachers found concepts of creativity in science difficult. There was a confusion in terminology (creativity versus imagination). There was also a lack of confidence in terms of how to encourage or assess it. It might be better to think about productive thought.

Productive thought (as opposed to reproductive thought) subsumes creative thinking and critical thinking. It entails constructing understanding, imagining situations, planning what to do, solving problems, generating new perspectives, designing and making products and deduction within and evaluation of such constructions (Moseley et al. 2005, pp. 313-314). All of these figure in one or more of the three fields of science education. Further, this productive thought can be supported by dispositions or habits of mind which can be developed through practice, opportunities for which can be provided by the teacher in the science lesson. By focusing students' attention on specific goals of teaching in a science lesson context, it may be possible to strengthen their understanding of what creativity involves.

7. Conclusion

Our study of trainee teachers before they had instruction in teaching for creativity in the elementary science classroom found that their notions of creativity in school science were, indeed, narrow. The trainees tended to see more opportunity for creative activity in the arts-related subjects (art and design, drama, English, music). Their notions of creativity in science lessons tended to be narrow and focus on practical work and fact-like information. This closely parallels experienced elementary teachers' recorded preference for pursuing facts in science lessons (Newton/ Newton 2000) and applying science knowledge to solve practical (technological) problems. The link between a teacher's conceptions of what counts as creativity in science and what they do in the classroom is not simple. However, if these trainees are to provide science activities intended to exercise creative thought, they may neglect, for example, explanation and provide reproductive, making activities in the belief that such activities exercise creative thought. As conceptions may be shaped by creativity in the arts, it is suggested that science educators might loosen the connection by introducing trainees to the broader term of 'productive thought' that is, a combination of creativity and critical thought which is particularly relevant in science.

Furthermore, the second study of experienced teachers showed that they were equally poor at recognizing and judging creative opportunity in science. The consequences of this for us as trainers of future teachers is that when our trainees go on placements in elementary schools they are unlikely to get the help they need from the experienced teachers they work with. The university training institution is going to have to do it through its teacher training program to improve the situation.

There are broader implications of the studies reported here when teaching and assessing creative behavior. Although I have discussed conceptions of creativity in the context of science education, it is important to return to a point made at the start of the paper. Conceptions of creativity in different conceptual domains vary (see for example, mathematics (Bolden et al. 2010) or History (Blake et al. 2010). Creativity is not the same across all subjects. Therefore teachers need conceptions of creativity that are appropriate to the subject they are teaching at the time. Naïve conceptions that they might hold, stemming from their conceptions of creativity in other areas such as the creative arts, are not entirely appropriate for subjects like science or technology. Some (for example Craft 2005) advocate teaching for creativity in an integrated way across the curriculum. This approach may be attractive because of its potential to integrate knowledge and skills. However, great care is needed to recognize that creativity in science and technology is not the same as creativity in other subject areas. Indeed, creativity in science is not entirely the same as creativity in technology. Teachers will need to recognize this when planning any integrated teaching they do.

References

Aljughaiman, A.; Mowrer-Reynolds, E. (2005): Teachers' conceptions of creativity and creative students. In: The Journal of Creative Behavior, 39, 1, pp. 17-34.

Amabile, T.M. (1998): How to kill creativity. In: Harvard Business Review, 76, 5, pp. 76-87.

Beghetto, R.A. (2007): Does creativity have a place in classroom discussions? Teachers' response preferences. In: Thinking skills and creativity, 2, 1, pp. 1-9.

Besemer, S.P.; O'Quin, K. (1999): Confirming the three-factor creative product analysis matrix model in an American sample. In: Creativity Research Journal, 12, 4, pp. 287-296.

Blake, A.; Edwards, G.; Newton, D.P.; Newton, L.D. (2010): Some student teachers' conceptions of creativity in primary school history, International Journal of Teaching, Learning and Research ().

Bolden, D.S.; Harries, A.V.; Newton, D.P. (2010): Pre-service teachers' conceptions of creativity in mathematics. Educational Studies in Mathematics, 73, 143-157.

Craft, A. (2002): Creativity and Early Years Education. London.

Craft, A. (2005): Creativity in Schools: Tensions and Dilemmas. London.

Cropley, A.J. (2001): Creativity in education and learning. London.

Csikszentmihalyi, M. (1996): Creativity: Flow and the psychology of discovery and invention. New York.

Davies, D.; Howe, A.; Rogers, M.; Fasciato, M. (2004): How do trainee primary teachers understand creativity? In: Norman, E.; Spendlove, D.; Graver, P.; Mitchell, A. (Eds.): Creativity and Innovation – DATA International Research Conference. Wellesbourne.

DfEE (Department for Education and Employment) (1999): The National Curriculum for England: Science. London.

DfES (Department for Education and Skills) (2003): Excellence and Enjoyment: A strategy for primary schools. Nottingham.

Edmonds, J. (2004): Creativity in science; leaping the void. In: Fisher, R.; Williams, M. (Eds.): Unlocking Creativity. London, pp. 82-91.

Garner, R. (2007): Schools 'must do more for creativity'. In: The Independent, 31 Oct., p. 5.

Gluck, J.; Ernst, R.; Unger, F. (2002): How Creatives Define Creativity: Definitions Reflect Different Types of Creativity. In: Creativity Research Journal, 14, 1, pp. 55-67.

Jardine, L. (2000): Ingenious Pursuits. London.

Kennedy, M. (2005): Inside teaching: how classroom life undermines reform. Cambridge.

Kind, P.M.; Kind, V. (2007): Creativity in science education: perspectives and challenges for developing school science. In: Studies in Science Education, 43, pp. 1-37.

Kwang, N.A. (2001): Why Asians are Less Creative than Westerners. Singapore.

Marton, F. (1981): Phenomenography – describing conceptions of the world around us. In: Instructional Science, 10, pp. 177-200.

Mayer, R.E. (1999): Fifty years of creativity research. In: Sternberg, R.J. (Ed.): Handbook of Creativity. Cambridge, pp. 449-460.

Milne, I. (2007): Children's science. In: Primary Science Review, 100, pp. 33-34.

Moseley, D.; Baumfield, V.; Elliott, J.; Gregson, M.; Higgins, S.; Miller, J.; Newton, D.P. (2005): Frameworks for Thinking. Cambridge, pp. 119-184.

NACCCE (National Advisory Committee on Creative and Cultural Education) (1999): All Our Futures: Creativity, Culture and Education. London.

NAE (National Academy of Engineering) (2005): Educating the engineer of 2020. Washington.

Newton, D.P. (2000): Teaching for Understanding. London.

Newton, D.P. (in press, a): Assessing the creativity of scientific explanations in elementary science: an insider-outsider view of intuitive assessment in the hypothesis space. In: Research in Science and Technological Education,.

Newton, D.P.; Newton, L.D. (2000): Do teachers support causal understanding through their discourse when teaching primary science? In: British Educational Research Journal, 26, 5, pp. 599-613.

Newton, D.P.; Newton, L.D. (2009a): Some student teachers' conceptions of creativity in school science. In: Research in Science and Technological Education, 27, 1, pp. 45-60.

Newton, D.P.; Newton, L.D. (2009b): What teachers see as creative incidents in elementary science lessons. In: International Journal of Science Education, 1, pp. 1-17.

Newton, L.D.; Newton, D.P. (2008): Conceptions of creativity in elementary school science. In: Conference Proceedings: Excellence in Education: Future Minds and Creativity. The International Centre for Innovation in Education, Paris, July 1-4, 2008. [URL: http://www.icieworld.net/conf/files/ Conference%20Proceedings%202008.pdf [26.112010.]

Newton, L.D.; Newton, D.P. (in press, b): Creative Thinking and Teaching for Creativity in Elementary School Science. In: Gifted and Talented International.

OFSTED (2006): Creative partnerships: initiative and impact (Ref no. HMI 2517). London. URL: www.ofsted.gov.uk [11.11.10].

Osborne, J.; Collins, S.; Ratcliffe, M.; Millar, R.; Duschl, R. (2003): What ideas-about-science should be taught in school science? A Delphi Study of the expert community. In: Journal of Research in Science Teaching, 40, 7, pp. 692-720.

QCA (Qualifications and Curriculum Authority) (2005): Creativity: Find It! Promote It! London.

Park, S.; Soo-Young, L.; Oliver, S.; Cramond, B. (2006): Changes in Korean science teachers' perceptions of creativity and science teaching after participating in an overseas professional development program. In: Journal of Science Teacher Education, 17, 1, pp. 37-64.

Petty, G. (1997): How to be Better at Creativity. London.

Tatarkiewicz, W. (1980): A history of six ideas: an essay in aesthetics. The Hague.

Torrance, E.P. (1975): Explorations in creative thinking in the Early School Years. In: Taylor, C.W.; Barron, F. (Eds.): Scientific Creativity: Its recognition and development. Huntington, New York, pp. 173-183.

Martin Gröger

Lehramtsstudierende erleben im Freilandlabor naturnahe Wandlungsphänomene

The open air laboratory FLEX is a place set up by the working group didactics of chemistry at the University of Siegen. In this natural environment science student teachers for elementary school are supposed to get interested in chemical conversion phenomena. Different topics help students to make their own experiences and develop awareness for environmental aspects. Thus they are encouraged to transfer their own experiences to their future pupils and interest them in natural sciences and environmental aspects.

In einem Interview zu seinem Lebenswerk kritisiert Martin Wagenschein die gängige Praxis der Vermittlung naturwissenschaftlicher Sachverhalte in der Schule und fordert für den Sachunterricht: „Müsste nicht eine beginnende Naturbetrachtung wenn nicht in der Natur, so doch an ihrem Rande stattfinden? Nur so viel: Waldwiese mit Bäumen, Felsen, Hügeln, Wasser (stehendes und strömendes) ein Schuppen mit allerlei ‚Zeug' (Material), auch Werkzeugen, schließlich ein Raum, in dem das, was draußen ausgeführt, ausprobiert wird, vorher geplant und nachher besprochen, aufgeschrieben, gelernt wird. – Eine Vision, ich weiß" (Wagenschein et al. 1981, S. 170).
Mit dem Freilandlabor FLEX versuchen wir, diese Vision ein Stück weit Wirklichkeit werden zu lassen.
Dabei liegt unser Hauptanliegen darin, Lehramtsstudierende des Sachunterrichts auch für die chemischen Aspekte (Wandlungsphänomene) zu interessieren, dic sic studieren müssen, die aber häufig wenig Anklang finden. Dies soll im Wesentlichen dadurch erreicht werden, dass lebensweltliche und naturbezogene Themen und Experimente ausgewählt werden, die relevant für den Sachunterricht sind. Darüber hinaus werden die Experimente nicht in einem Chemielabor, sondern in der naturnahen Lernumgebung Freilandlabor durchgeführt. Das Arbeiten in und an der Natur soll die Studierenden zudem

für Fragen des Umweltschutzes und deren Thematisierung im Sachunterricht sensibilisieren.

1. Das FLEX – Freilandlabor mit Experimentierfeld

Das FLEX ist eine neue Einrichtung der Arbeitsgruppe Didaktik der Chemie an der Universität Siegen. Auf einer ca. 6700 m^2 großen Wiese in Waldnähe, etwas außerhalb einer kleinen Ortschaft, befinden sich ein Schuppen, zwei Quellen, ein kleiner Bach und ein Teich. Der Schuppen wurde zu einem kleinen Experimentierraum („Labor") umgestaltet und mit „allerlei Zeug" (von einfachen Gartengeräten über Experimentiersets bis hin zu Analysenkoffern und Photometern für quantitative Analytik) zum vielfältigen Experimentieren und Probieren ausgestattet. Mit der Zeit sind durch gemeinsames gärtnerisches Arbeiten u.a. Weidentipis, Benjeshecken, eine phänologische Hecke, eine Kräuterschnecke, ein kleiner Acker und ein „grüner Seminarraum" hinzugekommen. Die Energieversorgung erfolgt autark über Solarmodule, Brennstoffzellen und ein Windrad.
Seit dem Sommersemester 2009 wird auf dem Gelände des FLEX ein Seminar für Lehramtsstudierende mit dem Fach Sachunterricht durchgeführt, bei dem die Studierenden alltagsbezogene Themen zu Stoffen und deren Wandlungsprozessen sowohl theoretisch wie auch experimentell bearbeiten und unter der Zielperspektive Sachunterricht didaktisch reflektieren.

2. Über die Ausbildung von Sachunterrichtslehrenden im FLEX

Mit dem FLEX ergeben sich im Gegensatz zu üblichen chemisch-experimentellen Praktika in Chemielaboren neue Perspektiven. Experimente zu Wandungsphänomenen können jetzt dort durchgeführt werden, wo lebensweltliche Zusammenhänge nicht ignoriert oder lediglich verbal-kommunikativ vermittelt werden. Lernen findet nicht über die, sondern in der Lebenswelt bzw. in der Natur statt. Dabei ändert sich die Perspektive von bloßer „Vermittlung" von „Natur"-Wissenschaft bei der Betrachtung isolierter Laborphänomene und idealisierter Theorie hin zum Erleben und Erkennen von Phänomenen in der Natur, welche grundlegend sind für naturwissenschaftliches Erkennen. Authentisches Lernen wird anhand lebensweltlicher und gleichermaßen natur- und naturschutzbezogener Aspekte möglich. Phänomene und Zusammenhänge können unmittelbar „wahr"-genommen und von einer fachlichen Perspektive ausgehend mehrperspektivisch betrachtet werden. Aus ökologischer Perspektive ergibt sich ein weiterer, uns wesentli-

cher Aspekt: Auch Orientierungen auf und Einstellungen zur Natur der Lehramtsstudierenden können in Frage gestellt bzw. gefestigt werden.
Beim eigenen Experimentieren im Freilandlabor können die Studierenden selbst [illegible] und aktiv das erleben, was sie später den Kindern an sinnvollem Er[illegible]möglichen sollen. Damit soll auch der Effekt erreicht werden, dass di[illegible]gen Lehrerinnen und Lehrer in ihrer späteren Tätigkeit selbst naturn[illegible]chulische Lernorte aufsuchen, um ihren Schülerinnen und Schüle[illegible] ähnlicher Weise ein wissenschaftsbezogenes Naturerleben zu ermö[illegible]

3. „Erlebbare Zusammenhänge“

Buck und Kranich (1995) beschreiben die intensive und aktive Beteiligung am Lernprozess als „erlebbaren Zusammenhang“. Sie sprechen von „genuinem, `einwurzelndem´ Verstehen im Wagenschein´schen Sinn, also erfahrungsgesättigtem, selbst vollzogenem Einsehen und Begreifen“ (Buck/ Kranich a.a.O., S. 7).
Diese „erlebbaren Zusammenhänge“ erschließen sich, wenn man mit kindlichem Auge auf die vielen verwunderlichen Phänomene schaut, die in der Hektik des Alltags und in unserer durch Technik gestalteten Umwelt leicht übersehen werden, oder die durch den massiven Eingriff des Menschen in die Umwelt im wahrsten Sinne des Wortes „verschütt gegangen“ sind. Ein Beispiel hierzu ist das Material „Lehm“. Hieran können sich Fragen entwickeln, wie z.B.: „Wieso ist Lehm so schön verformbar – wieso ist gebrannter Lehm anders: nicht mehr formbar und rot? Wieso findet man Lehm an bestimmten Stellen im Boden und nicht anderswo? Wie ist er entstanden?“ Unmittelbar fassbare Naturphänomene aus der Lebenswelt der Kinder bieten also einen guten Ansatz für solche „erlebbaren Zusammenhänge“. Dabei sind affektive und ästhetische Aspekte also immer mit einbezogen.
Inhaltlich soll dabei insbesondere der im Sachunterricht in der Regel vernachlässigte Blick auf „Wandlungsphänomene“, also auf chemische Aspekte der Betrachtung, bewusster werden. Bezüglich des Schulfaches Chemie geht es dabei um *Stoffe, Stoffumwandlungen* und *Energieumsätze*. Diese können Ausgangspunkte für eine alle Naturwissenschaften und letztlich alle Perspektiven des Sachunterrichts übergreifende Behandlung bieten (Beispiele: *Stoffe*: Lehm als nachhaltiger Werkstoff; *Stoffumwandlungen*: Seifenherstellung aus pflanzlichen Ölen und Asche oder Verbrennungsprozesse; *Energieumsätze*: Brennstoffzellen und andere Formen regenerativer Energie).
Bei der Betrachtung von Wandlungsprozessen legen wir Wert auf den (ebenfalls häufig außer Acht gelassenen) Aspekt des Prozessualen. Diesem kann

man auch in der Grundschule schon Aufmerksamkeit schenken, wenn man ihn „von der ganzheitlichen Erfahrung der Kinder ausgehend zu entwickeln versucht. Dies hat nichts mit einer Verfachlichung der Grundschule oder einer verfrühten Wissenschaftsorientierung zu tun, sondern intendiert einen ersten Schritt zu einem ‚Weltverstehen'" (Woyke/ Gröger/ Scharf 2009, S. 61).

Konkret geht es um naturnahe Wandlungsphänomene in Verbindung mit alten Handwerkstechniken. Diese bieten sich in besonderer Weise an, einen Teil der Phänomene und Erfahrungen wieder zu ermöglichen, die heute durch die Effizienz großindustrieller Verfahren nahezu verdrängt wurden. Die Grundlagen z.B. gerade auch der Produktion von Nahrungsmitteln (wie Getreide- und Milchprodukte) und die damit verbundenen Bezüge zu Landwirtschaft, Umwelt und Natur sind Kindern häufig wenig bewusst bis gänzlich fremd.

So kann man Getreide säen, wachsen sehen, mähen, dreschen, mahlen, mit dem Mehl dann backen, dabei riechen und das Produkt betasten und schmecken. An Duftpflanzen kann man riechen, z.B. Blätter oder Blüten können geerntet und deren Duftstoffe extrahiert und zu Duftwässern oder Cremes weiter verarbeitet werden. Auch Milchprodukte können hergestellt werden und es bestehen viele weitere Möglichkeiten, z.B. auch im Anbau und der Verarbeitung nachwachsender Rohstoffe.

4. Draußen lernen

Bei allem Bemühen um Lebensnähe bleibt Schule eine künstlich geschaffene Institution. Daher sprechen viele Gründe dafür, gerade im Sachunterricht den Klassenraum gelegentlich zu verlassen und außerschulische Lernorte aufzusuchen. Diese können u.a. eine anschauliche, unmittelbare Anschauung des Lerngegenstandes und aktive Auseinandersetzung mit ihm sein, Lebensweltbezug, Authentizität, Ganzheitlichkeit, Offenheit etc. bieten. Zudem verbringen Kinder und Jugendliche selbst in ländlichen Regionen einen großen Teil ihrer Zeit in geschlossenen Räumen, oft allein und (zu) häufig mit elektronischen Medien. Eine intensive Beschäftigung mit Phänomenen der Natur findet kaum mehr statt. Dies gilt auch schon für eine Vielzahl der Lehramtsstudierenden. Damit einher gehen eine „dramatische Zunahme von Natur-Entfremdung Heranwachsender" (Giest/ Wittkowske 2008, S. 10).

Mit dem FLEX ist die Intention verbunden, einen Teil der beschriebenen Erfahrungsdefizite „mit der Rückgewinnung bzw. Erschließung von Erfahrungs- und Handlungsräumen in der direkten Umwelt" (Hellberg-Rode 2004, S. 145) zu kompensieren. Damit einher geht mit Blick auf Umweltbezüge der

Versuch, implizit und explizit ein Bewusstsein für ökologische Probleme anzubahnen, sodass die eigenen Wertvorstellungen bewusst gerade auch im späteren *pädagogischen* Handeln wirksam werden können.
Umweltbezogenes Wissen, Kompetenzen und Wertvorstellungen können nicht allein durch Lesen oder Referieren von Sachtexten im Klassenraum „vermittelt" werden. Deshalb favorisieren wir einen handlungs- und problemorientierten Zugang über naturnahe Erkundungen im FLEX. Dazu gehören auch sinnliche Wahrnehmung und Emotionalität, die Voraussetzung einer inneren Gestimmtheit, eine Lernumgebung, die Phantasie und Kreativität weiten Raum lässt, eine möglichst große Offenheit von Lernvollzügen, ein enger Bezug zu Naturerkenntnis und Naturverständnis, die sich am Naturerlebnis entwickeln, sowie die Auffassung, dass Naturerleben die Basis für selbstbestimmtes Handeln für Natur und Umwelt ist. Umweltbildung im Sachunterricht lässt „sich nicht in Unterrichtseinheiten nach den Maßen des Druckbogens einpassen. Sie muss eigene didaktische Wege finden" (Schüler 1999, S. 130). Gleiches gilt sicherlich auch für umweltpädagogische Kompetenz, die Lehramtsstudierende erwerben sollen.

5. Fazit

Die Studierenden haben sich nach dem Seminar in einer offenen Befragung zu den Lernmöglichkeiten im FLEX sehr positiv geäußert. Gerade die im Anfangszitat aufgeworfenen und von uns intendierten Ziele Natur- und Lebensweltbezug, Erleben, Eigenaktivität sowie zeitlich entspanntes Arbeiten in einer angenehmen Lernumgebung wurden besonders hervorgehoben. Dies bestärkt uns darin, die grundlegende Konzeption weiterzuverfolgen und das FLEX als Schülerlabor auszubauen, um so auch Schülerinnen und Schülern ein wissenschaftsbezogenes Naturerleben zu ermöglichen.

Literatur

Buck, P.; Kranich, E.-P. (1995): Auf der Suche nach dem erlebbaren Zusammenhang. Weinheim und Basel.

Giest, H./ Wittkowske, S. (2008): Umgehen mit der Natur und naturbezogenes Lernen im Sachunterricht – Lebende Natur. In: Giest, H.; Wittkowske, St. (Hrsg.): Naturbezogenes und naturwissenschaftliches Lernen im Sachunterricht. Bad Heilbrunn, Braunschweig, S. 7-34.

Hellberg-Rode, G. (2004): Außerschulische Lernorte. In: Kaiser, A.; Pech, D. (Hrsg.): Unterrichtsplanung und Methoden. Basiswissen Sachunterricht, Band 5. Baltmannsweiler, S. 145-150.

Schüler, H. (1999): Umwelterziehung als Draußentage. In: Baier, H.; Gärtner, H.; Marquardt-Mau, B.; Schreier, H. (Hrsg.): Umwelt, Mitwelt, Lebenswelt im Sachunterricht. Bad Heilbrunn, S. 129-140.

Wagenschein, M., Buck, P. & Köhnlein, W. (1981). Martin Wagenschein – Ein Interview zu seinem Lebenswerk. In: chimica didactica, 7, S. 161-175.
Woyke, A.; Gröger, M.; Scharf, V. (2006): Beobachten, experimentieren, deuten. Das „Science Forum" an der Universität Siegen. In: Pädagogik, 58, S. 28-31.

Sonja Alberts und Hartmut Giest

Es hat Spaß gemacht. Über das Lernen in Science Centern

Science centers nowadays are very popular with the science educating community. Their advocates expect them to foster scientific interests and scientific understanding among children. Nevertheless there are sceptics who think that this expectation is wrong. In a survey carried out at the Exploratorium Potsdam we investigated how children (age group 6 to 12) respond to the exhibits, what they actually learn and how their learning activities can be influenced by instructional support and turned into a benefit for the elementary science classroom.

In Potsdam gibt es seit 2004 ein Science Center, das Exploratorium Potsdam, das besonders für Kinder im Elementar- und Primarbereich konzipiert wurde. Unsere Beobachtungen zeigen, dass die Altersgruppe der Neun- bis Dreizehnjährigen den größten Besucheranteil (65%) bildet, danach folgen die Vier bis Achtjährigen (20%). Insgesamt besuchen bei den unter Dreizehnjährigen mehr Jungen die Ausstellung (55,7%), was den Schluss zulässt, dass diese das Exploratorium häufiger privat besuchen. Kinder, die das Exploratorium das erste Mal besuchen, bilden mit 73,3% die größte Gruppe.

Die Exponate thematisieren Phänomene aus Physik, Chemie, Biologie und Mathematik, die weit über die Inhalte der Rahmenlehrpläne für die Grundschule (in Brandenburg einschließlich Klassen 5 und 6) hinausgehen. Es gibt z.B. neben Exponaten zu Elektrizität, Licht, Energie oder Luftdruck auch Experimentierstationen zur Brownschen Bewegung oder zum Satz des Pythagoras. Von den Betreibern des Exploratoriums – einem privaten Trägerverein – ist ausdrücklich gewünscht, dass die Kinder ohne Leitfragen oder Begleitmaterial in die Hauptausstellung gehen und dort das tun dürfen, was sie möchten.

Ihrem Selbstverständnis nach fühlen sich alle Science Center, wie auch das Exploratorium, einem Bildungsauftrag verpflichtet (Schaper-Rinkel 2001), der meistens dahingehend formuliert wird, dass die Erfahrungen an den Experimentierstationen dazu dienen sollen, sich spielerisch den Naturwissenschaften zu nähern (vgl. z.B. Universum Bremen). Dies macht Science Center zu einem außerordentlich beliebten Ausflugsziel für Schulklassen. Doch sind Science Center wirklich Lernorte oder doch nur eine Art Freizeitpark der besonderen Art? Was genau tun Kinder dann an den Experimentierstationen? Werden an ihnen tatsächlich naturwissenschaftliche Lernprozesse angestoßen oder nachhaltig Interesse an Naturwissenschaft und Technik geweckt? Welche Lernpotenzen stecken in den Exponaten und wie kann man sie pädagogisch erschließen und ggf. für die Verbesserung des naturwissenschaftlich orientierten Sachunterrichts nutzen? Diese Fragen sollen in unserem Forschungsprojekt wissenschaftlich untersucht werden (vgl. Giest/ Alberts 2010).

Hierdurch soll auch der Kontroverse zwischen Skeptikern und Befürwortern von Science Centern evidenzbasiert begegnet werden. Denn Zweifel am tatsächlichen naturwissenschaftlichen Lernfortschritt durch einen Science Center-Besuch werden durchaus formuliert (vgl. z.B. Looß 2004). Befürworter halten dem entgegen, dass messbarer Lernerfolg gar nicht primäres Ziel der Science Center sei, sondern es vielmehr ein „Feld des unmittelbaren Erlebens von Realität sein [soll], eine Schule der Sinne“ (Fiesser 2001, S. 6).

Mit Blick auf die Beantwortung der oben genannten Fragen haben wir zunächst begonnen, an ausgewählten Exponaten aus den Bereichen Physik, Technik und Mathematik mit Hilfe eines Beobachtungsbogens Daten zu erheben, die Aussagen über die Attraktivität der jeweiligen Exponate (Anzahl der Besuche, Verweildauer) und die dort stattfindenden Handlungen (ansehen, praktisch handeln [explorieren, gezielt erkunden, systematisch erkunden], lesen) ermöglichen. Außerdem wurde beobachtet, ob die Kinder nach Hilfe suchen, zum Exponat zurückkehren oder überhaupt nur durch Empfehlung dort hin gingen. Die Ergebnisse von 1450 Datensätzen (die Kinder waren zwischen 5 und 14 Jahren alt, das Durchschnittsalter beträgt 10 Jahre) zeigen nur sehr kurze Aufenthaltszeiten, die zwar von Station zu Station variieren, aber in der Tendenz deutlich machen, dass kaum Zeit für Nachdenkphasen am Exponat bleibt. Mädchen nehmen sich hier etwas mehr Zeit, der Unterschied zu den Jungen ist nahezu signifikant (z=-1,879, p=0.06 – vgl. Tab. 1).

Tabelle 1: Verweildauer an den Exponaten

Verweildauer	Jungen	Mädchen
bis 1 min	63,3%	45,5%
bis 3 min	22,4%	29,1%
< 3 min	14,3%	25,5%

Die Mehrzahl der Kinder probiert das Experiment aus, wobei dies zu über 70% kollektiv geschieht. Tab. 2 gibt einen Überblick über die Ausprägung der unterschiedlichen Aktivitäten an den Exponaten.

Tabelle 2: Aktivitäten an den Exponaten

ansehen	33,7%	Anleitung lesen	11,5%
explorieren	52,9%	experimentieren	1,9%

Zwar liest etwa jedes 10. Kind die Anleitung, aber fast keins die Erklärung. Ein Drittel der Kinder bittet während des Aufenthalts an den Stationen um Hilfe, die in 1 von 3 Fällen durch andere Kinder gegeben wird, sonst durch erwachsene Begleiter.
Um die subjektiven Erfahrungen einzelner Kinder zu dokumentieren, wurde ein Fragebogen eingesetzt. Die Antworten gestatten Aussagen über Art und Qualität des Verständnisses der in den Exponaten präsentierten Phänomene.
Die Begegnung mit den untersuchten Experimentierstationen wurde überwiegend positiv beschrieben: 92,2% der Kinder sagten aus, das Exponat habe Spaß gemacht, 3,9% waren gegenteiliger Ansicht. 85,5% waren der Meinung, selbst etwas ausprobieren zu können, 4,8% verneinten dies.
Die Beurteilung des eigenen Lernzuwachses fällt recht positiv aus: 57,8% der Kinder glauben, etwas Neues gelernt zu haben, 25,7% verneinen dies. Die Mehrheit der Kinder gibt an, das Exponat verstanden zu haben, wenige trauen sich aber zu, die beobachteten oder erzeugten Phänomene/ Vorgänge anderen erklären zu können (vgl. Tab. 3).

Tabelle 3: Merkmale des subjektiv geäußerten Verständnisses

Verweildauer	ja	nein	weiß nicht
verstanden	66%	19%	15%
erklären	31%	43%	27%
anderen erklären	38%	43%	19%

Hierbei ist ein deutlicher Gendereffekt festzustellen: Die Zahl der Mädchen, die angibt, das Experiment anderen nicht erklären zu können, ist fast doppelt so hoch wie die der Jungen (Z= -4,138; p<0.001) (vgl. Tab. 4). Ein Gendereffekt ist auch bei der Besuchshäufigkeit zu beobachten: Doppelt so viele Jungen wie Mädchen kommen ein zweites Mal in die Ausstellung (Z= -2,722; p=0,006), ihnen gefällt sie auch besser (Z= -1,992; p=0,46).

Tabelle 4: Sich zutrauen, anderen das Exponat zu erklären

anderen erklären	Jungen	Mädchen
ja	46,1%	30,4%
nein	27%	56,9%
weiß nicht	27%	12,7%

Insgesamt stützen diese Befunde die These, dass ein Besuch im Science Center zwar Vergnügen bereitet, der subjektiv empfundene Wissenszuwachs aber oberflächlicher Art ist und einer genaueren Prüfung nicht standhalten wird. Um dies genauer zu untersuchen, wurde mit Probanden einer kleinen Stichprobe (98) ein Wissenstest durchgeführt, bei dem ermittelt werden sollte, auf welchem Niveau (Alltagsvorstellung N1, Mischvorstellung N2, wissenschaftliche Vorstellung N3) Kenntnisse vorliegen. Die Testpersonen sollten sich zwischen jeweils paarweise angeordneten (N1:N2, N1:N3, N1:N4, N2:N3, N2:N4, N3:N4), auf das Exponat bezogenen erklärenden Aussagen für die ihrer Meinung nach beste Erklärung entscheiden (vgl. Beispiel in Tab. 5).

Tabelle 5: Niveaustufen der Erklärung „Steinkiste mit Flaschenzug ziehen"

Niveau	Warum lässt sich die Steinkiste an der einen Seite leichter ziehen als an der anderen?
N1	Weil das Seil länger ist.
N2	Ich muss länger laufen, dadurch geht es leichter.
N3	Je mehr das Seil auf den Rollen umgelenkt wird, desto länger muss ich laufen und desto weniger Kraft muss ich aufwenden.
N4	Durch die Vorrichtung des Flaschenzugs muss ich weniger Kraft aufwenden, die Erdanziehungskraft verringert sich.

N4 wurde aufgenommen, um den Aspekt der sozialen Erwünschtheit, d.h. eine Entscheidung für eine „wissenschaftlich klingende" Erklärung gegen die wissenschaftlich zutreffende (N3) zu prüfen.

Durch die paarweise Anordnung der Niveaustufen sollte die Trennschärfe der Entscheidung überprüft werden. Fast die Hälfte der Testpersonen konnte N3 nicht von N4 abgrenzen und entschied sich für die Falschantwort. Es dominierte hier die Niveaustufe 2. Dies zeigt, dass die handlungspraktische Aktivität – hier der Benutzung eines Flaschenzuges – wenig zu einem naturwissenschaftlich angemessenen Verständnis der zugrunde liegenden physikalischen Gesetzmäßigkeiten beigetragen hatte. Unmittelbares Handeln und Anschauen behinderte das Abstrahieren und Erkennen: „Je länger der Weg, desto weniger Kraft muss aufgewendet werden, um die gleiche Arbeit zu verrichten.“

Analoge Ergebnisse wurden auch bei anderen Exponaten erzielt. Zwar steigt die Entscheidung für N3 gegenüber N4 mit dem Alter an (chisquare=20,8; p= 0,022), gleichwohl ist dies bei der Unterscheidung von N2 zu N3 nicht der Fall. Der Faktor Geschlecht spielt übrigens in beiden Fällen keine statistisch relevante Rolle.

Die erforderliche Abstraktionsleistung ist aus der Anschauung bzw. aus praktischem Erleben nicht ohne weiteres möglich, denn Abstraktion erfordert Distanzierung vom unmittelbar Anschaulichen (vgl. Looß 2004). Hierzu bedarf es instruktionaler Unterstützung (vgl. Giest 2010) und einer entsprechenden Strukturierung des Lern- und Erkenntnisprozesses (vgl. Lompscher 2006).

Im Fortgang der Untersuchungen soll nun geprüft werden, inwiefern durch geeignete instruktionale Stützung das Lernen an den Exponaten gefördert werden kann und wie die Angebote des Exploratoriums bzw. von Science Centern im Sachunterricht für alle Kinder lernförderlich genutzt werden können.

Literatur

Exploratorium Potsdam. URL: http://www.exploratorium-potsdam.de/konzept.htm [6.12.2010].

Fiesser, L. (2001): Science-Zentren – Interaktive Erfahrungsfelder mit naturwissenschaftlich-technischer Grundlage. Flensburg: Phänomenta (Schriftenreihe zum Interaktiven Lernen, Nr. 1.) URL: http://www.phaenomenta.com/flensburg/phaenomenta/publikationen/Art-kel_Science_Zentren.pdf [6.12.2010].

Giest, H. (2010): Sachunterrichtsplanung als Planung des Lernprozesses der Schülerinnen und Schüler. In: Tänzer, S.; Lauterbach, R. (Hrsg.): Sachunterricht begründet planen. Bad Heilbrunn, S. 179-202.

Giest, H.; Alberts, S. (2010): Explorieren und Experimentieren im Science Center: Ein Beitrag zur naturwissenschaftlichen Grundbildung im Primarbereich? In: Arnold, K.-H.; Hauenschild, K.; Schmidt, B.; Ziegenmeyer, B. (Hrsg.): Zwischen Fachdidaktik und Stufendidaktik. Wiesbaden, S. 169-172. (Jahrbuch Grundschulforschung, 14.)

Lompscher, J. (2006): Tätigkeit – Lerntätigkeit – Lehrstrategie. Die Theorie der Lerntätigkeit und ihre empirische Erforschung. Berlin. (ICHS – International Cultural-historical Human Sciences, Bd. 19.)

Looß, M. (2004): Hands on! Mind off? Anmerkungen zur Didaktik in Science Centers. In: Höner, K.; Looß, M.; Müller R. (Hrsg.): Studienmaterial zu interdisziplinären Aspekten der Naturwissenschaftsdidaktiken. Münster, S. 11-26.

Schaper-Rinkel, P.; Gieseke, S.; Bieber, D. (2001): Science Center. Studie im Auftrag des BMBF. Berlin.

Universum Bremen URL: http://universum-bremen.de/de/startseite/bildung/grundlagen.html. [05.01.2010].

Anna Windt, Rupert Scheuer und Insa Melle

Methoden beim naturwissenschaftlichen Experimentieren im Elementarbereich

Pre-schoolers are highly interested in scientific experiments and posses the requirements to understand scientific phenomena. But do they also gain knowledge through such experiments? In an empirical study 221 pre-scholers conducted ten scientific experiments in two weeks. Their increase in knowledge was determined by means of a pre-post-test design. The pre-schoolers gained a highly significant increase in knowledge. The dimension of the increase depended on whether the children conducted the experiments on their own or in a guided group with nursery staff.

1. Ausgangslage

Das naturwissenschaftliche Experimentieren im Elementarbereich findet sich in den letzten Jahren wieder vermehrt in der fachdidaktischen Diskussion (z.B. Lauterbach/ Giest/ Marquard-Mau 2009). Lück (2003) hat gezeigt, dass Vorschulkinder sich für naturwissenschaftliche Phänomene interessieren. Hinsichtlich der kognitiven Voraussetzungen von Vorschulkindern zum Verständnis naturwissenschaftlicher Experimente galten lange Zeit die Ansichten von Piaget als maßgeblich, der postulierte, dass Vorschulkinder noch nicht zum logischen Denken fähig sind (z.B. Zimbardo/ Gerrig 2008). Auch wenn Piagets Theorie heute noch sehr große Bedeutung hat (Goswami 2001), finden sich viele Argumente dafür, dass seine Arbeiten nicht als abschließend zu betrachten sind (z.B. Bjorklund 2000, Sodian 2004). Hawkins et al. (1984) zeigten, dass bereits vier- bis fünfjährige Kinder in der Lage sind, logisch zu schließen. In anderen Studien stellte sich heraus, dass Vorschulkinder auch zum wissenschaftlichen Denken in der Lage sind (z.B. Koerber/ Sodian/ Thoermer/ Nett 2005). Sodian (a.a.O.) schließt aus diesen Ergebnissen, dass aus Sicht der Entwicklungspsychologie nichts dagegen spricht, Vorschulkindern Erklärungen für naturwissenschaftliche Phänomene zu vermitteln. Es sei

nicht zu erwarten, dass sie lediglich anschauliche Gegebenheiten, nicht aber dahinterliegende Zusammenhänge verstehen.
Zur Frage, ob Vorschulkinder durch das naturwissenschaftliche Experimentieren Fachwissen erwerben und welche Vermittlungsmethoden sich eignen, gibt es bislang nur wenige Erkenntnisse. Lück (2003) hat die Erinnerungsfähigkeit von Vorschulkindern an durchgeführte Experimente und ihre Deutung untersucht. Sie stellte fest, dass die Kinder rund 30% der Experimente ohne Hilfestellung rekonstruieren und sich weitere 20% mit geringer Unterstützung wieder ins Gedächtnis rufen konnten. Für die Primarstufe haben Möller et al. (2002) festgestellt, dass sich eine Strukturierung der Lernumgebung positiv auf den Wissenserwerb auswirkt, wobei der Effekt bei Kindern mit ungünstigen Lernvoraussetzungen noch größer ist. Ob sich dieser Befund auch auf den Elementarbereich übertragen lässt, ist noch zu untersuchen. An dieser Stelle setzt die hier dargestellte Untersuchung an.

2. Hypothesen der Untersuchung

- Hypothese 1: Vorschulkinder erzielen durch das naturwissenschaftliche Experimentieren einen Fachwissenszuwachs.
- Hypothese 2: Die Größe des Fachwissenszuwachses hängt von der Lernsituation ab.
- Hypothese 3: Durch das naturwissenschaftliche Experimentieren steigt das Interesse von Vorschulkindern an Naturwissenschaften.

Im Fokus dieses Beitrags stehen die Hypothesen 1 und 2, die den Fachwissenszuwachs betreffen.

3. Vorgehensweise

Lernsituationen: Bezüglich der Lernsituation aus Hypothese 2 unterscheidet und vergleicht die Untersuchung zunächst die zwei Varianten Kleingruppe und Forscher-Ecke. Beide Lernsituationen haben gemeinsam, dass jeweils vier bis sieben Kinder täglich etwa 45 Minuten die gleichen Experimente anhand der gleichen Experimentieranleitungen durchführen. Unterschiede liegen im Grad der Selbstständigkeit der Kinder und in der Rolle der Erzieherin. In der Kleingruppe experimentieren die Kinder unter Anleitung einer Erzieherin, die das Vorgehen der Kinder strukturiert. In der Forscher-Ecke experimentieren die Kinder selbstständig und die Erzieherin steht als Ansprechpartnerin bereit. Zusätzlich wurde eine Kombination aus beiden Varianten untersucht, in der die Kinder täglich zwischen Kleingruppe und Forscher-Ecke wechseln. Eine vierte Kindergruppe fungierte als Baseline und experimen-

tierte im Rahmen der Untersuchung gar nicht, sondern nahm nur an den Tests teil, um Effekte durch das wiederholte Ausfüllen der Tests zu kontrollieren.
Vergleichbarkeit der Gruppen: Um Vergleichbarkeit zu gewährleisten, wurden alle vier Lernsituationen in jeder der beteiligten Kindertageseinrichtungen realisiert und alle Gruppen von derselben Erzieherin betreut. Damit ein sinnvoller Vergleich erfolgen konnte, mussten die Gruppen möglichst gleich zusammengesetzt sein. Die Einteilung erfolgte über eine Einschätzung der Erzieherinnen mittels eines selbst entwickelten Einschätzungsbogens. Zusätzlich wurde vor Beginn der Untersuchung der kognitive Fähigkeitstest CFT 1 (Weiß/ Osterland 1997) mit den Kindern durchgeführt und die Vergleichbarkeit der Gruppen auf Grundlage dieser Daten überprüft.
Verlauf der Untersuchung: Um Hypothese 1 prüfen zu können, wurde das Fachwissen vor und nach der Durchführung der naturwissenschaftlichen Experimente mittels eines Fachwissenstests erhoben. Nach der Einschätzung der Kinder durch die Erzieherinnen und der Einteilung der vier vergleichbaren Gruppen wurde mit den Kindern der Pre-Test durchgeführt. Danach erhielten die Kinder zunächst eine Einführung in Grundsätze des Experimentierens. Anschließend führten sie anhand von farbig bebilderten Experimentieranleitungen (vgl. Windt/ Scheuer/ Melle 2009) zwei Wochen Experimente zu den Themen „Wasser“ und „Waschmittel“ durch, z.B. zu den Aggregatzuständen von Wasser. Danach folgte der Post-Test.
Schulung der Erzieherinnen: Damit alle Erzieherinnen die Kleingruppe kompetent anleiten und in der Forscher-Ecke als kompetente Ansprechpartnerin zur Verfügung stehen konnten, nahmen sie vor Beginn der Untersuchung an einer zehnstündigen Schulung teil. Zudem wurde Begleitmaterial entwickelt, in dem die Erzieherinnen während der Untersuchung alle notwendigen Informationen nachlesen konnten.
Stichprobe: An der Hauptuntersuchung waren zwölf Kindertageseinrichtungen mit insgesamt 221 Vorschulkindern beteiligt.
Fachwissenstest: Der Fachwissenstest sollte eine effiziente Messung des Fachwissens der Kinder in einer Gruppe ermöglichen. Da Vorschulkinder in der Regel noch nicht lesen und schreiben können, wurde ein Multiple-Choice-Test konstruiert, bei dem der Testleiter die Frage und die Antwortmöglichkeiten vorlas und die Kinder eine Antwort auswählten und mit einem Kreuz markierten. So ließen sich jeweils vier bis sieben Kinder gleichzeitig testen. Der Fachwissenstest besteht aus zwölf Items mit jeweils vier Antwortmöglichkeiten, von denen immer genau eine richtig ist. Zusätzlich sind zwei Übungsitems vorgeschaltet, anhand derer der Testleiter den Kindern das Testformat erläuterte. Sowohl die Fragen als auch die Antwortmöglichkeiten sind in kindgerechter Sprache formuliert. Zusätzlich erleichtern bei den meisten Items Zeichnungen das Verständnis. Der Fachwissenstest wurde identisch

als Pre- und Post-Test eingesetzt. Die Durchführung dauerte 20 bis 40 Minuten. Cronbachs-Alpha beträgt für den Post-Test 0,630.

4. Ergebnisse

Die vier Gruppen sind sowohl bezüglich der Einschätzungen der Erzieherinnen als auch bezüglich des kognitiven Fähigkeitstests und des Vorwissens miteinander vergleichbar.
Hypothese 1 lässt sich durch die erhobenen Daten bestätigen: Die Vorschulkinder der Interventionsgruppen erzielen im Vergleich zur Baseline einen hochsignifikanten Fachwissenszuwachs.
Es finden sich auch die in Hypothese 2 postulierten Unterschiede: Kleingruppe und Kombination schneiden ähnlich gut ab, aber beide besser als die Forscher-Ecke (Abb. 1). Eine Varianzanalyse, in die die Residuen aus Pre- und Post-Fachwissenstest als abhängige Variable eingehen, zeigt allerdings, dass die Unterschiede zwischen den drei Interventionsgruppen nicht signifikant sind: $F = 1,784$, $p = 0,172$, $\eta^2 = 0,026$. Der Effekt ist mittel bis schwach. Einzelvergleiche in Form von Kontrasten ergeben auch keine signifikanten Unterschiede zwischen jeweils zwei der drei Gruppen, aber ebenfalls schwache bis mittlere Effekte (Abb. 1).
Die Irrtumswahrscheinlichkeiten liegen aber nicht fernab des geforderten Signifikanzniveaus von 5%. Aufgrund der durchaus guten Effektgrößen lässt sich vermuten, dass die Ergebnisse bei einer größeren Stichprobe das Signifikanzniveau erreicht hätten. Die Stichprobe ist bei dieser Fragestellung gegenüber der ursprünglichen verringert, da nur die Kinder Berücksichtigung finden, für die im Pre- und Post-Test Daten vorliegen.

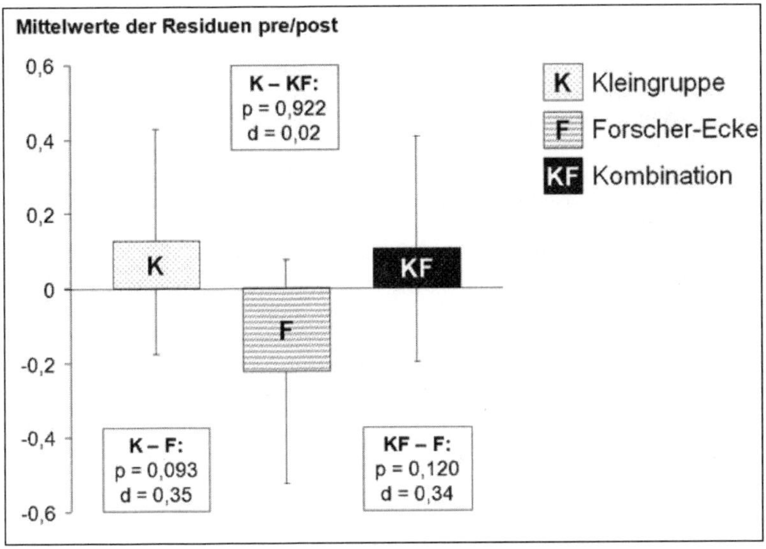

Abb. 1: Mittelwerte der Residuen aus Pre- und Post-Fachwissenstest, Irrtumswahrscheinlichkeiten p und Effektgrößen d der Kontraste, n (K) = 46, n(F) = 46, n(KF) = 43)

5. Fazit

Die Untersuchung zeigt, dass Vorschulkinder durch das naturwissenschaftliche Experimentieren einen Fachwissenszuwachs erzielen. Hinsichtlich der verschiedenen Methoden lässt sich mit Einschränkung – aufgrund fehlender statistischer Signifikanz – folgern, dass Vorschulkinder offenbar eine gewisse Anleitung durch die Erzieherin benötigen. Wenn sie ausschließlich selbstständig in der Forscher-Ecke experimentieren, haben sie einen geringeren Fachwissenszuwachs. Die Anleitung muss aber nicht permanent erfolgen. Wenn die Kinder phasenweise eine Anleitung durch die Erzieherin erhalten, können sie auch erfolgreich in der Forscher-Ecke selbstständig experimentieren, was sich daran zeigt, dass die Kinder der Kleingruppe und der Kombination einen annähernd äquivalenten Fachwissenszuwachs erzielen.

Literatur

Bjorklund, D.F. (2000): Children's Thinking. Developmental Function and Individual Differences. Belmont.

Goswami, U. (2001): So denken Kinder. Einführung in die Psychologie der kognitiven Entwicklung. Bern.

Hawkins, J.; Pea, R.D.; Glick, J.; Scribner, S. (1984): "Merds that laugh don't like mushrooms!": Evidence for deductive reasoning by preschoolers. In: Developmental Psychology, 20 (4), pp. 584-594.

Koerber, S.; Sodian, B.; Thoermer, C.; Nett, U. (2005): Scientific reasoning in young children: Preschoolers' ability to evaluate covariation evidence. In: Swiss Journal of Psychology, 64 (3), pp. 141-152.

Lauterbach, R.; Giest, H.; Marquard-Mau, B. (Hrsg.)(2009): Lernen und kindliche Entwicklung. Elementarbildung im Sachunterricht. Bad Heilbrunn.

Lück, G. (2003): Handbuch der naturwissenschaftlichen Bildung. Theorie und Praxis für die Arbeit in Kindertageseinrichtungen. Freiburg im Breisgau.

Möller, K.; Jonen, A.; Hardy, I.; Stern, E. (2002): Die Förderung von naturwissenschaftlichem Verständnis bei Grundschulkindern durch Strukturierung der Lernumgebung. In: Zeitschrift für Pädagogik, Beiheft 45, S. 176-191.

Sodian, B. (2004): Die Entwicklung des Denkens. Vom Vorschul- zum Grundschulalter. In: Theorie und Praxis der Sozialpädagogik, 112 (9/10), S. 12-16.

Weiß, R.; Osterland, J. (1997): Grundintelligenztest Skala 1. Göttingen.

Windt, A.; Scheuer, R.; Melle, I. (2009): Naturwissenschaftliches Experimentieren im Elementarbereich – Evaluation verschiedener Methoden. In: Höttecke, D. (Hrsg.): Entwicklung naturwissenschaftlichen Denkens zwischen Phänomenen und Systematik. Berlin, S. 224-226.

Zimbardo, P.G.; Gerrig, R.J. (2008): Psychologie. München.

Julia Menger

Das Modell der zirkulären Entfaltung von Denkwegen als Basis technischer Verstehensprozesse

Children often experience the influence of technology around them, but there is little emphasis placed on technology within a scientific education in primary schools in Germany. One of the reasons for this could be a lack of research projects that ascertain young learners' conceptions of technical issues. An investigation into the previous knowledge held by nine to ten year old children of simple machines has demonstrated children's reasoning. It shows that experiences handling materials can lead to children's understanding of technological processes. Starting from an intuitive level of understanding, children can attain the factual level and finally the level of technical awareness in a circular model.

Technische Elementarbildung bereitet Kinder auf vielfältige Weise auf das Leben vor. Sie lernen nicht nur elementare technische Handlungsfähigkeiten (z.B. den Gebrauch von Werkzeugen), sondern auch die gedankliche Erschließung technischer Zusammenhänge (vgl. Zolg 1997). Obwohl die Notwendigkeit eines technischen Sachunterrichts unbestritten ist, bleibt er im Grundschulunterricht häufig unterrepräsentiert (vgl. Möller/ Tenberge 1996). Ganz im Gegensatz dazu hat der naturwissenschaftliche Sachunterricht in den letzten Jahren eine sehr starke Betonung erfahren. Die Ergebnisse der zum Teil sehr aufwändigen Schülervorstellungsstudien (vgl. Duit 1997) liefern komplexe Informationen über vorhandene Vorstellungen von Schülern verschiedener Altersklassen und leiten daraus didaktische Konsequenzen zur Verbesserung der Unterrichtsqualität ab. Im Bereich der technischen Bildung fehlen derartige Studien national wie international fast vollständig. Doch für die Entwicklung von strukturierten Lernumgebungen für den technischen Sachunterricht ist die Erhebung der Schülervorstellungen zu technischen Themen unerlässlich. Explorative Studien mit komplexen Erhebungsdesigns könnten weit über die Begriffsforschung hinaus gehen und die technische Handlungsfähigkeit, wie auch die Struktur des technischen Wissens bei Kindern erforschen. Hier knüpft der folgende Artikel an, in dem ein Forschungsprojekt vorgestellt wird, das im Kontext des Forschungsprogramms Didaktische Rekonstruktion (Kattmann et al. 1997, Duit et al. 2005) Schülervorstellungen zu einfachen mechanischen Maschinen erhebt, um erste Rückschlüsse auf Denkwege der Schüler/innen und didaktische Konsequenzen ziehen zu können.

1. Forschungsdesign

Einfache Maschinen sind mechanische Geräte, die die Größe oder Richtung von Kräften so ändern, dass Arbeit mit möglichst geringem Kraftaufwand verrichtet werden kann. Zu den einfachen Maschinen zählen Rollen, Räder, Hebel, schiefe Ebenen und Stangen. Sie werden nicht nur zum Lastentransport eingesetzt, sondern sind auch die Basis vieler Werkzeuge, Haushaltsgeräte und Spielzeuge. Zudem bilden einfache Maschinen auch die Grundlage komplexerer Industriemaschinen (vgl. Schreier 2006). Da einfache mechanische Maschinen Kinder in ihrer Lebenswirklichkeit umgeben, ist davon auszugehen, dass sie bereits Erfahrungen mit ihnen gemacht haben. Die Erhebung stellt nicht spezielle Fachbegriffe oder Gesetzmäßigkeiten in den Vordergrund, sondern konzentriert sich darauf, zu ergründen, wie Kinder im Altern zwischen 8 und 10 Jahren einfache mechanische Maschinen beim Transport einer Last verwenden und worin sie die Ursache der verspürten Erleichterung des Transports sehen. Da es sich um eine explorative Studie handelt, musste das Erhebungsdesign sehr offen sein. In Anlehnung an Witzels problemzentriertes Interview (vgl. 1982, 1985) wurden zwei Phasen miteinander kombiniert. Im ersten Teil der Erhebung sollten sich die Kinder in Gruppen zu viert praktisch-handelnd mit einfachen mechanischen Maschinen auseinandersetzen, indem sie einen schweren Eimer auf eine etwas weiter entfernte Kiste stellen sollten. Sie durften dabei verschiedene Hilfsmittel verwenden (Besenstiel, Holzbretter, Seile, Rollbrett, Messwerkzeuge, Klebeband, Rollen...). Ihre verschiedenen Lösungen führten sie zu der Erkenntnis, dass der Transport durch den Einsatz von Stange, Rolle oder Hebel deutlich erleichtert wurde. Im nachfolgenden problemzentrierten Interview wurde die Gruppe nicht nur in Bezug auf die Ursache dieser Erleichterung befragt, sondern auch bezüglich ihrer Materialauswahl, möglicher Analogien oder Bezüge zu ihrer Lebenswirklichkeit. Durch gezielte Fragen und Impulse waren die Kinder gezwungen, ihre Lösungskonstruktionen aus der ersten

Phase zu reflektieren und verbalisierten so ihre Vorstellungen und ihr vorhandenes Wissen.

2. Ausgewählte Ergebnisse: Gründe für die Erleichterung

Die inhaltsanalytische Datenauswertung zeigt wiederkehrende Argumentationsstrukturen in den einzelnen Interviews. Die Kinder antworten auf die Frage, warum der Einsatz des Rollbrettes, der festen Rolle oder der Stange eine Transporterleichterung bewirkt, mit erfahrungsbezogenen oder materialbezogenen Erklärungen.
Bei den *erfahrungsbezogenen* Ansätzen erweisen sich zwei Erfahrungen als zentral. Die Kinder haben erlebt, dass der Transport einer Last ohne den Einsatz einer Maschine zu einer recht schnellen Ermüdung der Arme führt und verwenden diese Erkenntnis für die Erklärung der Erleichterung. Durch den Einsatz der Maschine werden die Arme entlastet und ermüden nicht so schnell, wodurch der Transport weniger anstrengend erscheint. Die zweite wesentliche Erfahrung bezieht sich darauf, dass ein Transport zu zweit gegenüber dem Transport alleine deutlich vorteilhafter ist. Dabei ist den Kindern jedoch nicht bewusst, dass auf diese Weise das Gewicht der Last auf zwei Personen aufgeteilt wird und jeder nur die Hälfte tragen muss. Die *materialbezogenen* Ansätze weisen große Unterschiede auf. Sie beziehen sich auf die einzelnen Bestandteile des Materials und ihre „Aktivitäten", so dass nur bei den Rollen Gemeinsamkeiten festgestellt werden können. Sowohl beim Rollbrett als auch bei der festen Rolle identifizieren die Kinder die Drehbewegung der Rolle als eine Hauptursache der Erleichterung. Da die Stange keine materialbezogenen Gemeinsamkeiten zu den anderen beiden Maschinen aufweist, werden in den Schüleraussagen ebenfalls keine deutlich. Da sowohl erfahrungs- als auch materialbezogene Erklärungen essenziell sind, um die Funktionsweise einfacher mechanischer Maschinen im Kern verstehen zu können, sollte die Zusammenführung dieser beiden Komponenten das Ziel didaktischer Handlungen sein. Um spezifische Informationen darüber gewinnen zu können, welche Leitlinien und Prinzipien der Konstruktion einer Lernumgebung zu Grunde liegen müssten, waren weitere rekursive Forschungsschritte notwendig.

3. Die zirkuläre Entfaltung der Denkwege als Modell für didaktisch-fachliche Analysen

Die rekursive Analyse der Erklärungsmuster im Zusammenhang mit der Fachstruktur einfacher mechanischer Maschinen verdeutlicht, dass der Erfahrung im Lernprozess eine exponierte Rolle zukommt (vgl. hierzu auch Lück 2000, Rumpf 1991). Speziell für diese Thematik ebnet sie nicht nur den Weg für wesentliche physiologische Erkenntnisse (günstige Körperhaltungen beim Transport), sondern ermöglicht es allen Schülern, sich an der gemeinsamen Phänomenerschließung und -deutung zu beteiligen und somit den Gruppenprozess zu bereichern. Als erstrebenswert erweisen sich offene Phasen zur freien Orientierung und Exploration, die ein unmittelbares, körpernahes Erleben aller einfachen Maschinen als Hilfsmittel ermöglichen. Erst dann haben die Schüler zwanglos Gelegenheit zum Staunen, genauen Hinsehen, Beobachten und Nachdenken. Sie profitieren in besonderer Weise von der Arbeit in der Gruppe, da sie sich zunächst ihrer Beobachtungen bewusst werden müssen, um sie dann versprachlichen und in der Diskussion mit Mitschülern anreichern, bewerten und reflektieren zu können. Das schärft den Blick jedes Einzelnen und schafft einen großen Rohbestand an Erklärungselementen, aus denen dann einzelne Elemente ausgewählt und zu einer Erklärung zusammengefügt werden können. Die so wachsende Verinnerlichung zentraler Zusammenhänge eröffnet eine neue Sicht auf Phänomene des Alltags und liefert wesentliche Komponenten für das Entdecken von Analogien. Dann sind die Wirkprinzipien einfacher mechanischer Maschinen durch die Lebenswirklichkeit verifiziert und im bereits bestehenden Wissen verankert, so dass die Kinder einen Sinn für das Allgemeine, Gesetzhafte entwickeln: „So bewegt der Einzelfall das Kind nicht mehr um seiner selbst willen, sondern erscheint ihm als ‚Fall', das heißt als Beispiel für ein Allgemeines, eine Regel, ein Gesetz, das sich in diesem besonderen Tatstand auswirkt. Der anschauliche Einzelfall wird also in einen übergreifenden Zusammenhang gestellt" (Zietz 1969, S. 46).

4. Zusammenfassung und Ausblick

„Nur die aktive Auseinandersetzung mit den kognitiven Möglichkeiten der Grundschulkinder kann helfen, Unterricht zu planen und durchzuführen, der das Denken der Kinder aufnimmt, der sie neugierig macht, ihre Fragen weckt und sie auf ihrer Suche nach Antworten selbständig werden lässt" (Biester 1991, S. 8). Die hier vorgestellte Studie kann nur einen kleinen Beitrag zur Präzisierung einer Technikdidaktik für die Grundschule leisten. Sie hat gezeigt, dass für das kindliche Erfassen technischer Zusammenhänge der Erfahrungsbezug und das körpernahe Erleben eine zentrale Funktion einnehmen. Vor allem das gemeinsame körpernahe Erleben schafft eine Basis für gruppendynamische, kommunikative Prozesse, die ein *gemeinsames* gedankliches und sprachliches Durchdringen des Phänomens ermöglicht. Weiterhin führte der iterative Forschungsprozess zu dem Modell der zirkulären Denkwege und damit zu technikspezifischen Prinzipien und Leitlinien. In diesem Zusammenhang bleibt zu überprüfen, ob durch den Verzicht auf ein reines Lernen an Modellen zu Gunsten eines körpernahen Erlebens nachhaltige Erkenntnisse erworben werden können, die ein besseres Verständnis abstrakterer, fachspezifischer Perspektiven in der Sekundarstufe I ermöglichen.

Literatur

Biester, W. (Hrsg.) (1991): Denken über Natur und Technik. Zum Sachunterricht in der Grundschule. Bad Heilbrunn.

Duit, R. (1997): Alltagsvorstellungen im naturwissenschaftlichen Unterricht – Forschungsstand und Perspektiven für den Sachunterricht der Primarstufe. In: Köhnlein, W. (Hrsg.): Kinder auf dem Wege zum Verstehen der Welt. Bad Heilbrunn, S. 233-246.

Duit, R.; Gropengießer, H; Kattmann, U. (2005): Towards science education research that is relevant for improving practice: The model of educational reconstruction. In: Fischer, H.E. (Ed.): Developing standards in research on science education. London, S. 1-9.

Kattmann, U.; Duit, R.; Gropengießer, H.; Komorek, M. (1997): Das Modell der Didaktischen Rekonstruktion – Ein Rahmen für naturwissenschaftsdidaktische Forschung und Entwicklung. In: Zeitschrift für Didaktik der Naturwissenschaften, 3, 3, S. 3-18.

Lück, G. (2000): Naturwissenschaften im frühen Kindesalter. Untersuchungen zur Primärbegegnung von Vorschulkindern mit Phänomenen der unbelebten Natur. Naturwissenschaften und Technik – Didaktik im Gespräch. Münster.

Möller, K.; Tenberge, C. (1996): Handlungsintensives Lernen und Aufbau von Selbstvertrauen im Sachunterricht. In: Marquardt-Mau, B.; Köhnlein, W.; Lauterbach, R. (Hrsg.): Forschung zum Sachunterricht. Bad Heilbrunn, S. 134-153.

Rumpf, H. (1991): Erlebnis und Begriff. Verschiedene Weltzugänge im Umkreis von Piaget, Freud und Wagenschein. In: Zeitschrift für Pädagogik, 37, S. 329-346.

Schreier, H. (2006): Wo die Dinge herkommen. In: Weltwissen Sachunterricht, H. 4, S. 42-49.

Witzel, A. (1982): Verfahren der qualitativen Sozialforschung. Überblick und Alternativen. Frankfurt a.M.: Campus.

Witzel, A. (1985): Das problemzentrierte Interview. In: Jüttemann, G.: Qualitative Forschung in der Psychologie. Grundfragen, Verfahrensweisen, Anwendungsfelder. Weinheim, S. 227-255.

Zietz, K. (1969): Kind und physische Welt. Psychologische Voraussetzungen der Naturlehre in der Volksschule. München.

Zolg, M. (1997): Zur Notwendigkeit technischer Elementarbildung. In: Die Grundschulzeitschrift, H. 108, S. 6-11.

Christina Klätte

Kenntnisse von Grundschulkindern zum Nationalsozialismus und Holocaust – eine empirische Untersuchung in der vierten Jahrgangsstufe

Current results of constructive research show that bias – like non-suitability of age – against National Socialism/ Holocaust as a topic in Sachunterricht in the Primary School can be refuted by practical findings. Analyzed results of a comprehensive study can help to overcome reservations in educational practice. In line with this study about National Socialism/ Holocaust data were collected about the knowledge of 600 fourth grade children in school year 2009/2010 in Berlin, Brandenburg and North Rhine-Westphalia. The aim is to gain imperative knowledge of the 2008/2009 elaborated presumption about introducing this topic in grade four as well as pointing out conditions of family and location which have an impact on children's knowledge.

1. Forschungsstand

Erst in den letzten zwei Jahren wurden qualitativ angelegte Forschungsarbeiten zu den Perspektiven und dem Geschichtsbewusstsein von Grundschulkindern zu Nationalsozialismus/Holocaust von Andrea Becher (2008 und 2009), Alexandra Flügel (2008 und 2009) und Vera Hanfland (2008) veröffentlicht. Gemeinsam ist ihnen, dass sie die seit 1996 geführte Diskussion[1] über eine Holocaust-Education in der Grundschule durch erste empirische Befunde zu den Kenntnissen neun- und zehnjähriger Kinder grundlegend beeinflussen. Neben z.T. sehr differenziertem Wissen (selbst zum Genozid) wurden Geschichtskenntnisse sichtbar, die Rita Rohrbach 2001 als „gefährliches Halbwissen" (Rohrbach 2001, S. 299) bezeich-

[1] Eine ausführliche Darstellung zum Verlauf und der frühen grundschulbezogenen Diskussion findet man bei Heike Deckert-Peaceman (vgl. Deckert-Peaceman 2002). Den aktuellen Stand der Diskussion haben Detlef Pech und Sabine Erbstößer auf der GDSU-Tagung 2009 vorgestellt und daran orientiert neue Forschungsdesiderate formuliert (vgl. Pech/ Erbstößer 2010).

nete. Zu nennen ist beispielsweise die Fokussierung auf die Person Adolf Hitlers (vgl. Flügel 2008, 2009, Becher 2008, 2009) und die Wahrnehmung von Juden als „Andere" oder Nicht-Deutsche (vgl. Becher 2009). Die Ergebnisse deuten darauf hin, dass bereits Grundschulkinder Geschichtsdeutungen von Jugendlichen und Erwachsenen teilen (vgl. Becher 2009, Flügel 2008). Eine umfassendere empirische Prüfung der grundschulbezogenen Forschungsbefunde steht noch aus, könnte möglicherweise aber helfen, die Bedenken in der pädagogischen Praxis – wie eine Nichtaltersangemessenheit der NS-Geschichte – zu überwinden. Meine Studie orientiert sich an den Ergebnissen der qualitativen Forschung und will einen Beitrag dazu leisten, noch offene Fragen mit Hilfe quantitativer Methoden zu klären – wie die nach dem möglichen Einfluss eines Migrationshintergrundes auf die Kenntnisse.
2009 wurden im Rahmen meiner Masterarbeit in einer ersten explorativen Studie mit 213 Kindern in 18 Klassen die Eckpunkte des Vorhabens markiert. Obwohl in keiner der Klassen eine systematische unterrichtliche Thematisierung stattgefunden hatte, konnte festgestellt werden, dass zum einen Schulkinder der fünften Jahrgangsstufe signifikant mehr Fragen richtig beantworteten als Kinder der vierten. Zum anderen wussten Kinder in Berlin signifikant mehr als Kinder im Flächenland Brandenburg..

2. Ziel, Forschungsfragen, Methode

Ziel des Promotionsvorhabens ist es, die in den wenigen qualitativen Studien 2008/2009 herausgearbeitete Annahme einer möglichen Thematisierung von Nationalsozialismus/ Holocaust in der vierten Jahrgangsstufe empirisch fundiert weiter zu entwickeln sowie Faktoren aufzuzeigen, die das Wissen der Kinder beeinflussen. Von zentralem Interesse sind folgende Forschungsfragen: Welche Unterschiede in den Kenntnissen und im Interesse der Kinder zeigen sich im Vergleich von Beginn und Ende des vierten Schuljahres? Haben Wohnort und der familiäre Hintergrund (sozioökonomischer Status der Eltern, soziales und kulturelles Kapital) Einfluss auf die Kenntnisse der Kinder?
Um diese Forschungsfragen zu beantworten, wurde im Schuljahr 2009/2010 an zwei Messzeitpunkten eine schriftliche Befragung von insgesamt 600 Kindern der vierten Jahrgangsstufe sowie ihrer Eltern und Klassenlehrer/innen in verschiedenen Bezirken und Orten Berlins, Brandenburgs und Nordrhein-Westfalens durchgeführt (vgl. Tab. 1). Folgende Untersuchungsinstrumente wurden hierzu entwickelt:

a. ein Schülerfragebogen, der neben Fragen zum soziodemographischen Hintergrund Multiple-Choice-Aufgaben (zu den inhaltlichen Bereichen Herrschaftssystem, Widerstand, Zweiter Weltkrieg und Holocaust) mit vier Antwortmöglichkeiten sowie eine Multiple-Choice-Aufgabe mit sieben Antwortmöglichkeiten zum Interesse der Kinder und offene Aufgaben enthält,

b. ein Lehrerfragebogen, der nach soziodemografischen Daten, der persönlichen Einstellung gegenüber einer Thematisierung von Nationalsozialismus/Holocaust mit Grundschulkindern sowie nach den bisherigen Unterrichtserfahrungen der Schulklasse fragt,

c. ein Elternfragebogen, um Informationen über den familiären Hintergrund zu erhalten (z.B. Bildungs- und Migrationshintergrund).

Tabelle 1: Aus Längs- und Querschnitt kombiniertes Untersuchungsdesign unter Einbeziehung zweier Kontrollgruppen

	Voruntersuchung	**1. Hauptuntersuchung (1. HU)**	**2. Hauptuntersuchung (2. HU)**	
Messzeitpunkt (MZP)	Juli 2009 (Ende 4. SJ)	Sep.-Okt. 2009 (Anfang 4. SJ)	Mai -Juli 2010 (Ende 4. SJ)	
Standorte in…	Berlin	Berlin, Brandenburg	Berlin, Brandenburg, Nordrhein-Westfalen	
Sample	(N_S = 86) (N_L = 6)	(N_S = 164) (N_L = 13)	Erneute Befragung der 164 S + 13 L; hinzu kommen die 164 Eltern(paare) der S + 100 S und 100 Eltern (paare) (=Kontrollgruppe „Lernzuwachs“)	**Längsschnitt**
* Abk. L = Lehrkräfte S = Schulkinder			Hinzu kommen ca. 400 S, inkl. 200 S in NRW (=Kontrollgruppe „Wohnort“), sowie ihre L und E	**Querschnitt**

3. Erste Ergebnisse

An dieser Stelle können zunächst nur erste Erfahrungen und Eindrücke aus der Rekrutierung der Stichprobe sowie deskriptive Ergebnisse der Voruntersuchung (Ende 4. SJ) und der 1. HU (Anfang 4. SJ) mitgeteilt werden.
Bereits auf der Ebene der Organisation der Studie lassen sich Erkenntnisse, z.B. zu Vorbehalten in der pädagogischen Praxis bezogen auf das Thema, gewinnen. Eine Absage wurde auf inhaltlicher Ebene am häufigsten mit einer Nichtaltersangemessenheit des Themas und einem fehlenden Rahmenlehrplanbezug begrün-

det. Aber auch seitens der Eltern ist die Skepsis groß. Für ein ausbleibendes Einverständnis zur Befragung des Kindes wurde neben den o.g. Gründen von einigen Eltern mit türkischem oder arabischem Hintergrund die Befürchtung geäußert, dass Juden „wieder" in der Opferrolle dargestellt werden könnten. Im Mittel nehmen nur ca. 50% der Schüler/innen einer Klasse teil. Angesichts dieser Situation werden die 1. und 2. HU an 30 Grundschulen durchgeführt, um die nötige Stichprobengröße zu erreichen.

Einer der wohl bedeutendsten Zwischenbefunde der Befragung von bisher 19 Lehrkräften an Berliner und Brandenburger Grundschulen ist das zu gering eingeschätzte Interesse der Kinder für die Geschichte des Nationalsozialismus/ Holocaust. Lediglich 7 von 19 Lehrer/innen denken, dass mehr als 50% der Schüler/innen das Thema interessant finden. Tatsächlich kreuzten sogar 68% der bisher befragten Schüler/innen „Ich finde das Thema sehr spannend" an. Immerhin 16 von 19 Lehrer/innen sind der Meinung, dass Nationalsozialismus/ Holocaust schon vor der siebten Klassenstufe das erste Mal im Unterricht thematisiert werden sollte. Für 9 Lehrer/innen ist dies ab dem vierten Schuljahr denkbar.

Als wichtigste Informationsquellen nannten die Kinder der Voruntersuchung und der 1. HU „Unterricht" (66%), „Fernsehen" (63%), „Gespräche in der Familie" (56%) sowie visuelle Medien bzw. „Zeitungen und Bücher" (55%). Von 21 Multiple-Choice-Aufgaben wurden im Sample der 1. HU im Mittel 8,4 (SD=2,9) richtig beantwortet. Beispielsweise erkannten bereits 71% der Kinder Adolf Hitler und 69% das Hakenkreuz als Zeichen der Nationalsozialisten. 26% konnten die offene Frage nach dem Geschehen in nationalsozialistischen Konzentrationslagern mit einer zutreffenden Aussage beantworten.

Die ersten Befunde weisen möglicherweise darauf hin, dass sowohl historische Orte in der Umgebung des Wohnortes und der Schule als auch ein Migrationshintergrund Einfluss auf die Kenntnisse der Kinder haben. Von den sieben an der 1. HU teilnehmenden Schulen konnten Kinder einer Grundschule in unmittelbarer Nachbarschaft zum größten jüdischen Friedhof Europas mit einem Durschnitt von 10,1 die meisten Fragen beantworten. Kinder einer Grundschule, deren Schülerschaft bis zur 1. HU mit ca. 55% den höchsten Anteil nicht oder nicht ausschließlich deutscher Herkunft in der Stichprobe hatte, beantworteten im Gruppenvergleich durchschnittlich 7,0 und damit die wenigsten Fragen richtig.

4. Ausblick

Die Erfahrungen aus der Rekrutierung deuten darauf hin, dass Lehrer/innen Meinungen von Eltern in Entscheidungen über „strittige" Unterrichtsinhalte berücksichtigen. Als Resultat eines vermeintlichen Dialogs zwischen Lehrer/innen und Eltern kann die Aussage einer Lehrkraft gesehen werden, die sich für Willi

Fährmanns aus geschichtsdidaktischer Perspektive durchaus problematischen Band (vgl. Erbstößer/ Klätte/ Pech 2009) „Der überaus starke Willibald“ als Klassenlektüre entschied. Bei einem anderen Kinder- und Jugendbuch, das die Geschichte des Nationalsozialismus/Holocaust „offensichtlicher“ tangiert, hätte sie die Ablehnung der Eltern gefürchtet. Ferner weisen diverse Begründungen von Eltern gegen eine Befragung ihrer Kinder auf den Wunsch der Erziehungsberechtigten hin, ihnen das Informationsmonopol oder auch die Deutungshoheit zu dieser Zeit der deutschen Geschichte zu überlassen. Wenn man als Ergebnis nun aber feststellt, dass Kinder zum Ende des vierten Schuljahres umfangreichere Kenntnisse und ein größeres Interesse am Thema als noch zum Anfang des vierten Schuljahres haben, kann als Argument für eine erste Thematisierung von Nationalsozialismus/Holocaust schon vor der fünften Klassenstufe das durch Empirie belegte Interesse respektive die „Offenheit“ der Kinder in diesem Alter formuliert werden. Ein möglicher Einfluss z.B. des Migrationshintergrundes würde hingegen die Frage nach neuen didaktischen Zugängen aufwerfen.

Literatur

Becher, A. (2008): „Der wollte die Juden ausrotten und dann hat er sie vergasen und aushungern lassen.“ Kann eine „Erziehung nach Auschwitz“ im Sachunterricht eine „Erziehung nach Auschwitz“ sein? In: Giest, H; Wiesemann, J. (Hrsg.): Kind und Wissenschaft. Bad Heilbrunn, S. 121-131.

Becher, A. (2009): Die Zeit des Holocaust in Vorstellungen von Grundschulkindern. Eine empirische Untersuchung im Kontext von Holocaust Education. Oldenburg. (Beiträge zur Didaktischen Rekonstruktion, Bd.25)

Deckert-Peaceman, H. (2002): Holocaust als Thema für Grundschulkinder. Ethnographische Feldforschung zur Holocaust Education am Beispiel einer Fallstudie aus dem amerikanischen Grundschulunterricht und ihre Relevanz für die Grundschulpädagogik in Deutschland. Frankfurt am Main. (Europäische Hochschulschriften: Reihe 11, Pädagogik; Bd. 862.)

Erbstößer, S.; Klätte, C.; Pech, D. (2009): Kinderliteratur zu Holocaust/Nationalsozialismus – bewertet aus der Perspektive des historischen Lernens. In: www.widerstreit-sachunterricht.de, Ausgabe 13.

Flügel, A. (2008): „Kinder können das auch schon mal wissen und nicht nur, dass alles schön ist!“ In: www.widerstreit-sachunterricht.de, Ausgabe 10.

Flügel, A. (2009): „Kinder können das auch schon mal wissen…“ Nationalsozialismus und Holocaust im Spiegel kindlicher Reflexions- und Kommunikationsprozesse. Opladen/ Farmington Hills.

Hanfland,V. (2008): Holocaust – ein Thema für die Grundschule? Eine empirische Untersuchung zum Geschichtsbewusstsein von Viertklässlern. Münster. (Reihe Geschichtskultur und historisches Lernen, Bd.3.)

Pech, D.; Erbstößer, S. (2010): Institutionelle Begründungen und Nicht-Begründungen für Haltungen zu einem Besuch von Grundschüler/innen in Gedenkstätten und Museen zur Thematisierung von Nationalsozialismus/Holocaust. In: Giest, H.; Pech, D. (Hrsg.): Anschlussfähige Bildung im Sachunterricht. Bad Heilbrunn, S. 119-129.

Rohrbach, R. (2001): Nationalsozialismus als Thema im frühen historischen Lernen. Erfahrungen und Unterrichtsmaterialien. In: Bergmann, K.; Rohrbach, R. (Hrsg.): Kinder entdecken Geschichte. Schwalbach, S. 298-365.

Jakob Dondl

Gemeinwohl statt Individualinteressen
Ergebnisse und Konsequenzen einer empirischen Studie zu den politischen Vorstellungen von Viertklässlern

There is a disagreement in today's didactic literature for primary schools concerning the adequate level of complexity of political education. One reason for that is the lack of reliable empirical research concerning specific competences of children. In order to reduce that void a study with fourth-graders has been conducted. An ensuing analysis of several group discussions revealed: The children who participated in the debates are not only able to grasp complex political issues but also show a remarkable interest in the wellbeing of their community.

1. Forschungsstand zu den politischen Kompetenzen von Kindern

Das Politik- und Demokratie-Lernen hat sich mittlerweile in unseren Grundschulen – und insbesondere im Sachunterricht – als fester Bestandteil etablieren können. Bei Betrachtung der hierfür relevanten didaktischen Literatur fällt auf, dass die verschiedenen Beurteilungen der politischen Kompetenzen von Grundschulkindern in starkem Maße voneinander abweichen. Uneinigkeit herrscht vor allem in der Frage nach dem für die Kinder angemessenen Grad an Komplexität und Problemorientierung. Während viele didaktischen Konzepte für die Grundschule ein *demokratieorientiertes* und *soziales* Lernen in den Mittelpunkt stellen (siehe z.B. Himmelmann 2005, Beutel/ Fauser 2001, Prote 2000), halten andere Ansätze ein problemorientierteres *politisches* Lernen für angebrachter (siehe z.B. von Reeken 2007, Weißeno/ Detjen/ Juchler/ Massing/ Richter 2010).

Der Grund für den großen Interpretationsspielraum bei der Einschätzung politischer Kompetenzen von Kindern liegt vor allem an einem Mangel an empirisch abgesicherten Befunden. Dagmar Richter formulierte, dass bislang

„nicht bekannt [ist], wie Alltagswissen der Kinder über Politik (…) genauer aussieht. (…) Welche Segmente der verschiedenen Politikfelder werden von ihnen erfasst? Welche Konzepte liegen ihren Vorstellungen zugrunde?" (1998, S. 59). Obgleich in den letzten Jahren einzelne Studien zu politischen Vorstellungen von Kindern durchgeführt worden sind (siehe exemplarisch Kalcsics/ Raths/ Dätwyler 2010), wurden die von Richter aufgeworfenen Fragen bis heute nicht hinreichend beantwortet. An dieser Forschungslücke setzt eine empirische Untersuchung des Autors an. Ein Forschungsziel liegt dabei in der Erlangung neuer Kenntnisse zu den politischen Vorstellungen und Kompetenzen von Kindern.

2. Methodisches Vorgehen

Im Rahmen der qualitativen Studie wurden insgesamt 22 leitfadengestützte Gruppendiskussionen mit je etwa sieben Kindern aus der vierten Jahrgangsstufe zweier bayerischer Grundschulklassen durchgeführt. Die Gruppendiskussionen fanden ihren Ausgangspunkt in Dilemmageschichten, die an die Alltagserfahrungen der Kinder anschlossen und sich an der von Georg Lind (2003) entwickelten *Konstanzer Methode* der Dilemmadiskussion orientierten. Beispielsweise ging es darum, wer über die Verwendung einer Geldprämie bestimmen darf, die eine Grundschule zur Verfügung gestellt bekommt: Schüler, Lehrer oder Bürgermeister? Die Dilemmageschichten sind in ihrer Ausrichtung mehr einem – von Karl Rohe (1994) charakterisierten – Verständnis von Politik im *weiten* Sinne zuzuordnen. Sie sollten Grundreize setzen, von denen ausgehend die Kinder in den Gruppendiskussionen mannigfaltige Aspekte von Demokratie und Politik (auch im *engen* Sinne) verhandeln konnten. Die Gruppendiskussionen wurden audiovisuell aufgezeichnet und transkribiert. Ihre Auswertung erfolgte mittels des mikrosprachlich-linguistischen Verfahrens der *integrativen texthermeneutischen* Analysemethode (nach Kruse 2008, 2009). Ein Ziel war es, in Anlehnung an die *Dokumentarische Methode* von Ralf Bohnsack, „qualitative Muster kollektiver Orientierungen" aufzuzeigen. Veranschaulicht werden diese durch Originalzitate aus den Transkripten, welche im Sinne Bohnsacks (2003) als „dramaturgische Höhepunkte" verstanden werden.

3. Ergebnisse

Die an den Gruppendiskussionen beteiligten Kinder entwerfen in sozialen und politikorientierten Fragen regelmäßig Lösungsmodelle, die auf die Bedürfnisbefriedigung möglichst vieler Betroffener ausgerichtet sind:

„Wenn die Schule entscheidet, dann sind MEHRERE glücklich." (Sybille)
„... dass der BUNDESKANZLER und der BÜRGERMEISTER ja auch so gewählt werden, des is gut, weil es wird ja der Vorschlag, wo halt dann am meisten haben woll'n und da sind halt dann die WENIGSTEN unglücklich." (Franka)

Eine solche Orientierung am kollektiven Glück äußert sich häufig auch auf indirekte Weise. In folgender Passage zu Gemeindewahlen soll die Wahlentscheidung eines jeden Einzelnen nicht vor dem Hintergrund seiner subjektiven Interessen vollzogen werden, sondern anhand von Kriterien, denen das Wohl der Gemeinschaft zugrunde liegt:

„I würd auch zum WÄHLEN gehen (...). Da wählt man halt den, wo man denkt, der besser ist für die Stadt, also fürs Dorf." (Ulla)

Entscheidungsmodelle, bei denen die Macht bei einer einzelnen Person liegt, werden von den Kindern zumeist abgelehnt:

„Man HÖRT halt, dass es in der GEMEINDE oder der POLITIK halt auch so ist. (…) Da gibt's ja AUCH noch VERSCHIEDENE MEINUNGEN und da kann ja dann AUCH nicht immer nur der BÜRGERMEISTER alleine bestimmen (…); da muss man eigentlich auch die ANDEREN fragen, ob sie damit EINVERSTANDEN sind, so dass man halt dann auch ABSTIMMT." (Lena)

Weil die Abstimmung gemäß Mehrheitsprinzip alle am Prozess Beteiligten bestmöglich mit einbeziehen kann und als gerecht empfunden wird, ist sie bei den Kindern in der Regel das favorisierte Entscheidungsverfahren:

„... des is ja eigentlich FAIR wenn ma da abstimmt, dann hat halt die Mehrheit gewonnen." (Jörn)
„Ich würd's halt so wie die GROSSN machen, dass man ABSTIMMT, so DEMOKRATISCH irgendwie, (…) ja so wie bei der Politik halt." (Manuel)

Den Kindern ist klar, dass ein Leben in der Gemeinschaft vom Individuum die Zurückstellung eigener Interessen und die Akzeptanz von Mehrheitsentscheidungen einfordert.

„man kann jetzt nicht auf jeden EINZELNEN Acht geben, man muss halt für die MEHRZAHL schau'n, dass stimmt." (Anna)
„EINE Gruppe is IMMER dagegen, is IMMER so, bei demokratischen Entscheidungn muss man des halt einsehn DASS MAN VIELLEICHT VERLIERT und dass man vielleicht GEWINNT." (Jörn)

Wenn in den Gruppendiskussionen über die Verwendung der Geldprämie verhandelt wird, ist der Vorschlag eines Ausschuss-Modells das beliebteste Entscheidungsverfahren. Hier sollen sowohl Lehrer als auch Schüler in kleinen Gruppen (in einer Art Unterausschuss) über die Mittelverwendung beraten. Anschließend treffen sich die beiden Gruppen (in einer Art Hauptausschuss), um eine gemeinsame Entscheidung zu treffen. Angedeutet werden kann dieses Modell durch folgendes Zitat:

„... am besten ist, wenn von JEDER Klasse einer (...) sagt, die Jahrgangsstufe hätte gerne DES UND DES und dass dann (....) halt VIER Schüler und dann halt noch VIER Lehrer oder so halt da dann diskutiern und entscheidn." (Svenja)

Dieses Verfahren wird bevorzugt, weil es zwei für die Kinder wichtige Prinzipien zu bündeln vermag. Einmal kann dem Verlangen nach einem gemeinschaftsorientierten Machtmodell entsprochen werden (ein jeder Betroffene besitzt Einflussmöglichkeiten), zum anderen wird ein Mangel behoben, der dem Verfahren der Abstimmung immer wieder angeheftet wurde: dass die Entscheidungsfindung ineffizient ist, weil zu viele Menschen involviert sind.

Auffallend ist, dass die Kinder ihre auf der Diskursebene vorhandene Orientierung an kollektiven Entscheidungsmodellen nicht auf ihre eigene Lebenssituation übertragen. Machtkonstellationen, die sie für die Dilemmageschichte noch als ungerecht bewerten, werden im eigenen Alltag als gegeben hingenommen. Dies wird etwa dann deutlich, wenn die Kinder sich – entgegen dem wesentlichen Trend in den Gruppendiskussionen – für Machtmodelle aussprechen, in denen Einzelne entscheiden sollen:

„.. eigentlich ist es in der Geschichte, wenn die LEHRERIN entscheiden soll, die BESCHTE Idee, (...) weil unsere Lehrerin, die ENTSCHEIDET ja AUCH immer für uns." (Ulla)

Die Machtzuteilung an Einzelpersonen wird vor dem Hintergrund der eigenen Lebenssituation begründet: Weil die Kinder selbst über wenig Mitentscheidungsrechte verfügen, verweigern sie diese auch den Schülern in der Geschichte.

4. Zusammenfassung und Ausblick

Insgesamt sind die an den Gruppendiskussionen beteiligten Viertklässler imstande, politikorientierte Problematiken aufzugreifen und ergebnisorientiert zu verhandeln. Sie entwerfen selbstständig komplexe Lösungsansätze (man denke nur an das Ausschussmodell, in dem die Interessen der Mehrheit mit dem Effizienzgedanken gekoppelt werden). Die Kinder bevorzugen gemeinschaftlich angelegte Machtmodelle, weil sie diese als gerecht empfinden. Möglichst viele Menschen, die von einem Problem betroffen sind, sollen in Entscheidungsprozesse mit einbezogen werden. Angesichts dieser Prinzipien zeigt sich ein hohes Maß an *Gemeinwohlorientierung*. Diese Ergebnisse stehen im Gegensatz zur Einschätzung Dietmar von Reekens, dass die Urteilskriterien von Grundschulkindern geprägt sind von „ihre(n) eigenen individuellen Interessen (z.B.: Bringt mir persönlich eine politische Entscheidung Vor- oder Nachteile?) (...)" (2007, S. 20). Die Kinder übertragen die dargestellte Orientierung auf der Diskursebene allerdings kaum auf ihre eigene Lebenssituation. Auf Einzelpersonen zentrierte Machtmodelle werden für die Dilemmageschichte abgelehnt, im eigenen Alltag aber akzeptiert. Diese Erkenntnis unterstützt die Forderung nach mehr Partizipationsmöglichkeiten in Schule und Unterricht. Das Begreifen abstrakter Problemstellungen ist eine notwendige, aber noch keine hinreichende Bedingung für den Weg der Kinder hin zu mündigen und demokratischen Bürgern. Wenn Kinder Verantwortung übertragen bekommen und in Entscheidungsprozesse mit einbezogen werden, können sie gemeinschaftsorientierte Machtmodelle in ihrer eigenen Lebenswelt kennen und schätzen lernen. In Verbindung dazu gilt es dann allerdings immer, das Erlebte rational und wissensbasiert zu verarbeiten, um beispielsweise Gemeinsamkeiten und Unterschiede zur großen Politik und der Demokratie als Staatsform herauszustellen.

Anmerkungen

Wenn im Beitrag die Ergebnisse der Studie auf die Kinder bezogen werden, sind dabei immer *die an den Gruppendiskussionen teilnehmenden Kinder* gemeint. Durch die verkürzte Formulierung soll kein Anspruch auf Allgemeingültigkeit erhoben, sondern Übersichtlichkeit hergestellt werden.
Die *Transkription* der Gruppendiskussionsbeiträge wurde für diesen Beitrag bereinigt. Sie berücksichtigt jedoch, wie in der methodologischen Literatur gefordert (siehe Kruse 2008, 83f.), die Hauptbetonungen (hier in Großbuchstaben).

Literatur

Beutel, W.; Fauser, P. (Hrsg.) (2001): Erfahrene Demokratie. Wie Politik praktisch gelernt werden kann. Opladen.

Bohnsack, R. (2003): Rekonstruktive Sozialforschung. Einführung in qualitative Methoden, 5. Aufl. Opladen.

Himmelmann, G. (2005): Demokratie-Lernen als Lebens-, Gesellschafts- und Herrschaftsform. Schwalbach/Ts.

Kalcsics, K.; Raths, K.; Dätwyler, B. (2010): Was Schülerinnen und Schüler unter Politik verstehen. In: Giest, H.; Pech, D. (Hrsg.): Anschlussfähige Bildung im Sachunterricht. Bad Heilbrunn, S. 105-113.

Kruse, J. (2008): Reader „Einführung in die Qualitative Interviewforschung". Freiburg (Bezug über: http://www.soziologie.uni-freiburg.de/kruse [12.05.2009]).

Kruse, J. (2009): Indexikalität und Fremdverstehen: Problemfelder kommunikativer Verstehensprozesse. In: Rehbein, B.; Saalmann, G. (Hrsg.): Verstehen. Konstanz, S. 133-150.

Lind, G. (2003): Moral ist lehrbar. Handbuch zur Theorie und Praxis moralischer und demokratischer Bildung. München.

Prote, I. (2000): Für eine veränderte Grundschule: Identitätsförderung – soziales Lernen – politisches Lernen. Schwalbach/Ts.

Richter, D. (1998): Skizze eines Forschungsansatzes zum politischen Lernen im Sachunterricht der Grundschule. In: Henkenborg, P.; Kuhn, H.-W. (Hrsg.): Der alltägliche Politikunterricht. Ansätze – Beispiele – Perspektiven qualitativer Unterrichtsforschung zur politischen Bildung in der Grundschule. Opladen, S. 57-70.

Rohe, K. (1994): Politik. Begriffe und Wirklichkeiten. Stuttgart, Berlin, Köln.

von Reeken, D. (2007): Politisches Lernen im Sachunterricht. Didaktische Grundlegungen und unterrichtspraktische Hinweise. Hohengehren.

Weißeno, G.; Detjen, J.; Juchler, I.; Massing, P.; Richter, D. (2010): Konzepte der Politik – ein Kompetenzmodell. Bonn.

Markus Kübler

Frühes Historisches Denken bei jüngeren Kindern – ein Werkstattbericht

Historical thinking has a broad range of theoretical frameworks in discussion. Empirical research in this domain only shows a short tradition, refers mostly on qualitative methods and concentrates on the high school level. On the other hand research on early historical thinking is quite new and a methodical tricky piece. The article discusses the theoretical frameworks and glimpses on a new approach on research of historical thinking.

1. Einführung

Kinder begegnen „Geschichtskultur" in ihrer Lebenswelt ausgiebig und werden in ihrem Alltag mit vielen historischen Stimuli versorgt: Ausstellungen über die Steinzeit, die alten Ägypter, die Kelten, Mittelalterfestivals und -spektakel anlässlich von Dorfjubiläen, Dramatisierungen von historischen Epochen im Fernsehen und in Hollywood-Produktionen. Erstaunlicherweise ist historisches Denken in Kindergarten und Grundschule nur selten Gegenstand von Forschung. Kontrastierend dazu existieren eine breite Anzahl hochdifferenzierter Denk-, Struktur- und Kompetenzmodelle, die versuchen, das historische Lernen als Standard orientiert zu begründen:

„Insgesamt ist die Debatte über Kompetenzmodelle in der Geschichtsdidaktik im Vergleich mit andern Domänen noch deutlich vorläufiger, von unterschiedlichen Ansätzen geprägt und kaum empirisch unterfüttert" (von Reeken 2008, S. 27).

Forschungen und didaktische Literatur über das Historische Denken sind geprägt von unterschiedlichen theoretischen Zugriffen: Wir können dabei „Geschichtsbewusstsein" im Sinne *eines normativen und theoretischen Ansatzes* von „Historischem Lernen" im Sinne eines *didaktischen Zugriffs* unterscheiden. In den folgenden Ausführungen wird der Begriff des „Histori-

sches Denkens“ (*historical thinking*) im Sinne eines *empirischen* Zugriffs verwendet.
Der folgende Text stellt eine argumentative Basis für ein Forschungsprojekt „Historisches Denken bei 4- bis 10-jährigen Kindern in der deutsch-, italienisch- und romanischsprachigen Schweiz“ dar.

2. Kurzer Überblick über die theoretischen Modelle

Auf der *Ebene der Theoriemodelle* finden wir *erstens* die sieben Dimensionen des Geschichtsbewusstseins: Drei fundamentale Kategorien: Zeitbewusstsein (früher/ heute/ morgen), Wirklichkeitsbewusstsein (real/ historisch/ imaginär), Historizitätsbewusstsein (statisch/ veränderlich). Und vier zusätzliche Kategorien: Identitätsbewusstsein (wir/ ihr/ sie), politisches Bewusstsein (oben/ unten), ökonomisch-soziales Bewusstsein (arm/ reich), moralisches Bewusstsein (richtig/ falsch). Das *zweite* Theoriemodell des „FUER Geschichtsbewusstsein“ (Körber et al. 2007) geht von Basisoperationen des Geschichtsbewusstseins aus, indem Vergangenheit rekonstruiert wird zu Geschichte, welche anschließend kritisch dekonstruiert werden soll. Als Teilkompetenzen werden Fragekompetenz, Sachkompetenz, Methodenkompetenz und Orientierungskompetenz aufgeführt. In den National Standards for History in Schools (University of California in Los Angeles 1996/2005, zit. in Peck 2009) wird die Entwicklung historischen Denkens aufsteigend definiert: S1 Chronological Thinking, S2 Historical Comprehension, S3 Historical Analysis and Interpretation, S4 Historical Research Capabilities (Methodische Kompetenzen), S5 Historical Issues-Analysis and Decision Making (Urteilskompetenz). Innerhalb der Stufen zum historischen Denken – ob sie Stufen im Sinne einer Skalierung bedeuten, ist nirgends geklärt – werden Komplexitätsniveaus angenommen. Van Heyking und Seixas, zit. in Peck 2009) definieren eher Teilbereiche des historischen Denkens, denn aufsteigende Komplexitäten: 1. significance, 2. epistemology and evidence, 3. continuity and change, 4. progress and decline, 5. empathy and moral judgement, 6. historical agency.
In den letzten 10 Jahren entstanden auch einige *Kompetenzmodelle*, welche das Ziel von Geschichtsunterricht zu beschreiben suchen: a) *Bildungsstandards Geschichte* (VDG 2007): 1. Sachkompetenz (11. Themenbezogene Sachkompetenz, 12. Orientierung in der Geschichte), 2. Deutungs- und Reflexionskompetenz, 3. Medien-Methoden-Kompetenz, b) *Kompetenzstandards Historisches Lernen* bei Gautschi et al. (2007): 1. Erschließungskompetenz, 2. Methodenkompetenz, 3. Interpretationskompetenz, 4. Narrative Kompetenz, 5. Urteilskompetenz, c) *FUER Geschichtsbewusstsein* (Körber et al. 2007): 1. Historische Methodenkompetenz, 2. Historische Fragekompe-

tenz, 3. Historische Sachkompetenz, 4. Historische Orientierungskompetenz. In der Frage der Skalierung von Wissensbeständen ist in den naturwissenschaftlichen, mathematischen und sprachlichen Bereichen seit einigen Jahren eine intensive Debatte im Gange, gepaart mit empirischen Untersuchungen und empiristischen Ansätzen. Im Bereich des historischen Denkens sind Skalierungsmodelle kaum vorhanden, weder trennscharf noch empirisch abgesichert (für die USA und GB siehe: Peck 2009). Trotzdem deuten verschiedene empirische Untersuchungen darauf hin, dass die Fähigkeit zur Dekonstruktion deutlich schwieriger zu entwickeln ist als beispielsweise das Wiedergeben von Fakten, Personendaten oder historischen Begründungen (siehe Gautschi et al. 2007, S. 170f.). Klieme/ Leutner (2006, S. 1) stellen denn auch fest, wie „anspruchsvoll die empirische Erfassung von Kompetenzen aus theoretischer und methodischer Perspektive ist".

3. Forschungsstand und Forschungsdiskussion

Peter Seixas umschreibt die Herausforderung von empirischen Untersuchungen im Bereich des historischen Denkens folgendermaßen:
„There is a dual challenge embedded ... in that a) the dicipline under investigation (history) is not the discipline upon which the investigation is based (educational psychology) and b) most educational psychologists are not particularly at home in the discipline of history" (Seixas 1994, p. 107).
Der theoretische Diskussionsstand, die empirischen und lebensweltlichen Befunde sowie die didaktische Diskussion im Bereich des historischen Denkens sind geprägt von Inkonsistenzen, Vorläufigkeiten und Widersprüchlichkeiten, die in Form von Antithesen umschrieben werden können: Zum Ersten: Kinder sind einer starken und präsenten Geschichtskultur ausgesetzt; demgegenüber setzt ein systematischer Geschichtsunterricht relativ spät ein. Zum Zweiten: In der geschichtsdidaktischen Literatur findet sich insgesamt eine starke Anlehnung an die Entwicklungsmodelle von Piaget, während das Konzept des „domain specific knowledge" kaum Beachtung findet (Sodian 2008). Zum Dritten: Einerseits finden wir hoch elaborierte Theoriemodelle des Geschichtsbewusstseins im Bereich der Geschichtstheorie und der Geschichtsdidaktik, andererseits sind diese bislang kaum für empirische Untersuchungen operationalisiert worden. Zum Vierten fehlen auf der Elementar- und Primarstufe empirische Untersuchungen zum frühen historischen Denken, während das Geschichtsbewusstsein von Jugendlichen schon häufiger Gegenstand von Forschungsprojekten war.
Die *Forschungsdesiderata* im Bereich des historisch-politischen Lernens sind folgende: a) Die *theoretischen Grundlagen* beschreiben das Geschichtsbe-

wusstsein von Erwachsenen oder gehen von den Kompetenzen professioneller Historiker/innen aus. Es fehlen also mögliche und tatsächlich vorhandene kindgerechte Beschreibungen des historischen Denkens im Vorschul- und Grundschulalter, b) *empirische Studien* zur Entwicklung des Geschichtsbewusstseins sind weder besonders zahlreich noch repräsentativ und meist qualitativ ausgelegt. Die Untersuchungen begnügen sich oft mit relativ kleinen Stichproben und haben überwiegend Jugendliche ab 12 Jahren im Fokus, c) es fehlen weitgehend praktikable *Untersuchungsmethoden* zur Erforschung des historischen Denkens von jüngeren Kindern sowie eine dazugehörige Modellbildung (siehe Erdmann et al. 2010).

4. Kindliches Interesse an Geschichte

Beilner (1999, S. 117ff.) zeigte, dass sich das historische Interesse von 80% der Grundschüler der 4. Klasse auf Steinzeit, Antike und Mittelalter konzentrierte. Pape fand in ihrer Studie mit Kindern der 1. bis 4. Klasse bemerkenswerte Unterschiede: Interessierten sich die jüngeren Kinder eher für die früheste Geschichte (Evolution, Schöpfung, Steinzeit), verschiebt sich das Interesse der Viertklässler in Richtung Antike und Mittelalter. Bei beiden Untersuchungen zeigte sich, dass sich Kinder nur wenig für zeitgeschichtliche Fragen erwärmen können. Ebenfalls wünscht sich die überwiegende Zahl der Kinder, mehr in der Schule über historische Themen zu erfahren. Die Quelle kindlichen Wissens über historische Themen stammt dabei hauptsächlich aus Sachbüchern, Museumsbesuchen und Gesprächen mit den Eltern. Mediale Vermittlung stand erst an vierter Stelle (Pape 2008, S. 139, 144, 154).
Eine Analyse des Büchermarktes für Kindersachbücher – wir gingen von der Annahme aus, dass dies die Nachfrage der Kinder (bzw. ihrer Betreuer) widerspiegelt – erbrachte einen eindeutigen Befund: An erster Stelle stehen Inhalte über das Mittelalter (Ritter und Burgen) mit 30%, die Steinzeit mit 15%, das Alte Ägypten mit 18% und die Römer mit 12%. Bücher zum Thema Ritter und Burgen werden schon für Kinder ab 4 Jahren angeboten.

5. Erkenntnisinteresse und neue Fragestellungen für ein Forschungsprojekt „Historisches Denken"

Kinder werden außerschulisch früh mit historischen Inhalten konfrontiert. Eine Erforschung dieses (vermuteten) frühen historischen Denkens ist unabdingbar für die zukünftige Gestaltung von Curricula und Lehrmitteln. Da sich aber die vorliegenden Theorie- und Kompetenzmodelle nur schwer für das frühe historische Denken operationalisieren lassen (siehe dazu Körber et al.

2007, S. 415ff.) besteht ein erster Schritt darin, historisches Denken für eine entsprechende Untersuchung zu konzeptualisieren. Dies könnte folgendermaßen aussehen: Man befragt Kinder zu *Wissensbeständen* (Über welches Wissen verfügen die Kinder über die von ihnen gewählte historische Epoche? Welche Informationen, Begriffe, Ereignisse, Jahreszahlen nennen die Kinder?), zu ihrem *Verstehen* (Welche Zusammenhänge können die Kinder knüpfen?), zur Einsicht in den *Rekonstruktionscharakter von Geschichte* (Wie können wir das wissen? Erkennen sie die Rolle und Bedeutung von Quellen?) und schließlich zur Fähigkeit der *Dekonstruktion von Geschichte* (Inwiefern können wir sicher sein, dass die Überlieferung oder unsere Vorstellung von Geschichte korrekt ist?).

Literatur

Beilner, H. (1999): Zum Zeitbewusstsein bei Grundschulabgängern. In: Schreiber, W. (Hrsg.): Erste Begegnungen mit Geschichte. Grundlagen historischen Lernens. Bd. 1. Neuwied, S. 153-194.

Erdmann, E.; Popp, S. (Eds.) (2010): Yearbook 2010. International Society for the Didactics of History. Empirical Research on History Learning. Schwalbach.

Gautschi, P.; Moser, D.V.; Reusser, K.; Wiher, P. (Hrsg.) (2007): Geschichtsunterricht heute. Eine empirische Analyse ausgewählter Aspekte. Bern.

Klieme, E.; Leutner, D. (2006): Kompetenzmodelle zur Erfassung individueller Lernergebnisse und zur Bilanzierung von Bildungsprozessen. Überarbeitete Fassung des Antrags an die DFG auf Einrichtung eines Schwerpunktprogramms. URL: http://www.kompetenzmodelle.dipf.de/de/front-page [26.11.2010].

Körber, A.; Schreiber, W.; Schöner, A. (Hrsg.) (2007): Kompetenzen historischen Denkens. Ein Strukturmodell als Beitrag zur Kompetenzorientierung in der Geschichtsdidaktik. Kompetenzen: Grundlagen – Entwicklung – Förderung. Band 2. Neuried.

Pape, M. (2008): Entwicklung von Geschichtsbewusstsein im Hinblick auf die unterrichtspraktische Gestaltung historischer Themen im Sachunterricht. Dissertation Universität Hannover. Hannover.

Peck, C.L. (2009). Multi-ethnic High School Students‘ Understandings of Historical Significance: Implications for Canadian History Education. Diss. University of British Columbia. Vancouver.

Reeken, D. von (2008): Kompetenzen und historisches Lernen – Grundlagen und Konsequenzen für den Sachunterricht. In: Giest, H.; Hartinger, A.; Kahlert, J. (Hrsg.): Kompetenzniveaus im Sachunterricht. Bad Heilbrunn, S. 15-29. (Forschungen zur Didaktik des Sachunterrichts, Band 7.)

Seixas P. (1994): When Psychologists Discuss Historical Thinking: A Historian‘s Perspective. In: Educational Psychologist, 29, 2, pp. 107-109.

Sodian, B. (2008): Entwicklung des Denkens. In: Oerter, R.; Montada, L. (Hrsg.): Entwicklungspsychologie. 6. vollst. überarbeitete Auflage. Weinheim, Basel, S. 436-479.

Verband der Geschichtslehrer Deutschlands (VDG) (Hrsg.) (2007): Bildungsstandards Geschichte. Rahmenmodell Gymnasium. 5.–10. Jahrgangsstufe. Schwalbach/Ts.

Katharina Kalcsics, Kathleen Raths und Astrid Huber

„Wer darf regieren?“ – Zur Belastbarkeit von Vorstellungen zur politischen Macht

The following article presents the results of individual interviews with 2nd and 5th Grade students from Switzerland and Austria. Students' understanding of legitimation as an aspect of political decision-making is discussed and analyzed in terms of their resilience and potential classification.

1. Forschungsanliegen

Politische Bildung versteht sich als Beitrag zur Mündigkeit der Staatsbürgerinnen und -bürger (vgl. z.B. GPJE 2004). Demgegenüber stehen Ergebnisse von Untersuchungen zu Partizipationsbereitschaft (z.B. Fatke/ Niklowitz 2003), politischem Wissen (z.B. Torney-Purta et al. 2001) und politischer Sozialisation (z.B. Hurrelmann et al. 2006), die für österreichische und schweizer Schülerinnen und Schüler einen „blinden Fleck“, v.a. was das Wissen um politische Prozesse und Entscheidungen sowie Partizipationsmöglichkeiten und -fähigkeiten betrifft, aufzeigen. Davon ausgehend, dass die nicht absichtsvolle Einwirkung auf die politische Sozialisation (z.B. durch Familien, Peers und Medien) früher einsetzt und deren Einfluss auf die in den genannten Studien erhobenen Konstrukte größer ist als die intendierte, in den Fächerkanon der Schulsysteme eingebettete Politische Bildung (vgl. Sander 2007, S. 17), stellt sich die Frage, zu welchem Zeitpunkt eine unterrichtlich integrierte Politische Bildung ansetzen sollte, um möglichst vielen Kindern und Jugendlichen ein verstehendes Lernen in der Domäne Politik zu ermöglichen.
Um diese Fragen beantworten zu können, ist zunächst zu klären, von welchen Voraussetzungen auszugehen ist. Die Erkenntnisse z.B. von Berti (2005) und van Deth/ Abendschön/ Rathke/ Vollmar (2007) deuten an, dass bereits Schulanfänger und junge Schulkinder über politisches Wissen und Konzepte verfügen. Übereinstimmendes Ergebnis und Schlussfolgerung sind, dass das Alter von 8–9 Jahren ein entscheidender Punkt innerhalb der politischen Sozialisati-

on ist, auf den schulische Politische Bildung einzugehen hat. Diese Erkenntnisse gilt es auszudehnen und zu festigen, besonderes Augenmerk ist dabei auf Belastbarkeit und Qualität der Schülervorstellungen als Ausgangspunkt für die schulische Politische Bildung zu richten.

Die vorzustellenden qualitativen Erkenntnisse über das Vorwissen von Grundschulkindern sind in den politikdidaktischen Diskurs um Fach- und Basiskonzepte (Sander 2007, 2009, Weißeno et al. 2010) eingebettet. Methodische Anregungen wurden aus einem Vorhaben der naturwissenschaftlichen Fachdidaktik entnommen. Hardy/ Jonen/ Möller/ Stern (2006) entwickelten im Rahmen des DFG-Schwerpunktprogramms BIQUA einen Ansatz der Zuordnung von Schülervorstellungen zu drei Niveaustufen (Fehlvorstellungen, Alltagsvorstellungen, wissenschaftliche Vorstellungen). Die Belastbarkeit der Vorstellungen steigt dabei von eindimensionaler Fokussierung, der fehlenden Übereinstimmung von Schülervorstellung und naturwissenschaftlichem Unterrichtsinhalt in zentralen Aspekten und der daraus schlussfolgernden begrenzten Belastbarkeit („Fehlvorstellungen") über ein fortgeschrittenes Niveau von Erklärungen, bei denen mehrere Teilaspekte eines Gegenstandes (hier: mehrere physikalische Größen) einbezogen wurden („Alltagsvorstellungen"), zu wissenschaftlichen bzw. wissenschaftsnahen Vorstellungen. Die Übertragung dieses Ansatzes auf den Bereich der Politischen Bildung könnte dazu beitragen, die grundlegenden Konzepte Politischer Bildung (vgl. Sander 2007, S. 95) zu differenzieren. Im Projekt „Was Kinder unter Politik verstehen" wurde versucht, die Niveaustufen für die Domäne Politik zu definieren und eine Zuordnung der Schülervorstellungen vorzunehmen. Da die Domäne Politik in einigen Bereichen von Sachverhalten gekennzeichnet ist, für die es im Gegensatz zur Domäne Physik keine allgemeingültigen Definitionen gibt, wurden die Einstufungen der Schülervorstellungen in *nicht belastbare, teilweise belastbare* und *belastbare* Konzepte vorgenommen. Nicht belastbare Vorstellungen stimmen in den zu lernenden Aspekten nicht mit den grundlegenden Konzepten der Sache überein und bleiben fragmentarisch und unverbunden. Aufgabe des Unterrichts ist es, sie zu revidieren. Die teilweise belastbaren Konzepte lassen verstandene Begrifflichkeiten erkennen oder auch die Fähigkeit, eine Positionierung vorzunehmen. Sie brauchen aber noch Klärung z.B. vom Zusammenspiel verschiedener Akteure. Der Unterricht muss dazu beitragen, dass es zu dieser Klärung kommen kann. Belastbare Konzepte stimmen mit den zu lernenden Konzepten in zentralen Aspekten überein und die Kinder können ihr Wissen auch transferieren.

2. Die Erhebung

Die konkretisierten Leitfragen der Einzelinterviews lauteten: *„Was verstehen Kinder unter politischer Macht? Wie erklären sie die Legitimation von politischen Entscheidungen?"* Diese Fokussierung wurde aufgrund vorhergehender Gruppendiskussionen (vgl. Kalcsics/ Raths/ Dätwyler 2010), in welchen den Befragten die widerspruchsfreie Darstellung der Verbindung hierarchischer Zuordnungen von Macht und dem Recht, Herrschaft auszuüben („wie früher der König") mit den heutigen Erfahrungen von Wahlen/ Abstimmungen und der Regierung als Kollektiv nicht gelang, vorgenommen.
Die Erhebung erfolgte mittels halbstandardisierter Leitfrageninterviews, die
Die Erhebung erfolgte im Herbst 2009 mittels halbstandardisierter Leitfrageninterviews, die in Österreich und der Schweiz mit rund 50 Schüler/innen durchgeführt und anschließend inhaltsanalytisch (Mayring 2008) ausgewertet wurden. Diese binationale Erhebung erfolgte mit der Absicht, durch den Vergleich von Schülervorstellungen zweier politischer Systeme, die sich v.a. im Bereich der direktdemokratischen Elemente unterscheiden, die Konzepte deutlicher herausarbeiten zu können.

3. Ergebnisse

Die Definition des Begriffs Regieren, welche die Kinder anbieten, ist in den meisten Fällen „Bestimmen", wobei dies nicht immer direkt ausgedrückt wird, sondern oft mit dem Vergleich eines Königs und dessen Tätigkeit beschrieben wird. Konkretisiert wird die Aufgabe einer Regierung damit, dass sie zuständig ist, Konflikte zu lösen, Interessen verschiedener Gruppen im Land zu berücksichtigen und ganz allgemein darauf zu achten, dass die Gesellschaft funktioniert und die Umwelt geschützt wird. Sowohl die Kinder der 2. als auch der 5. Schulstufe gehen in Ansätzen auf Prinzipien der Demokratie (z.B. Partizipationsrecht) ein. Hier finden sich in beiden Jahrgangsstufen zumindest teilweise belastbare bzw. sogar belastbare Konzepte. Die Berücksichtigung unterschiedlicher Interessen durch eine Regierung wird ausschließlich von Kindern der 5. Schulstufe eingebracht.
Im Gegensatz zu den Schweizer Befragten, welche personell nur die Bundesebene wahrnehmen („der Bundesrat"), benennen die österreichischen Befragten bereits unterschiedliche föderale Exekutiven („Bundeskanzler", „Landeshauptmann", „Bürgermeister"). Das Schweizer Parlament als wichtige demokratische/ rechtsstaatliche Einrichtung wird in den Erklärungen der Schülerinnen und Schüler weder als explizite Körperschaft benannt noch umschrieben und bleibt damit wenig greifbar. Diese nicht belastbare Vorstellung bzw.

das Fehlen von Vorstellungen ist als Zeichen zu werten, dass es sich beim Parlament in der Wahrnehmung der Befragten um eine wenig präsente Gewalt handelt. Einzelpersonen hingegen sind einprägsamer, ihnen wird sowohl von den schweizer als auch österreichischen Kindern die politische Macht zugeordnet. Dass der Bürgermeister jedoch nicht allein regiert und auch der Bundeskanzler und Landeshauptmann Mitglieder einer Bundes- bzw. Landesregierung sind, wird jedoch nur selten erkannt. Auf die Frage, warum diese Personen regieren dürfen, tätigen oftmals auch die jüngeren Befragten beider Länder die Aussage, dass „regieren darf, wer gewählt wurde". Die Legitimation holt sich eine Regierung also durch die Wahl. Dabei dominieren zwei Aussagen: eine eher allgemeine („wer gewählt wird, kann regieren") und eine differenziertere, welche zusätzlich auf das Volk eingeht, welches die Personen wählt, die anschließend das Regierungsamt übernehmen. Trotz unterschiedlicher Erklärungen ist sowohl in der Schweiz als auch in Österreich erkennbar, dass davon ausgegangen wird, die Wahl der Regierungsmitglieder erfolge direkt „ad personam". Manchmal wird von Parteien gesprochen – häufiger in Österreich – aber der Zusammenhang mit der Regierungsbildung wird von den Kindern nicht thematisiert. Hierbei kann daher von teilweise belastbaren Vorstellungen ausgegangen werden. Demgegenüber stehen die nicht belastbaren Vorstellungen, welche beinhalten, dass eine höhere Instanz die Regierung einsetzt. Diese Erklärungen sind nur bei den Befragten der 2. Klasse vertreten.

Unterschiede lassen sich in den Erklärungsmustern der Kinder dort feststellen, wo es um das weitere Beschränken der Macht einer Regierung geht. Hier gibt es die nicht belastbare Vorstellung, dass eine Regierung niemandem Rechenschaft schuldet, sobald sie gewählt wurde. Eine etwas differenziertere Sicht ist die vereinzelt geäußerte Vermutung, dass es eine Kontrolle dieser Macht gibt, denn sonst würde das „ja irgendwie nicht gut kommen". Erklärungen darüber, wie diese Kontrolle funktioniert, haben die Befragten nicht. Teilweise und nur bei Schülerinnen und Schülern der 5. Klasse wird die Kontrolle der Macht beim Volk bzw. in der Demokratie gesehen und auch so erklärt. Es scheint ein belastbares Konzept zu sein.

4. Diskussion

Das Anliegen des Forschungsprojektes ist die Identifikation von Ankervorstellungen (Möller 1999), an welchen die schulische Politische Bildung anknüpfen und das Weiterlernen ermöglichen kann. Um den Lernfortschritt erkennen zu können, müssen die verschiedenen Erklärungsmuster nach ihrer Belastbarkeit beurteilt werden. Denn nur so kann erkannt werden, ob das

Arrangement und die Begleitung von Lernprozessen hin zu kohärenten begrifflichen Kontextualisierungen (Sodian 2002) im Unterricht erfolgreich ist. Einen ersten Versuch stellt die im Projekt vorgenommene Einstufung in nicht belastbare, teilweise belastbare und belastbare Vorstellungen dar. Für eine schulische Politische Bildung muss jedoch weitergehend definiert werden, in welchem Konzeptbereich der Domäne Politik die Vorstellungen revidiert, verändert oder stabilisiert werden sollen und es muss auch empirisch erhoben werden, woran diese Belastbarkeit erkennbar ist. Weitere Untersuchungen darüber, ob das Erkennen der Belastbarkeit der Konzepte anhand von Denkleistungen der Schülerinnen und Schüler (Adamina 2010, S. 191) gelingen kann, müssen folgen. Ein nächster Schritt in diese Richtung wäre z.B. die Entwicklung von Aufgabenstellungen, welche erkennen lassen, ob die Schülerinnen und Schüler bei der Nennung von Einzelfakten verharren, ob es ihnen gelingt, bereits Zusammenhänge und Verfahren zu ordnen oder zu interpretieren, oder ob sie in einem höheren Niveau ihre Konzepte auf andere Situationen übertragen und anwenden können.

Literatur

Adamina, M. (2010): Lernen begleiten, begutachten und beurteilen. In: Labudde P. (Hrsg.): Fachdidaktik Naturwissenschaft 1.-9. Schuljahr. UTB 3248. Bern, S. 181-196.

Berti, A.E. (2004): Children's understanding of politics. In: Barrett, M.; Buchanan-Barrow, E.: Children's understanding of politics. Hove, pp. 69-104.

Fatke, R.; Niklowitz, M. (2003): Den Kindern eine Stimme geben. Partizipation von Kindern und Jugendlichen in der Schweiz. Eine Untersuchung des Pädagogischen Instituts unter der Leitung von Prof. Dr. Reinhard Fatke im Auftrag der UNICEF Schweiz. Zürich.

GPJE (2004): Nationale Bildungsstandards für den Fachunterricht in der Politischen Bildung an Schulen. Ein Entwurf. Schwalbach/Ts.

Hardy, I.; Jonen, A.; Möller, K.; Stern, E. (2006): Effects of Instructional Support within Constructivist Learning Environments for Elementary School Students' Understanding of „Floating and Sinking". In: Journal of Educational Psychology, Vol. 98, No. 2, pp. 307-326.

Hurrelmann, K.; Albert, M.; TNS Infratest Sozialforschung (2006): 15. Shell Jugendstudie. Jugend 2006. Frankfurt.

Kalcsics, K..; Raths, K.; Dätwyler, B. (2010): Was Schülerinnen und Schüler unter Politik verstehen. In: Giest, H.; Pech, D. (Hrsg.): Anschlussfähige Bildung im Sachunterricht. Bad Heilbrunn, S. 109-118.

Mayring, Ph. (2008): Qualitative Inhaltsanalyse. Grundlagen und Techniken. Weinheim.

Möller, K. (1999): Konstruktivistisch orientierte Lehr-Lernprozessforschung im naturwissenschaftlich-technischen Bereich des Sachunterrichts. In: Vielperspektivisches Denken im Sachunterricht. Bad Heilbrunn, S. 125-191.

Sander, W. (2009): Macht als Basiskonzept politischer Bildung. In: Informationen zur Politischen Bildung, Nr. 31. http://www.politischebildung.com/pdfs/31_sander.pdf (23.01.2010).

Sander, W. (2007): Politik entdecken – Freiheit leben. Didaktische Grundlagen politischer Bildung. 2. vollst. überarb. u. erw. Aufl.. Schwalbach/ Ts.

Sodian, B. (2002): Entwicklung des begrifflichen Wissens: In: Oerter, R.; Montada, L. (Hrsg.): Entwicklungspsychologie. Weinheim, S. 443-468.
Torney-Purta, J.; Lehmann, R.; Oswald, H.; Schulz, W. (2001): Citizenship and Education in Twentyeight Countries: Civic Knowledge and Engagement at Age Fourteen. Amsterdam.
Van Deth, J.; Abendschön, S.; Rathke, J..; Vollmar, M. (2007): Kinder und Politik. Wiesbaden.
Weißeno, G.; Detjen, J.; Juchler, I.; Massing, P; Richter, D. (2010): Konzepte der Politik. Ein Kompetenzmodell. Schwalbach/Ts.

Markus Peschel

kidipedia – Ein Onlinelexikon von Kids für Kids

The question in using new media should be – if school takes responsibility for a fair and reflected use: What are useful didactic scenarios that use the added value of new media and make them available for the learning of the children. Kidipedia (www.kidipedia.de) is using a wiki as such an offer for school to promote a meaningful educational use of new media in teaching.

> *Wie sich der Computer auf das Lernen auswirkt, hängt ganz entscheidend von seinem didaktischen Einsatz ab, d.h. von seiner Integration in ein umfassendes Unterrichtskonzept" (Böttcher/ Becker-Mrotzek 2006, S. 36f.).*

Neuere Ansätze, Neue Medien (wieder) in der Schule einzusetzen, betonen eben dieses Merkmal der Integration, um klarzustellen, dass es sich nicht um eine Addition von medientechnischen Elementen in herkömmliche Unterrichtssituationen handelt, sondern um ein integratives Verständnis, das den Computer als *ein* Neues Medium und Neue Medien als *ein*e Erweiterung bestehender Medien sieht. Irion (2010, S. 56) merkt dazu an, dass jedes Medium einmal neu war, sei es das Buch, das Kino, Lernlabore etc. Es geht also nicht darum, Neue Medien gegen alte Medien abzuwägen, sondern zu schauen, was der didaktische Mehrwert bei einem unterrichtlichen Einsatz sein kann. Die AG „Neue Medien (ICT) im Sachunterricht" der GDSU versteht eben dieses Verständnis als Kernpunkt ihrer Arbeit und richtete im Herbst 2010 eine Tagung unter dem Stichwort der Inklusiven Mediendidaktik aus.

1. Kinder und Medien

Friedrich Gervé (1998) merkte bereits an, dass Computer zur Lebenswirklichkeit von Grundschulkindern gehören. Die Frage *ob* Computer im Grundschulunterricht eingesetzt werden sollen ist ein gutes Jahrzehnt später obsolet

(vgl. auch http://www.zeit.de/online/2008/38/computer-lernen). Allerdings gibt es zur Internetnutzung von Grundschülern nur wenige Studien, meist mit Fallcharakter, so dass zwar Sichtweisen und Zugänge aufgeworfen werden können, generelle Aussagen aber schwierig abzuleiten sind. Eine Studie des DJI betont z.B. die Notwendigkeit einer pädagogischen Begleitung der Kinder bei der Nutzung des Internets, da Eltern die Gefahren des Internets i.d.R. im häuslichen Bereich unterschätzen (vgl. Feil/ Decker/ Gieger 2004).
Weitere Daten liefern die KIM-Studien (siehe Abb. 1), die durch ihre regelmäßige Durchführung die Entwicklung im Bereich Kinder und Neue Medien gut beschreiben und die o.g. Aussage Gervés unterstreichen. Die Frage nach dem Einsatz von Neuen Medien muss daher, wenn die Schule Verantwortung für einen reflektierten Einsatz von Neuen Medien übernehmen soll, lauten: *Wie?* Oder entsprechend ausdifferenziert: *Was sind sinnvolle didaktische Szenarien, die den Mehrwert des Einsatzes von Neuen Medien nutzen und den Kindern für ihre Lernaktivitäten zur Verfügung stellen?*

Daten zur Nutzung von Medien/ICT von Kindern, KIM-Studie (mpfs 2009):
1. 88% der Haushalte mit 6-13-Jährige haben mind. einen PC oder Laptop.
2. Ca. 25% aller Kinder haben ein eigenes Gerät.
3. 85 % der Familien haben einen Internetzugang.
4. Computer werden in der Schule zu 41% genutzt: 6-7 Jahre=11%, 8-9 Jahre=26%, 10-11-Jahre=54%.
Dies bedeutet, dass der ICT-Einsatz in der 4-jährigen Grundschule eher selten ist und erst nach der vierten Klasse ansteigt.
5. Deutsch dominiert in der Computernutzung (46%), vor Mathematik (43%) und Sachunterricht (23%).

Abb. 1: Daten zur Nutzung von Medien/ICT von Kindern, KIM-Studie (mpfs 2009)

Hierbei ist zu beachten, dass die Nutzung und damit der Einsatz von Neuen Medien sich zunehmend zu einer Kommunikations- und Informationsnutzung gewandelt hat, was sich auch durch die Herausstellung des „C“s bzw. „K“s in ICT bzw. IKT[1] bemerkbar macht. Dabei sei auch die „Reflexion über Sinn und Grenzen der digitalen und der direkten Kommunikation“ – auch schon mit Grundschülern wichtig (Mitzlaff 2010, S. 18).

[1] ICT: Infomation and Communication Technologies, IuK: Informations- und Kommunikationstechnologien.

2. Webalisierung

Der Kunst-Begriff „Webalisierung“ beschreibt das Phänomenen, das in den letzten Jahren zunehmend an Gewicht gewonnen hat. Die Entwicklung von ICT und Kommunikationskompetenzen (auch) von Grundschülern führt unweigerlich ins World Wide Web. Die „Allverfügbarkeit“ der virtuellen Welt – die moderne Software und neue Geräteklassen, wie das iPhone, einfordern – führt zu einem neuen Verständnis: Im Mittelpunkt stehen nicht mehr die Geräte, sondern die Anwendungen, mit denen man im Netz „arbeitet“. Der Umsatz mit spezifischen Applikationen (Apps, Anwendungen) ist inzwischen ein wichtiger Umsatzfaktor auch bei ehemaligen Hardwareherstellern, wie z.B. Apple.

Viele Schüler „erledigen“ mittlerweile im Web ihre Hausaufgaben und kommunizieren mit Freunden in Online-Communities wie SchuelerVZ, Jappy, Facebook, Knuddels etc. Die Nutzung solcher Dienste nimmt – besonders im (Grund-)Schulalter – ständig zu. Kommunikationsportale ersetzen zum Teil Realbegegnungen und verändern die Kultur des Umgangs mit dem Computer.

Auswirkungen dieser neuen medialen Nutzung erfordern das Erlernen neuer Kulturtechniken im Umgang mit Medien. Hierzu benötigen Lehrende und Schulen didaktische Arrangements, die Mediensozialisation (Limbourg, Steins in Vorbereitung) und Medienerziehung wieder in den Mittelpunkt der schulischen Auseinandersetzung mit Neuen Medien rücken. Der Sachunterricht ist nach Herzig und Grafe (2007) der Unterricht, der das Internet am häufigsten nutzt und damit in einer besonderen Verantwortung.

3. Warum ein Lexikon von Kids für Kids?

Wolfgang Sander bekräftigt die Wichtigkeit des Faches Sachunterricht bei einer sinnvollen Mediennutzung und sieht im Bereich Recherchieren „die hauptsächlichen Potentiale digitaler Medien für den Sachunterricht“ (Sander 2007b, S. 108). Die Nutzung von ICT – so die These – hat „eine besondere Affinität zu einem handlungsorientierten Unterricht“ und „ihren Nutzen in erster Linie als Werkzeug“ (Sander 2007a, S. 558). Digitale Medien im Sachunterricht ermöglichen neue Lernchancen. Diese können „unter relativ normalen [...] alltagsnahen [...] Bedingungen des Grundschulunterrichts genutzt werden“ (Sander 2007b, S. 95/124).

Einige Praxisprojekte zeigen, dass Kinder durchaus in der Lage sind, eigenständig mit dem Computer Ergebnisse ihrer Arbeit zu präsentieren und diese auch im Internet zur Verfügung zu stellen (vgl. Peschel 2006, 2010).

Kidipedia (www.kidipedia.de) stellt hierfür Dienste des Web 2.0, hier ein Wiki, für den Unterricht zur Verfügung. Auf der einen Seite stellt *kidipedia* ein hoch entwickeltes Userinterface zur Verfügung, damit Kinder mit nur wenig Computererfahrung ihre Ergebnisse im Internet publizieren können. Andererseits gibt *kidipedia* mit seiner didaktischen Ausrichtung den Lehrpersonen eine weitere Möglichkeit, mit Sachunterrichtsergebnissen kommunikativ umzugehen.

Dieses Online-Lexikon ist von der grundlegenden Idee der Mitgestaltbarkeit der Inhalte vergleichbar mit Wikipedia, allerdings von Kindern für Kinder geschrieben. Bisherige Seiten im Internet für Kinder sind hingegen meist von Erwachsenen geschrieben und daher eher wenig kindgerecht, monomedial oder statisch. Die von Kindern für Kinder erstellten Inhalte werden durch Lehrpersonen im Unterricht begleitet und betreut, was eine dauerhafte Integration in den (Sach-)Unterricht ermöglicht.

Klafki nannte die Auseinandersetzung mit Neuen Medien in der Grundschule ein *epochaltypisches Schlüsselproblem*. „Wir brauchen in einem zukunftsorientierten Bildungssystem auf allen Stufen und in allen Schulformen eine gestufte, kritische informations- und kommunikationstechnologische Grundbildung als Moment einer neuen Allgemeinbildung" (Klafki 1993, S. 4f). Er bezog seine Forderung vornehmlich auf den Sachunterricht.

Kidipedia bietet damit eine neue Nutzbarkeit von ICT im Sachunterricht der Grundschule. Hierbei sind aber nicht nur fachdidaktische sachunterrichtliche Überlegungen im Fokus, sondern die Verknüpfung von Medienarbeit mit Primärerfahrungen samt einer entsprechenden (offenen) Unterrichtsmethodik. Beobachtungen und Erfahrungen aus dem Sachunterricht sind dabei ein zentraler Bestandteil bei der Publikation auf *kidipedia*. Mit *kidipedia* wird den Kindern die Möglichkeit gegeben, Texte, Bilder, Fotos und Videos einzustellen, zu erweitern, zu diskutieren und ggf. ein Feedback von Anderen zu erhalten. Die kindereigenen Darstellungen sind zudem (halb-)öffentlich im Internet zugänglich und können von Eltern, Freunden, Verwandten oder anderen „Experten" betrachtet werden (vgl. die Vor- und Nachteile verschiedener Präsentationen in Tabelle 1).

Das Projekt unterstützt den sachunterrichtlichen sowie den informationstechnologischen Kompetenzerwerb von Jungen und Mädchen und kann dazu beitragen, Kinder sowohl für sachunterrichtliche als auch mediale Themen zu begeistern. Durch die kritische Auseinandersetzung mit dem Medium Computer und den Diensten des Web 2.0 erfüllt *kidipedia* zudem die o.g. Anforderungen an eine kritische Mediendidaktik, die Informations- und Kommunikationsmöglichkeiten als ein wichtiges Element in der (sach-) unterrichtlichen Auseinandersetzung nutzt.

Tabelle 1: Vor- und Nachteile verschiedener Präsentationsformen.

	Kidipedia	*Beamer und PC*	*Wandzeitung*
Vorteile	multimedial (Texte, Fotos, Videos, Ton) überall (mit Internetzugang) verfügbar erweiterbar mitarbeitsfähig, auch über Entfernung große Community (mehr als eine Klasse) motivierend Eingabe/ Herstellung von Beiträgen vereinfacht kann von Dritten (Eltern, Geschwister, Experten) besichtigt werden (hochwertiges Feedback) auch im Heimbereich nutzbar klasseninterne und externe Überarbeitungen nichts geht verloren (wird aber ggf. überarbeitet) Medienkompetenz	interaktiv (Verweise möglich) multimedial (Texte, Fotos, Videos, Ton) (Farbige) Gestaltung leicht möglich publikationsfähig (html, Inter-/ Intranet) veränderbar Medienkompetenzerwerb Präsentationstechniken werden geschult erweiterungsfähig Rechtschreibprüfung Mitnahmemöglichkeit archivierbar Präsentationskompetenz	eigene Gestaltung mit Kleber und Schere (Primärerfahrungen Layout) Kinder können sich ohne „Technik"erfahrungen beteiligen vielseitig gestalt- und einsetzbar ständig (ohne Technik) verfügbar Präsentationskompetenz
Nachteile	nur mit PC (o.ä.) nutzbar Onlinezugang Veränderbarkeit von Beiträgen (keine individuellen, dauerhaften Ergebnisse) externe Medien (Kamera,...) müssen kompatibel sein	aufwändiger, wenn nicht ständig verfügbar Schulungsphase in Software und Präsentation teuer, wenn nicht vorhanden Primärerfahrungen der Gestaltung/ Layout fehlen	wenig veränderbar Transfer in andere „Container" schwierig (Mappen, Homepage, ...) schlecht transportabel (Stellwand) Bilder, Fotos müssen zuvor bereitgestellt werden

Literatur

Böttcher, I.; Becker-Mrotzek, M. (2006): Texte bearbeiten, bewerten und benoten. Berlin.

Feil, Ch.; Decker, R.; Gieger, Ch. (2004): Wie entdecken Kinder das Internet? Schriften des Deutschen Jugendinstituts DJI. Wiesbaden.

Gervé, F. (1998): Der Computer als Medium im Heimat- und Sachunterricht. In: Mitzlaff, H.; Speck-Hamdan, A. (Hrsg.): Grundschule und neue Medien. Frankfurt, S. 195-204.

Herzig, B.; Grafe, S. (2007): Digitale Medien in der Schule. Standortbestimmung und Handlungsempfehlungen für die Zukunft. Bonn.

Irion, T. (2010): Medienbildung im Sachunterricht: Aufgaben für den Sachunterricht bei der Förderung von Kompetenzen zur Nutzung von Medien. In: Peschel, M. (Hrsg.): Neue Medien (ICT) im Sachunterricht. Baltmannsweiler, S. 55-69.

Klafki, W. (1993): Zum Bildungsauftrag des Sachunterrichts in der Grundschule. In: Grundschulunterricht, 40, S. 3-6.

Limbourg, M.; Steins, G. (in Vorbereitung): Sozialerziehung in der Schule. (Erscheint in Wiesbaden im VS-Verlag.)
Medienpädagogischer Forschungsverbund Südwest (mpfs) (2009): KIM-Studie 2008 – Kinder, Medien, Computer + Internet. Stuttgart.
Mitzlaff, H. (2010): ICT in der Grundschule und im Sachunterricht – Gestern – heute – morgen – Ein Blick zurück nach vorne. In: Peschel, M. (Hrsg.): Neue Medien (ICT) im Sachunterricht. Baltmannsweiler, S. 7-30.
Peschel, M. (2006): Der Computer zur Präsentation von Experimenten im Sachunterricht. In: Grundschulunterricht, 5, S. 31-34.
Peschel, M. (2010): kidipedia.de – Eine Präsentationsplattform im Internet für Sachunterrichtsergebnisse. In: Arnold, K-H.; Hauenschild, K.; Schmidt, B.; Ziegenmeyer, B. (Hrsg.): Zwischen Fachdidaktik und Stufendidaktik. Perspektiven für die Grundschulforschung. Wiesbaden, S. 193-196. (Jahrbuch Grundschulforschung, Bd. 14.)
Sander, W. (2007a): Lehren und Lernen mit digitalen Medien im Sachunterricht – Ergebnisse aus einem Forschungsprojekt. In: Mitzlaff, H. (Hrsg.): Internationales Handbuch: Computer (ICT), Grundschule, Kindergarten und Neue Lernkultur. Bd. II, Baltmannsweiler, S. 555-561.
Sander, W. (Hrsg.)(2007b): Digitale Medien in der Grundschule – Ein Forschungsprojekt zum Sachunterricht. Schwalbach/ Ts.

Thomas Irion

Informationskompetenz für alle Kinder

Empirical findings show that many German primary school children use the web for information purposes. Despite this use fostering digital literacy is not very common in German schools and especially in primary science classroom. The author focuses in a qualitative video study on competences children need to use hypermedia for information purposes. By means of an explorative study he derived various competencies for children's information research in hypermedia.

1. Digital literacy als bildungswissenschaftliche Aufgabe des Sachunterrichts

Sachunterricht als bildungswissenschaftliche Disziplin für alle Kinder steht vor der Aufgabe, sein bildungsspezifisches Potential in Auseinandersetzung mit gesellschaftlichen Entwicklungen und unter Berücksichtigung unterschiedlicher Bildungskonzepte beständig weiter zu entwickeln (Götz et al. 2007, S. 17). In verschiedenen Bildungskonzepten (etwa Klafki 1992 oder Tenorth 2005) wird die gesellschaftlich gestiegene Bedeutung von Informations- und Kommunikationstechnologien betont und die Bedeutung einer Einführung in eine angemessene Nutzung hervorgehoben.
Doch welche Relevanz besitzen diese Technologien für Lernprozesse von Kindern im Grundschulalter? In den seit 1999 regelmäßig durchgeführten KIM-Studien (Kinder + Medien, Computer + Internet) des Medienpädagogischen Forschungsverbunds Südwest (mpfs) wird die im letzten Jahrzehnt kontinuierlich gestiegene Bedeutung von Computer und Internet deutlich.
Doch welche Relevanz besitzen diese Technologien für Lernprozesse von Kindern im Grundschulalter? Wir unterscheiden hier zwei für die Sachunterrichtsdidaktik uns bedeutsam erscheinende Teilaspekte:

1. Computernutzung als Unterrichtsgegenstand: Die Nutzung digitaler Medien ist, wie empirische Studien zeigen, Teil der kindlichen Zugänge zur Erschließung ihrer Umwelt.
In den seit 1999 regelmäßig durchgeführten KIM-Studien des Medienpädagogischen Forschungsverbunds Südwest (mpfs) wird die im letzten Jahrzehnt kontinuierlich gestiegene Bedeutung von Computern und Internet deutlich. In der KIM-Studie 2008 zeigen die Befragungen von über 1200 Kindern im Alter von 6 bis 13 Jahren, dass viele Kinder im Grundschulalter beginnen, Computer regelmäßig zu nutzen (mpfs 2008, S. 25). Bei Mädchen liegt dabei die Suche nach Informationen für die Schule an erster Stelle der Internetnutzung, bei Jungs an zweiter Stelle (ebd., S. 41).
Gleichzeitig fühlen sich viele Kinder nur unzureichend qualifiziert: Immerhin geben 49% der Mädchen und 20% der Jungen an, dass sie sich gar nicht gut mit dem Computer auskennen (ebd., S. 53). Die Computerkompetenzen von Schülerinnen und Schülern in Primar- und Sekundarstufen sind stark von häuslichen, mit dem Sozialstatus verknüpften Faktoren abhängig, die die Schule bislang kaum ausgleichen kann (Jöckel/ Schöllkopf/ Döbler 2005, Konsortium Bildungsberichterstattung 2006, S. 62f.).
2. Computer als didaktische Chance: Die angemessene Nutzung von Digitaltechnologien eröffnet die Chance auf die Innovation von Lehr-Lern-Prozessen im Sachunterricht.
Aus sachunterrichtsdidaktischer Sicht können Medienerfahrungen wie auch Primärerfahrungen einen wichtigen Beitrag zur Umsetzung des von Kahlert (2002) entwickelten Sachunterrichtsleitbilds leisten, Kinder bei der Erschließung der Beziehungen zur Umwelt zu fördern. So können Telekommunikationsprozesse mittels schriftlicher und videogestützter Kommunikation das Kennenlernen anderer kultureller Gebräuche durch Migrationskinder ergänzen oder Zeitlupen und interaktive Schaubilder Prozesse des Conceptual Change im naturwissenschaftlichen Lernen unterstützen. Auch bieten Medien besondere Möglichkeiten, schulische Projektergebnisse in die Gesellschaft zu kommunizieren. Die Potentiale digitaler Medien für die Sachunterrichtsdidaktik werden u.a. bei Gervé 2004, Sander 2007 oder Mitzlaff 2010 deutlich.
Die Analyse von Bedingungen für eine sinnvolle Nutzung von Medien im schulischen und außerschulischen Lernen von Kindern ist jedoch in komplexe Sichtweisen auf Lehr-Lernprozesse einzubetten, die verschiedene Faktoren und ihre Verzahnung berücksichtigen (vgl. etwa Helmke, 2003). Eine Verbesserung der Lernleistungen durch die Ausstattung der Schulen mit Hardware, wie dies bislang immer wieder versucht wurde, ist ohne die Berücksichtigung weiterer Variablen nicht zu erwarten.

In der im Folgenden dargestellten Studie wird auf den Faktor der Lernvoraussetzungen bei Kindern fokussiert. Die Analyse und Förderung der Lernvoraussetzungen erscheint uns für beide Teilaspekte relevant.

2. Exemplarische Erforschung einer Hypermedia-Literacy

Im Rahmen einer explorativen qualitativen Videostudie haben wir typische für die Informationsrecherche in Hypermedia relevante Kompetenzen erforscht.

Informationsaneignungsprozesse über Printmedien und elektronische Bildmedien werden zunehmend ergänzt durch Zugriffe auf Hypermedia (Informationsangebote auf Datenträgern – z.B. CD-ROM – oder in Datennetzen – z.B. Internet).

Die Nutzung von Hypermedia wird allerdings auch begleitet von typischen Rezeptions- und Navigationsproblemen. Lösungsansätze für Probleme wie kognitive Überlast oder Desorientierung wurden bislang vielfach in der Gestaltung der Hypermediadatenbasis gesehen. Empirische Befunde zeigen allerdings, dass diese Probleme nur begrenzt mit Mitteln der Systemgestaltung in den Griff zu bekommen sind (Tergan 2002).

Längerfristig sind auch die Kompetenzen der Nutzerinnen und Nutzer zu fördern. Mittels einer qualitativen Studie wurden Vorerfahrungen und typische Navigationsprobleme und -techniken hinsichtlich der Hypermedia-Recherche von Grundschulkindern analysiert. Um die Untersuchung dabei nicht auf eine mehr oder weniger zufällige Navigationsstruktur zu beschränken, wurden in einer als Feldversuch realisierten Pilotstudie typische Navigationsprobleme herausgearbeitet. Diese wurden dann in einen Lernversuch integriert.

In der Hauptuntersuchung erhielten die Kinder die Aufgabenstellung, verschiedene Teilaufgaben durch Rechercheprozesse in einem lokalen Hypermedia-Angebot zu lösen. Die Recherchehandlungen von 20 Grundschulkindern wurden videographiert. Kognitionsprozesse wurden mittels handlungsbezogener Befragungen mit Elementen des Lauten Denkens und des Nachträglichen Lauten Denkens (Stimulated Recall) erfasst (Irion 2008, 2010). Für die an der Grounded Theory orientierte eingehende qualitative Analyse wurden 7 Fälle nach Prinzipien des Theoretical Sampling ausgewählt.

Im Rahmen der Kategorienbildung wurden die Hauptkategorien traditionelle Lesefähigkeit, neue Lesefähigkeiten und Navigationstechniken unterschieden. Es konnte eine ganze Reihe von Unterkategorien entwickelt werden. Bei den Navigationstechniken wurden Basistechniken (z.B. Tastaturtechniken), Linkdiskrimination (z.B. Erkennen von inaktiven Links), Linksichtung,

Überblick über die Hypertextstruktur, Frame-Navigation (Wechsel zwischen In- und Off-Frameelementen von Webseiten), und Navigationsskripte unterschieden. Bei den neuen Lesefähigkeiten wurden verschiedene Techniken zum recherchierenden Lesen (z.B. Suche nach Antwortfragmenten, Lesen von Marginalien) unterschieden.
Bei der Analyse der Qualität der Rechercheprozesse konnten deutliche Unterschiede hinsichtlich Zeitbedarf und Selbständigkeit der verschiedenen Kinder festgestellt werden. Die Fallanalysen zeigten auch deutlich, wie heterogen die Vorgehensweisen der Kinder sind.
Bei einer Analyse der Folgen von Recherchehandlungen wurde die hohe Kontextabhängigkeit von erfolgreichen und nicht erfolgreichen Handlungen deutlich (Irion 2008, 224ff., 270ff.). Die stark variierenden Navigationsstrukturen in Hypermedia erforderten die Anpassung oder Erweiterung vorhandener Strategien.
Für Folgestudien gilt es, auf der Grundlage der Erkenntnisse der vorliegenden explorativen Studie angesichts der offensichtlich hohen Kontextabhängigkeit des Erfolgs eingesetzter Techniken und der hohen Dynamik der technologischen Medienentwicklungen zu klären, welche Kompetenzen Kinder in die Lage versetzen, erlernte Strategien und Techniken auf veränderte Problemstellungen ertragreich anzupassen. Neben deklarativem und prozeduralem Strategiewissen scheint hier vor allem konditionales Strategiewissen bedeutsam (vgl. etwa Mandl/ Friedrich 1992), um entscheiden zu können, welche Strategien und Techniken in welcher Situation eingesetzt werden können (Irion 2008, 309f.).

3. Ausblick

Die Sachunterrichtsdidaktik sollte klären, welche Rolle ihr bei der Einführung der Kinder in eine mediengestützte Informationsgesellschaft zukommen soll, will sie ihre Aufgabe wahrnehmen, Kinder bei der Erschließung ihrer Umwelt zu unterstützen.
Empirische Studien können helfen, Klarheit darüber zu bekommen, welche Kompetenzbereiche schulisch gefördert werden können und sollen. Mit der präsentierten Studie wurde ein erster Schritt unternommen. Dabei wurde deutlich, dass sich die Fähigkeit der Kinder, Informationen in Hypermedia zu recherchieren, deutlich unterscheidet.
Die erarbeiteten Techniken können aufgrund der hohen Dynamik technologischer Entwicklungen nur einen Orientierungsrahmen für die Entwicklung geeigneter Fördermodelle bilden, der auf Lerngruppen und Lernende angepasst werden muss. Die Studie zeigte in den Fallstudien auch, wie vielfältig

die Zugangsweisen und Kompetenzen von Kindern bei der Hypermedia-Recherche sind. Eine Individualisierung unter Berücksichtigung aktueller technologischer Entwicklungen ist bei der Förderung somit unverzichtbar. Sachunterrichtsdidaktik kann sich allerdings bei der Förderung von Hypermedia-Kompetenzen nicht auf eine Einführung in die Nutzung von Computern für Informationszwecke beschränken. Der deutschsprachige Medienkompetenzdiskurs beleuchtet in verschiedenen Dimensionalisierungen (vgl. etwa Irion 2008, S. 33) verschiedene Aspekte eines Medienkompetenzbegriffs der sich orientiert an bildungswissenschaftlichen Ansprüchen und sich somit nicht auf reine Nutzungsfragen beschränkt. So wird etwa bei Baacke (1999) angestrebt, Medienkompetenzen nicht als reine Anpassung des Menschen an die technologischen und symbolsystembedingten Herausforderungen zu betrachten, sondern auch die Gestaltungsfähigkeit der Medienrezeption und -produktion zu berücksichtigen. Diese Kompetenzen sind ebenso wie Kompetenzen zur kritischen Reflexion von Medien- und Primärerfahrungen bei der individuellen Förderung von Kindern mit stark heterogenen Voraussetzungen für das Lernen mit Hypermedia zu berücksichtigen.

Literatur

Baacke, D. (1999): „Medienkompetenz" – Theoretisch erschließend und praktisch folgenreich. medien + erziehung, 1, S. 7-12.

Gervé, F. (2004): Lernsoftware im Sachunterricht. In: Kaiser, A.; Pech, D. (Hrsg.): Unterrichtsplanung und Methoden (= Basiswissen Sachunterricht, 5). Hohengehren, S. 104-110.

Götz, M.; Kahlert, J.; Fölling-Albers, M.; Hartinger, A.; von Reeken, D.; Wittkowske, S. (2007): Didaktik des Sachunterrichts als bildungswissenschaftliche Disziplin. In: dies. (Hrsg.): Handbuch Didaktik des Sachunterrichts. Bad Heilbrunn, S. 11-30.

Helmke, A. (2003): Unterrichtsqualität – erfassen, bewerten, verbessern. Seelze.

Irion, T. (2008): Hypermedia-Recherche im Grundschulalter. Eine qualitative Videostudie zu Vorerfahrungen und Recherchekompetenzen. Baltmannsweiler.

Irion, T. (2010): Hypercoding in der empirischen Lehr-Lern-Forschung – Möglichkeiten der synchronen Analyse diverser multicodaler Datensegmente zur Rekonstruktion subjektiver Perspektiven in Videostudien. In: Corsten, M.; Krug, M.; Moritz, C. (Hrsg.): Videographie praktizieren. Herangehensweisen, Möglichkeiten und Grenzen. Wiesbaden (im Druck).

Jöckel, S.; Schöllkopf, J.; Döbler, T. (2005): Medienzugang und -kompetenz für alle? Die Rolle der Schule bei der Nivellierung von Unterschieden bezüglich der Nutzung neuer Medien. Medien + Erziehung, 6, S. 110-122.

Kahlert, J. (2002): Der Sachunterricht und seine Didaktik. Bad Heilbrunn.

Klafki, W. (1992): Allgemeinbildung in der Grundschule und der Bildungsauftrag des Sachunterrichts. In: Lauterbach, R.; Köhnlein, W.; Spreckelsen, K.; Klewitz, E. (Hrsg.): Brennpunkte des Sachunterrichts. Kiel, S. 11-31.

Konsortium Bildungsberichterstattung. (2006): Bildung in Deutschland. Ein indikatorengestützter Bericht mit einer Analyse zu Bildung und Migration. URL: http://www.bildungsbericht.de/daten/gesamtbericht.pdf [12.7.2010].

Mandl, H.; Friedrich, H.F. (Hrsg.) (1992): Lern-und Denkstrategien. Analyse und Intervention. Göttingen.

Mitzlaff, H. (2010): ICT in der Grundschule und im Sachunterricht. Gestern – heute – morgen. Ein Blick zurück und nach vorne. In: Peschel, M. (Hrsg.): Neue Medien (ICT) im Sachunterricht, S. 7-29. Baltmannsweiler.

mpfs – Medienpädagogischer Forschungsverbund Südwest (2008): KIM-Studie 2008. Kinder + Medien. Computer + Internet. Basisuntersuchung zum Medienumgang 6- bis 13-Jähriger. URL: http://www.mpfs.de/fileadmin/KIM-pdf08/KIM2008.pdf [2.9.2009].

Sander, W. (Hrsg.) (2007): Digitale Medien in der Grundschule. Ein Forschungsprojekt zum Sachunterricht. Schwalbach/Ts.

Tenorth, H.-E. (2005): Grundbildung – institutionelle Restriktion oder legitimes Programm? In: Götz, M.; Müller, K. (Hrsg.): Grundschule zwischen den Ansprüchen der Individualisierung und Standardisierung. Wiesbaden, S. 17-30.

Tergan, S.-O. (2002): Hypertext und Hypermedia: Konzeption, Lernmöglichkeiten, Lernprobleme und Perspektiven. In: Issing, L.J.; Klimsa, P. (Hrsg.): Information und Lernen mit Multimedia und Internet. Lehrbuch für Studium und Praxis (3. vollst. überarb. Ed.). Weinheim, S. 99-114.

Autorinnen und Autoren

Stine Albers
Carl von Ossietzky Universität Oldenburg

Sonja Alberts
Universität Potsdam

Beate Blaseio, Prof. Dr.
Universität Flensburg

Vera Brinkmann
Universität Bielefeld

Xenia Dienemann
Pädagogisches Kolleg Rostock

Jakob Dondl
Ludwig-Maximilians-Universität München

Hartmut Giest, Prof. Dr.
Universität Potsdam

Martin Gröger
Universität Siegen

Patricia Grygier, Dr.
Universität Augsburg

Andreas Hartinger, Prof. Dr.
Universität Augsburg

Marlies Hempel, Prof. Dr.
Universität Vechta

Andreas Hinz, Prof. Dr.
Martin-Luther-Universität Halle-Wittenberg

Astrid Huber
Pädagogische Hochschule Linz

Thomas Irion, Dr.
Pädagogische Hochschule Weingarten

Astrid Kaiser, Prof. Dr.
Carl von Ossietzky Universität Oldenburg

Katharina Kalcsics, Dr.
Pädagogische Hochschule Bern

Christina Klätte
Humboldt Universität zu Berlin

Katharina Kohlscheen
Universität Vechta

Markus Kübler, Dr.
PH Schaffhausen

Harry Kullmann, Dr.
Universität Bielefeld

Tim Mahnken
Universität Bremen

Insa Melle
Technische Universität Dortmund

Autorinnen und Autoren

Julia Menger
Carl von Ossietzky Universität Oldenburg

Susanne Miller, Prof. Dr.
Universität Bielefeld

Lynn Newton, Prof. Dr.
University of Durham, GB

Marcus Peschel, Prof. Dr.
Pädagogische Hochschule Nordwest-Schweiz

Kathleen Raths
Pädagogische Hochschule Bern

Corina Rohen-Bullerdiek, Dr.
Universität Bremen

Rupert Scheuer, Dr.
Technische Universität Dortmund

Claudia Schomaker, Dr.
Carl von Ossietzky Universität Oldenburg

Philipp Spitta
Studienseminar für Lehrämter / Primarstufe Bochum

Sandra Tänzer, Dr.
Martin-Luther-Universität Halle-Wittenberg

Bernd Wagner, Dr.
Freie Universität Berlin

Anna Windt
Technische Universität Dortmund

Meike Wulfmeyer, Prof. Dr.
Universität Bremen

Florian Ziegler
Universität Augsburg